CONTROLLING POCKETS 3

3. vollständig neu bearbeitete Auflage

ISBN 978-3-7775-0038-6

© 2011 VCW Verlag für ControllingWissen AG
Munzinger Str. 9, 79111 Freiburg i. Br.
Münchner Straße 10, 82237 Wörthsee-Etterschlag

Gestaltung und Satz:
deyhledesign Werbeagentur GmbH, Gauting
Druck: cpi books GmbH, Ulm
Printed in Germany 2011

Martin Hauser
Guido Kleinhietpaß

Profit Center
Vertriebs-Controlling

Strategische und operative Steuerung von Vertriebseinheiten

Herausgegeben von
CA Controller Akademie AG
Gauting/München

3. vollständig neu bearbeitete Auflage 2011

VERLAG FÜR CONTROLLINGWISSEN AG
Freiburg und Wörthsee

Inhaltsverzeichnis

Vorwort zur dritten Auflage

Die vorliegende 3. Auflage des »Profit Center Buches« wurde vollständig neu bearbeitet. Es wurde im Team der beiden Trainerkollegen Hauser und Kleinhietpaß gemeinsam und dennoch je Kapitel praktischerweise getrennt erstellt. Durch die dazukommenden Inhalte der neu verfassten Kapitel war auch eine Neujustierung des Buchtitels erforderlich. Mit »Profit Center – Vertriebscontrolling« liegt nunmehr ein noch stärkerer Akzent auf den Methoden zur Steuerung von Vertriebseinheiten.

Dabei wird Vertriebssteuerung sowohl aus strategischer Sicht (»Doing the right things«) als auch aus der operativen Perspektive (»Doing the things right«) betrachtet. Somit stehen hier nicht nur Deckungsbeitragskennzahlen zur Sortimentssteuerung zur Diskussion, sondern auch Portfolio-Überlegungen und wertorientierte Steuerungsgrößen finden Eingang in die vorliegende Lektüre. Getreu der Überzeugung, dass ein operativ vor Ort handelnder Verkaufsleiter strategisch im Bilde sein muss, um die Unternehmensziele ganzheitlich anstreben zu können, bieten wir dem geschätzten Leser damit Einblicke in beide Werkzeugkästen.

Das Buch richtet sich an den Profit Center Chef und an den Vertriebs-Controller gleichermaßen. Der Leiter eines Profit Centers wirkt als Intrapreneur, als Unternehmer im Unternehmen. Somit folgt dieses Buch einem dezentralen Controlling-Ansatz. Das Controlling des Gesamtunternehmens ist auf das dezentrale Controlling kleinerer organisatorischer Einheiten, den sogenannten Profit Centern, angewiesen. Controlling als Prozess der zielorientierten Planung und Steuerung obliegt dem Profit Center Chef in seiner

Verantwortung als Intrapreneur. Das Management macht somit das Vertriebs-Controlling, nicht der Vertriebs-Controller. Er bietet eine Service-Funktion, damit dieser Prozess gelingt.

Die Profit Center Idee wird in dieser Schrift in einem umfassenden Sinne auch für »interne Profit Center« angewendet. Wir Trainer der Controller Akademie sprechen lieber von Service Centern, welche Leistungen für andere Center im Unternehmen erbringen. Die Vergütung solcher Leistungen erfolgt über eine interne Leistungsverrechnung. Ausführungen zu dieser anspruchsvollen Thematik füllen ein eigenes Kapitel. Mit dem Slogan »Wir wollen den Markt ins Unternehmen holen« wird auch der Service Center Chef zum Intrapreneur.

Als gute Tradition im Trainer-Team der Controller Akademie hat sich bewährt, dass die Trainer nicht nur reden, sondern auch schreiben. Frei nach dem Motto, »wer schreibt, der bleibt«, sind auf diese Weise Seminar begleitende »Controlling Pockets« entstanden, die unseren Seminarkunden zur Nachbereitung des gebotenen Seminarstoffes dienen. So liegt die vorliegende Lektüre auf jedem Seminarplatz der Teilnehmer der Stufe II innerhalb des Stufenprogramms der Controller Akademie bereit. In dieser Stufe ist das Vertriebs-Controlling eines der Kernthemen. Wozu neben den Ausführungen zur Profit Center Konzeption auch die Verkaufspreisplanung mit den einschlägigen Kalkulationsmethoden, insbesondere die des Target Pricing zählen. Damit liegt dieser Schrift die über lange Jahre gesammelte Trainings- und Beratungspraxis der Controller Akademie zugrunde.

An diesem Buch haben viele hilfreiche Geister mit gewirkt. Besonders bedanken möchten sich die Autoren bei unseren Kolleginnen Sibylle Gänsler, Dörte Ischebeck und Silke Neunzig, die unsere Gedanken mit großer Geduld in eine lesbare Form brachten, und beim gesamten Team von deyhledesign für das gelungene Layout.

Gauting und Starnberg, Im Januar 2011

Prof. Dr. Martin Hauser   Dipl.-Oec. Guido Kleinhietpaß

1.

Dezentrales Controlling auf 3 Themenfeldern

Das Center-Prinzip

Controlling ist der Management-Prozess der Zielfindung, Planung und Steuerung des Unternehmens. Doch Controlling findet nicht nur auf der obersten Führungsebene des Unternehmens statt. Nicht nur das Top-Management ist für das Controlling verantwortlich. Controlling ist in den kleinsten organisatorischen Einheiten des Unternehmens nötig. Dazu braucht es eine entsprechend dezentrale Organisation mit dezentralen Verantwortlichkeiten.

Dieser Center Gedanke hat in der Betriebswirtschaft eine lange Tradition. Bereits in den 20er-Jahren begannen große amerikanische Konzernunternehmen wie DuPont und General Motors sich zu divisionalisieren. Als Folge von Diversifikationsentscheidungen wurden Teilunternehmungen mit eigener Produktverantwortung und hoher Unabhängigkeit gebildet. Die heute zu beobachtende Vielmarken-Strategie des VW-Konzerns erinnert sehr stark an das damalige Erfolgsrezept.

Über die reine divisionale Struktur hinaus fand die Center Organisation weite Verbreitung im Laufe der organisatorischen Veränderung von Unternehmen. So war dann früh von Gewinn-, Ergebnis- oder Ertrags-Zentren die Rede, wobei jetzt vermehrt Teileinheiten innerhalb einer Division gemeint waren. PROFIT CENTER wurden vor allem innerhalb regionaler Organisationsstrukturen für solche Teilbereiche gebildet, die einen eigenen Marktzugang hatten. Damit ließen sich nicht nur die Ergebnisbeiträge verschiedener Absatzregionen eigenständig ausweisen, sondern auch Marktentscheide konnten autonom getroffen und deren Wirkungen unabhängig nachvollzogen werden. Als nächster Schritt war die Übertragung marktwirtschaftlicher Funktionsmechanismen auf interne Leistungen naheliegend. Die Zeit der SERVICE CENTER und COST CENTER war somit gekommen, wobei dem Geflecht an Leistungsbeziehungen zwischen den unterschiedlichen Centern besondere Aufmerksamkeit gewidmet wurde. Das Autonomieprinzip hat sich zum Teil verselbständigt, was auch in der Begriffswelt seine Spuren hinterließ. So werden heutzutage in manchen Unternehmen »centers of competence« oder »responsibility centers« mit großer Selbstverständlichkeit gebildet, ohne die erforderlichen Spielregeln vorher klar zu definieren und transparent zu machen.

Deshalb ist es geboten, eine erste Abgrenzung der bekannten Center Typen vorzunehmen. Der Hinweis sei gestattet, dass die hier vorgenommene Trennung auf praktischen Erwägungen beruht. So findet der geschätzte Leser sicherlich eine Vielzahl anderer, unterschiedlicher Abgrenzungen und Center Begriffe. Das Manager- und Controller-Team ist aufgefordert, innerhalb des Unternehmens eine eindeutige und für alle gültige Sprachregelung zu finden. Dabei kommt es nicht so sehr darauf an, wie dies andernorts geregelt ist. Es ist vielmehr entscheidend, wie die Begriffe und die Abgrenzung in die praktizierte Controlling-Kultur des Unternehmens passen.

Das Profit Center erbringt eine Marktleistung. Echte Profit Center gibt es nur in der Organisation der Marktbearbeitung. Der Erfolg des Profit Center Leiters besteht z.B. darin, dass es ihm gelingt, durch seine Akquisebemühungen externe Kunden zu gewinnen. Die Kunden haben die freie Wahl, wo sie ihr Produkt kaufen. Ein Automobilkunde z.B. kann entscheiden, ob er einen Mercedes, einen BMW oder einen Audi haben will. Er hat eine echte Wahlalternative. Dies gilt für den internen Kunden nicht. Er steht in der Regel unter einem Abnahmezwang. Der interne Kunde muss die IT-Leistung unter marktüblichen Bedingungen von der EDV-Abteilung abnehmen. Er darf diese Leistung nicht von externen

Dritten beziehen. Es geht um eine interne Dienstleistung, für die eine interne Kunden-Lieferanten-Beziehung besteht.

Ein Service Center hat einen Versorgungsauftrag übernommen. Seine Aufgabe besteht nicht darin, Kunden zu gewinnen, sondern anderen Centern spezielle Dienstleistungen anzubieten, damit diese ihre Aufgaben erfüllen können.

Von Cost Center sprechen wir dann, wenn eine Produktleistung erbracht wird. Somit ist die Produktion als Ganzes ein in sich geschlossenes Cost Center, welches mehrere, kleinere Cost Center

AbgrenzungsKriterium \ Center-Typ	Profit Center	Service Center	Cost Center
Aufgabenstellg.	• Marktleistung	• interne Dienstleistung	• Produktleistung • Basisleistung
Kundensicht	f. externe Kunden (Wahlalternative)	f. interne Kunden => Versorgungsauftrag (i.d.R. Abnahmezw.)	Kunde ist Unternehmen als Ganzes
Ergebnisorientierung	erzielt Deckungsbeiträge als Erlösüberschüsse über die Produktkosten => "echtes Geld"	entlastet sich durch interne Leistungsverrechnung mittels marktadäquater Verrechnungspreise => "Spielgeld"	eine Leistungsverrechnung ist nicht sinnvoll oder verursacht zu hohen Aufwand => "kein Geld"
Leistungsgeflecht	benötigt Serviceleistungen anderer	benötigt Serviceleistungen anderer	benötigt Serviceleistungen anderer
Ressourcensicht	verursacht Kosten	verursacht Kosten	verursacht Kosten
Ziele	DB II oder III als Zielmaßstab	Standards of Performance (SOP's) und Kostendeckungsgrad als Zielmaßstab	Kostenbudget als Zielmaßstab
Beispiele	Bsp.: Produkt-Management, Zwiegniederlssg.	Bsp.: IT-Bereich, Aus- u. Fortbildung, Fuhrpark	Bsp.: Werksfeuerwehr, Produktion, Revision

Abb. 1.1: Profit, Service und Cost Center im Überblick

umfassen kann. In dem Fertigungsverbund können auch Service Center integriert sein. So erbringt z.B. das Instandhaltungsteam Dienstleistungen innerhalb der Produktion, aber gegebenenfalls auch in anderen Funktionsbereichen. Bei Cost Centern ist eine direkte Kundenbeziehung nicht gegeben, sondern die Leistung, die erbracht wird, geht kausal technisch zwingend in die Produkte. Zwar wird der Vertrieb beliefert, aber nicht im Sinne einer Servicebeziehung, sondern in Gestalt zweier Glieder derselben Wertschöpfungskette. Zudem können Cost Center auch außerhalb der Produktion auftreten. Das können solche Center sein, die eine Art »Basisleistung« für das Gesamtunternehmen erbringen. Basisleistungen seien solche Dienstleistungen genannt, die in keiner direkten Servicebeziehung zwischen internen Lieferanten und Kunden erbracht werden. Das könnte beispielsweise die Werksfeuerwehr oder der Werksschutz sein, aber auch die Revision oder die Public Relation Abteilung kämen hier in Frage.

Die Grenzen zwischen den Center Typen sind fließend. Das wird bereits bei den ersten beiden Abgrenzungskriterien deutlich. So erleben wir gegebenenfalls im Zeitverlauf eine Wanderbewegung in Abbildung 1.1 von rechts nach links. So wäre denkbar, dass in einem Maschinenbau-Unternehmen mit unterschiedlichen Sparten das Cost Center »Aus- und Fortbildung« zu einem Service Center wird, weil der zunehmende Aus- und Weiterbildungsbedarf über direkte Kontrakte mit den abnehmenden Centern besser zu steuern ist. Das Service Center bietet seine Leistungen zu marktüblichen Konditionen an und gewinnt allmählich auch externe Kunden. Die Frage, wo jetzt der Übergang zum Profit Center ist, lässt sich prozentual nicht festmachen. Es ist im Auge zu behalten, was die unternehmenspolitische Zielsetzung ist. Verdienen wir Geld im Kerngeschäft mit Aus- und Weiterbildung, soll dies ein neuer Geschäftszweig werden, dann haben wir ein neues Profit Center und zugleich eine veränderte Strategie. Bleiben wir unserem Kerngeschäft treu und betreiben primär Aus- und Weiterbildung für interne Kunden, dann handelt es sich nach wie vor um ein Service Center.

Man könnte die Trennung auch aus einer anderen Sicht vornehmen. Bei einem Cost Center ist eine Leistungsverrechnung mit anderen Centern nicht sinnvoll oder der dafür erforderliche Aufwand wäre zu hoch. Während die Dienstleistungen von Service Centern verrechnet werden (vgl. hierzu Kapitel 4). Dafür sind marktadäquate Verrechnungspreise nötig, die beim »Leistungsgeber« zu einer Entlastung führen und beim »Leistungsnehmer« zu einer Belastung. Für das Gesamtunternehmen ändert sich nichts. Es kommt zu keinem Außenumsatz. Deshalb wird in diesem Fall gerne auch von »Spielgeld« gesprochen, denn es ist zuerst einmal nichts anderes wie »linke Tasche – rechte Tasche«. Diese Ausdrucksweise birgt allerdings die Gefahr in sich, dass dem Ganzen der nötige Ernst abgeht. Dann wäre der Verrechnungsaufwand nicht gerechtfertigt. Denn durch die Tatsache, dass ein Center-Manager für eine Leistung bezahlen muss, soll ein sparsameres, kostenbewussteres Umgehen mit internen Ressourcen bewirkt werden. Kostenbewusst ist das passende Wort. Erst mit dem Verrechnungspreis weiß er die Kosten für die von ihm nachgefragte Leistung. Dies hätte dann zur Folge, dass Kapazitäten für interne Dienstleistungen nicht mehr in dem Maße benötigt werden. Jetzt liegt es beim Service Center, den Kapazitätsüberhang abzubauen oder für anderweitige, externe Auslastung zu sorgen. Damit ist auch die Abgrenzung zum Profit Center eindeutig. Ein Profit Center erzielt echte Deckungsbeiträge in Form von Erlösüberschüssen über die Produktkosten. Es fließt Cash, vorausgesetzt der Kunde kann bezahlen. Immer wieder ist bei Service Centern von »Als-ob-Profit Centern« die Rede. Die Verfasser finden den Begriff nicht so passend. Er soll das Verfahren umschreiben, dass im internen Verhältnis das Service Center wie ein Profit Center »Quasi-Erlöse« und »Quasi-Deckungsbeiträge« erzielen kann. Diese beiden Center Chefs wären dann im Innenverhältnis gleichgestellt. Es kann aber nicht die Zielsetzung des Service Centers sein, seinen Innen-Umsatz zu maximieren durch Ausweitung des Angebots. Nach dem Motto zu arbeiten, jedes Angebot schafft sich seine Nachfrage selbst, ist kein effizienter Umgang mit Ressourcen. Insofern besteht nicht nur ein gradueller, sondern ein prinzipieller Unterschied zwischen diesen beiden Center Typen. Eine klare begriffliche Trennung ist somit geboten.

Im weiteren sei mehr aus psychologischer Sicht hinzugefügt, dass alle drei Center Typen Kosten verursachen und auf die Serviceleistungen anderer Center angewiesen sind. Jedes Center kann seiner Aufgabenstellung nur gerecht werden, indem es sich auf ein Geflecht von Leistungen anderer Center stützt. Dem Vertriebskollegen sei gesagt, dass auch er Kosten verursacht, die er hoffentlich mit seinen Deckungsbeiträgen mehr als deckt. Sein Zielmaßstab ist ein anderer. Er wird geführt mit einem Deckungsbeitrag II oder III. Der Service Center Chef braucht Standards of Performance – SOP's als Zielmaßstäbe und strebt einen Kostendeckungsgrad an. Ein Teil seiner Kosten wird gedeckt durch die Verrechnung von Leistungen an andere Center. Der Cost Center Leiter hat ein (flexibles) Kostenbudget als Zielmaßstab und andere auf Qualität und Kapazitätsauslastung ausgerichtete Zielgrößen. Für alle Center Typen liegen somit andersartige und nicht »anderswertige« Zielmaßstäbe vor.

Mit Management by Objectives zum Intrapreneur

Ganz offensichtlich steht im Mittelpunkt eines dezentralen Controlling-Ansatzes ein funktionierendes System der Führung durch Ziele. Dabei ist zu Beginn folgende Grundsatzfrage gestattet: »Was ist eigentlich ein Ziel?«

Ziel ist das, was man erreichen will, während die Aufgabe mehr das umschreibt, was man tut. Diese Abgrenzung klingt einfach und plausibel. Demnach ist ein Ziel ein gewünschtes Ergebnis. Einem solchen Ziel wird jetzt einerseits Motivationskraft für den Mitarbeiter zugeschrieben und andererseits eine Art Koordinationsfunktion auf die Ziele des Unternehmens. Fürs erstere ist somit von erheblicher Bedeutung, inwieweit die persönlichen Motive und Ziele des Mitarbeiters in die Zielformulierung einfließen. Fürs zweitgenannte ist zuerst auch eine vollständige Kenntnis der Unternehmensziele nötig. Denn nur dann, wenn die Beteiligten, also Führungskraft und Mitarbeiter, die strategischen und operativen Unternehmensziele kennen, ist gewährleistet, dass auf der Arbeitsebene auch wirklich solche Ziele verfolgt werden, die für die Erreichung der Unternehmensziele förderlich sind. Wenn also zum Beispiel mit dem Außendienstmitarbeiter ein Umsatzsteigerungsziel vereinbart wurde und in der Balanced Scorecard des Unternehmens »nachhaltige Wertsteigerung mittels rentablem Wachstum« steht, dann ist zwischen diesen beiden Zielkomponenten nicht unbedingt eine harmonische Zielbeziehung zwangsläufig gegeben. So könnte der Kollege Umsatz powern unabhängig vom Deckungsbeitrag der Produkte und mit diversen Erlösschmälerungen noch ein wenig nachhelfen. Fürs Unternehmensziel wäre nichts getan und er bekäme eine fette Zielerfüllungsprämie.

Management by Objectives wird häufig mit Führung durch Ziele übersetzt. Die Frage, ob es sich hierbei um Führung durch Zielvorgabe oder Führung durch Zielvereinbarung handelt, spannt den Bogen über die möglichen Führungsstile, die ein Chef praktizieren kann.

Das eine Extrem könnte man den »autoritär-diktatorischen« Führungsstil nennen. Der Chef gibt die Ziele vor ohne Rücksicht auf die Mitarbeiter, quasi ohne Rücksicht auf Verluste im doppelten Sinn des Wortes. Das brutale Motto lautet: »Vogel friss oder stirb!« Das andere Extrem ist die »antiautoritär-anarchische« Variante des Führens. Wobei das Wort Führen hier schon nicht mehr verwendet werden dürfte. Denn es ist die »Ziellose Führung«, ein Widerspruch in sich. Weder Chef noch Mitarbeiter haben Ziele, man arbeitet nach dem Prinzip: »Laissez faire, laissez aller!« Zwischen diesen beiden Polen bewegt sich die Führung durch Zielvereinbarung. Sie verkörpert den kooperativ-partizipativen Führungsstil, der auf Zielkonsens ausgelegt ist. Die Überzeugung, dass nur eine von beiden Seiten getragene Vereinbarung auf Dauer Bestand hat, liegt diesem Führungsstil zugrunde.

Ist man von der Führung durch Zielvereinbarung überzeugt, so ist noch längst nicht gewährleistet, dass der Prozess der Zielfindung reibungslos von statten geht. In der Praxis ist immer wieder

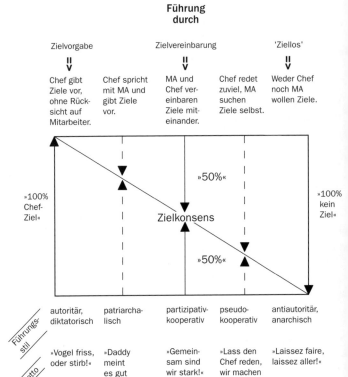

**Führung
durch**

| Zielvorgabe | | Zielvereinbarung | | 'Ziellos' |

Chef gibt Ziele vor, ohne Rücksicht auf Mitarbeiter.

Chef spricht mit MA und gibt Ziele vor.

MA und Chef vereinbaren Ziele miteinander.

Chef redet zuviel, MA suchen Ziele selbst.

Weder Chef noch MA wollen Ziele.

»100% Chef-Ziel«

»100% kein Ziel«

»50%«

Zielkonsens

»50%«

autoritär, diktatorisch

patriarchalisch

partizipativ-kooperativ

pseudo-kooperativ

antiautoritär, anarchisch

Führungsstil

»Vogel friss, oder stirb!«

»Daddy meint es gut mit Euch!«

»Gemeinsam sind wir stark!«

»Lass den Chef reden, wir machen das schon!«

»Laissez faire, laissez aller!«

Motto

Abb. 1.2: Führungsstile und Ziele

zu beobachten, dass präzise Zielformulierungen erhebliche Probleme verursachen. Hier sind die häufigsten Fehler gelistet, die bei Zielfindungsprozessen auftreten können:

- Ziele sind nicht messbar
- Ziele werden mit Maßnahmen verwechselt
- Ziele sind inkonsistent
- Ziele als »Wunschzettel«
- Ziele haben keinen Bezug zu den Unternehmenszielen

- Zu viele Ziele werden formuliert
- Ziele werden für Selbstverständliches gesetzt

So braucht es diverse Voraussetzungen, dass Führung durch Zielvereinbarung funktioniert. Dazu gehört insbesondere die Unterstützung des Controllers mit den entsprechenden Daten des Management Accounting. Wie war das Vorjahr im Vergleich zum Plan, welche Umfeldinformationen sind miteinzubeziehen, welche Prognosen gelten für das kommende Planjahr? Dies alles und vieles anderes mehr muss der Controller bereit halten, wenn er sich als »Zielfindungsbegleiter« im Controlling-Prozess begreift.

Zentrales Element des Management by Objectives ist das Zielvereinbarungsgespräch. In einem solchen Dialog zwischen Mitarbeiter und Führungskraft werden Schritt für Schritt die Zielvorstellungen erarbeitet. Dabei ist es unbedingt erforderlich, dass sich beide Seiten auf ein solches Gespräch detailliert vorbereiten.

Der Mitarbeiter könnte sich beispielsweise folgende Fragen zuerst selbst beantworten:

1. Welche persönlichen Ziele habe ich?
2. Welche davon möchte ich in meiner jetzigen Tätigkeit verwirklichen?
3. Welches sind die Unternehmensziele?
4. Welche Beziehungen gibt es zwischen meinen persönlichen Zielen und den Unternehmenszielen?
5. Welche Voraussetzungen benötige ich für eine erfolgreiche Zielerreichung?

Das Gespräch zwischen Führungskraft und Mitarbeiter lässt sich durch das Symbol der zwei Ringe ins Bild setzen (vgl. hierzu Deyhle/Hauser: Controller Praxis, Band 2, Seite 16). Die beiden müssen zusammen kommen. Ähnlich wie in der Ehe (Symbol der Trauringe) ist Dialogfähigkeit ein Grundprinzip. Selbst in Zeiten von Intranet, E-Mail und Videokonferenzen ist bei einem solchen Anlass die persönliche Anwesenheit der Beteiligten erforderlich.

Man muss sich sehen und riechen! Die Trauringe könnten auch noch so interpretiert werden, dass man sich »traut« zu einer gegenseitigen Verpflichtung. Auf der einen Seite ist das Engagement des Mitarbeiters notwendig, sich auf anspruchsvolle Ziele einzulassen. Auf der anderen Seite ist das Vertrauen des Chefs nötig, dem Mitarbeiter schwierige Aufgaben zu übertragen. Die Übertragung der dazu erforderlichen Kompetenzen, ist ein wesentlicher Teil der nötigen Unterstützung, die eine Führungskraft zu leisten hat.

Es empfiehlt sich, solche Gespräche klar zu strukturieren.
Ein möglicher Gesprächsablauf könnte 10 Schritte beinhalten:

1. Gesprächsziel und -ablauf erläutern
2. Art und Weise der Protokolls festlegen
3. Bisherige Zielerreichungen und Zielabweichungen ermitteln
4. Variable Entgeltanteile errechnen (Zielerfüllungsprämie)
5. Unternehmens-, Bereichs- und Abteilungsziele vorstellen
6. Mitarbeiter präsentiert seine Zielvorschläge
7. Führungskraft stellt seine Zielerwartungen vor

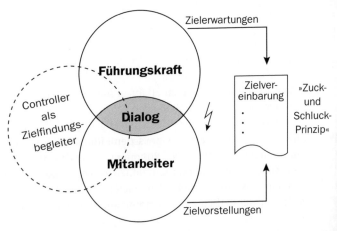

Abb. 1.3: Zielvereinbarungsgespräch

8. Ziele werden vereinbart (Zielkonsens)
9. Voraussetzungen und Hilfestellungen festlegen
10. Zielvereinbarungen ans variable Entgelt koppeln

Wenn die Ziele letztendlich vereinbart werden, kann es zum Blitzen kommen. Der Konfliktpfeil steht dafür, dass hier nicht zwangsläufig Harmonie herrschen kann. Eine positive und offene Streitkultur ist angebracht, um unterschiedliche Sichtweisen und Zielkonflikte rechtzeitig ans Tageslicht zu bringen. »Vorne viel gerührt, brennt hinten nicht an!« Nach diesem Motto zu arbeiten, erspart einem teuere Reparaturarbeiten im Nachhinein. Denn der Informationsaustausch ist eine wichtige Säule einer solchen Führungskultur. Der Mitarbeiter ist näher dran an der »Verkaufsfront«, an der »Produktionsfront« etc. Versteht sich der Chef nicht als oberster Sachbearbeiter, dann ist er auf diesen Austausch angewiesen, um realistische Ziele zu vereinbaren. Die Art und Weise, wie es dann zur Einigung über die zu verfolgenden Ziele kommt, nennen wir Trainer in der Controller Akademie das »Zuck-und-Schluck-Prinzip«, die Mischung aus Herausforderung und Erreichbarkeit.

Dezentrales Controlling funktioniert nur dann, wenn es gelingt, individuelle und realistische Ziele zu vereinbaren. Als Stütze dafür könnten nebenstehende 10 Goldene Regeln des Management by Objectives dienen.

10 Golden Rules for Management by Objectives

1. Jede Aufgabe braucht einen zu ihr passenden Zielmaßstab
2. Die Unternehmensziele (Balanced Scorecard) sind »umzutopfen« in arbeitsfähige Einzelziele
3. Ziele sind in einem Prozess zwischen Führungskraft und Mitarbeiter zu vereinbaren (Bottom up – Top down)
4. Ziele sind in jedem Center individuell zu vereinbaren und deren Erreichung ist auch individuell zu beurteilen
5. Ziele sind schriftlich zu dokumentieren und zu kommunizieren
6. Ziele sind Zahlen und haben einen Zeitbezug

7. Ziele müssen realistisch und widerspruchsfrei formuliert sein
8. Ziele ermöglichen mehr Selbstbestimmtheit bei der Arbeit
9. Die Erreichung der Ziele ist kontinuierlich zu überprüfen
10. Die 100 %-Erfüllung der Ziele wird belohnt und nicht eine Überschreitung (beim Umsatz) oder Unterschreitung (bei den Kosten)

Ein solchermaßen praktiziertes System der Führung durch Ziele fördert die Entwicklung des Mitarbeiters zum Mitunternehmer. Der Profit Center Leiter wird zum Intrapreneur!

»Wir brauchen mehr Unternehmer im Unternehmen!« Wenn Intrapreneure gefordert werden, dann ist doch die Frage, was den Unternehmer ausmacht? Was sind seine besonderen Eigenschaften und Kompetenzen? Wie schaffen wir ein Klima im Unternehmen, welches unternehmerisches Handeln belohnt? Wie führt man den Unternehmer im Unternehmen? Was motiviert den Intrapreneur?

Hierbei gilt das Unternehmerbild im Schumpeterschen Sinne immer noch als Richtschnur. Durch Innovationsreichtum und Eigeninitiative schafft sich dieser Marktchancen, die er erstmalig vor allen anderen, den Imitatoren, nutzen kann. Die hieraus zu erzielenden befristeten (Monopol-)Gewinne versetzen ihn in die Lage, neue Investitionen zu tätigen und sich damit neue Marktchancen zu erarbeiten. Ist soviel Risikobereitschaft und Ideenreichtum auch für den Intrapreneur innerhalb eines Unternehmens tatsächlich erwünscht?

Zum einen stören da im Value Based Management die mit individuellen Risikoziffern (ß-Faktoren) erhöht angesetzten Kapitalkosten. Je risikoreicher das Geschäft, desto höher die Eigenkapitalkosten und damit auch die »hurdle rate« über die der Intrapreneur springen muss. Wird er dann noch mittels einer »Economic Value Added« Zielgröße geführt, dann entschließt er sich womöglich lieber in angestammtes Geschäft zu investieren. Risikobereitschaft einerseits und persönliches Gewinnstreben andererseits können in Zielkonflikt geraten, wenn die Anreizsysteme im Unternehmen beides nicht angemessen berücksichtigen.

Zum anderen könnte der Ideenreichtum da auf Grenzen stoßen, wo sich das Neue im Rahmen der herrschenden Strategie nicht ins Leitbild integrieren lässt. Wie schnell ist eine neue Produkt- oder Dienstleistungsidee mit der Bemerkung weggewischt: »Das passt nicht zu uns!« »Das können wir nicht.« »Schuster bleib bei deinem Leisten!« Auch der schlichte Hinweis auf die Kernkompetenzen mag da schon ausreichen. In der Balanced Scorecard wird die Innovationsperspektive oder die Perspektive des Lernens und Entwickelns besonders betont. Der Umsatzanteil von Produkten, die jünger als zwei Jahre sind, wird des öfteren als strategische Innovationsziffer gefordert.

Das Bild des Unternehmers ist allerdings nicht so eindeutig, dass es sich auf die Schumpetersche Interpretation reduzieren ließe. Es ist doch vor allem der mittelständische Unternehmer, der die Wirtschaftsstruktur in Deutschland ganz maßgeblich prägt. Tradition und Sozialverantwortung einerseits, kurze Entscheidungswege und wenig Bürokratie andererseits prägen dieses Unternehmerbild. Gerade auch die häufig anzutreffende Verankerung des Unternehmens in der Familie sind ein herausragendes Kulturelement. Damit geht meist eine Verwurzelung des Unternehmens in der Region einher. »Mittelstand im Sauerland« war der dazu passende Leitbildspruch eines Praktikers. »Wir können alles außer hochdeutsch« passt zum Tüftleranspruch schwäbischer Mittelständler. Ein solcher Praktiker kann die Planungsambitionen der Controller schnell mit der Bemerkung abwehren: »Wir haben keine Zeit zum Planen, g'schafft werden muss!«

Das Bild der Entrepreneure hat gerade in jüngerer Zeit weitere zahlreiche Facetten bekommen. Nicht zuletzt durch die Entwicklungen der New Economy sind vor allen in der letzten Dekade gänzlich neue Formen des Unternehmertums entstanden. Gerade diese Gründertypen in der Biotechnologie- oder Internet-Szene sind wohl zuerst von der Aufgabe fasziniert. Ob dies der Naturwissenschaftler oder der IT-Freak ist, beiden Typen ist zuerst der Forscherdrang auf den Leib geschrieben. Sie betreiben ihr Geschäft in der Startphase häufig nicht so sehr betriebswirtschaftlich zielorientiert, sondern mehr von der Aufgabe her getrieben. Bei der Vielzahl der Unternehmerrollen, die wir im realen Wirtschaftsgeschehen vorfinden, ist also die Forderung nach mehr Unternehmer im Unternehmen nicht so ohne weiteres zu erfüllen. Dennoch bilden sich Kernfähigkeiten unternehmerischer Tätigkeit heraus, die für einen Center Verantwortlichen ebenso wünschenswert sein dürften. Da ist doch zuallererst die Tatsache, dass es Unternehmer heißt und nicht Unterlasser. Ein Unternehmer unternimmt etwas, er packt etwas an. Er verändert eine Situation und gestaltet etwas neu. Das ist zuerst sein Produkt oder seine Dienstleitung, auf der seine Geschäftsidee beruht. Dann sucht er Verbündete, Brüder und Schwestern im Geiste. Er braucht Kunden, Partner, Mitarbeiter. Das Unternehmen als solches nimmt Gestalt an und wird von ihm ganz wesentlich geprägt.

Somit dürfte es für eine dezentrale Controlling-Philosophie von entscheidender Bedeutung sein, wie groß der Freiheitsgrad des einzelnen Center Managers in Wirklichkeit ist. »So viel Bindung wie nötig, so viel Freiraum wie möglich« ist das zu beherzigende Prinzip!

Transparenz auf 3 Feldern

Die klassischen Center-Konzepte zielen auf Ergebnistransparenz ab. Ein dezentraler und gleichzeitig ganzheitlicher Steuerungsansatz sollte jedoch die Transparenz von Strategien und Finanzen mit berücksichtigen. Insofern ist es geboten, die Betrachtungen auf benachbarte Steuerungsfelder auszudehnen. STRATEGISCHE GESCHÄFTSEINHEITEN werden dann ebenso zu Objekts eines »Center Controllings« wie »INVESTMENT oder FINANCE CENTER«. Vor allem die fehlende Transparenz bei strategischen Entscheidungsprozessen und der eklatante Mangel an Quantifizierung von Strategien machen diese Erweiterung erforderlich. Der Spruch: »Das ist ein strategischer Entscheid, den kann man nicht rechnen!« ist auch heute noch öfter zu hören. Dies gilt für das Gros der mittelständischen Unternehmen im besonderem Maße. Trotz sehr kontroversen Diskussionen, vor allem auch mit gesellschaftspolitischem Bezug, sind hierbei die Erkenntnisse der wertorientierten Unternehmensführung mit einzubeziehen. Die Frage der Wertschöpfung oder Wertvernichtung ist zu einer der zentralen Themenstellungen des Controllings der letzten Jahre geworden. Vor allem unter dem stark wachsenden Einfluss der Kapitalmärkte genügt es nicht, dahin gehende Fragen für das Unternehmen als Ganzes zu beantworten. Die Analysten sind besonders daran interessiert, welche strategische Einheiten des Unternehmens Wert schaffen und welche Wert vernichten. Ein Investment oder Finance Center wird zum Value Center, wenn es dauerhaft gelingt, wertsteigernde Strategien zu realisieren. Die Suche nach »Value Driver« für das jeweilige Geschäft macht dem verantwortlichen Center Manager schnell deutlich, dass die entscheidenden Parameter in den strategischen Potenzialen und operativen Ergebnissen zu finden sind. Sich darauf zu beschränken wäre allerdings zu kurz gesprungen.

Hiermit verbinden sich Strategie-, Ergebnis- und Finanz-Transparenz zu einem ganzheitlichen Steuerungsanspruch, der dezentral für das betreffende Center zu erfüllen ist. Dies wird in den Seminaren der Controller Akademie mit einem zentralen Merkbild – Controller's Triptychon (= dreiteiliges Altarbild) – visualisiert (s. Abb. 1.4).

Gerade das Strategie- und Finanzfeld wurde über viele Jahre vernachlässigt. Die Domäne der Controller war und ist die Ergebnissteuerung. Insofern findet man im Rahmen der dezentralen Steuerungsansätze auch vornehmlich Konzepte zu Profit, Service und Cost Center dokumentiert. Sich darauf zu beschränken, wäre allerdings zu kurz gesprungen.

Die Logik der Entscheidung läuft im Triptychon von links nach rechts. »Die Suppe, die wir uns strategisch einbrocken, müssen wir operativ (bezüglich des Ergebnisses) auslöffeln und finanziell aushalten«. Strategische Potenziale zu erkennen und zu steuern, bedeutet frühzeitig auf operative Ergebnisse Einfluss zu nehmen. In diesem Sinne sprach Gälweiler von »Vorsteuergrößen«. Wer es versteht, die Potenzialfaktoren (Strategische Erfolgsfaktoren / Key

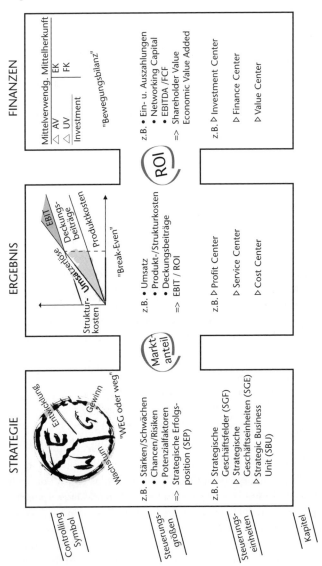

Abb. 1.4: Controller's Triptychon

Success Factors) zu steuern, steuert vorher = früher anhand von Parametern, die sich kausal und zeitlich verzögert auf das Ergebnis auswirken.

Hierin besteht ein echtes Steuerungs-Dilemma! Jenes Steuerungsfeld, welches die grundsätzliche Weichenstellung und die frühzeitige Erfolgsorientierung ermöglicht, ist instrumentell ein wenig unterbelichtet. Was noch schwerer wiegt, ist der Umstand, dass Controller immer noch zu selten in die Strategiefindung miteinbezogen werden.

Allerdings besteht Hoffnung. Der externe Druck durch Gesetzgeber und Wirtschaftsprüfer hat zu einem umfassenden Aufbau von Risikomanagement-Systemen in den Unternehmen geführt. Die Früherkennung von Risiken ist insbesondere im Strategie-Feld möglich. Das klassische Analyseraster SWOT – Strengths, Weaknesses, Opportunities and Threats – bezieht explizit die Risikoerkennung und -steuerung mit ein.

Die strategische Toolbox unterscheidet sich vor allem auch dadurch, dass es hier verstärkt um das Erkennen von weak signals geht. Controller's traditionelle Rechenkünste sind hier nur bedingt erfolgreich.

Auch das operative Ergebnis wirkt als Vorsteuergröße auf die Finanzen. Dauerhaft attraktive Ergebnisse bedeuten kontinuierlichen Geldzufluss in Form des Brutto Cash Flow. Dieser kann bei entsprechender Gewinnthesaurierung zur Innenfinanzierung verwendet werden und dient als finanzielle Basis für künftige Vorhaben. Nicht zuletzt deshalb wird in den Geschäftsberichten auf den EBITDA (Earnings before interest and taxes, depreciation and amortization) besonderen Wert gelegt. Eine bessere Eigenkapitalausstattung bewirkt eine höhere finanzielle Stabilität und damit auch eine höhere Kreditwürdigkeit gegenüber Fremdkapitalgebern.

Nunmehr sind Ein- und Auszahlungen relevant. Die Cashwirksamkeit von Vorgängen innerhalb und außerhalb der Erfolgsrechnung ist zu prüfen. Free Cash Flows (FCF) sind mittels Kapitalflussrechnungen zu planen und zu steuern. Finanzielle

Ausgewogenheit bezieht sich auf das Unternehmen als Ganzes. Einzelne dezentrale Einheiten können phasenweise Cash Flow erzeugen oder auch verbrauchen. Ob ein Engagement in der langen Sicht einen ausreichenden Free Cash Flow erwirtschaftet, wird durch die Instrumente des wertorientierten Controllings beantwortet.

In der betriebswirtschaftlichen Kausalkette sind wir allerdings beim letzten Glied angekommen. So ist der Hinweis im Wirtschaftsteil der Tageszeitung, dass ein Unternehmen Konkurs anmelden musste, weil es nicht mehr zahlen konnte, zu werten wie die Aussage eines Arztes, dass ein langjähriger Herzinfarktpatient an Atemstillstand gestorben sei. Die Diagnose ist richtig, kommt aber zu spät. Die wirklichen Ursachen sind früher und in anderen Steuerungsfeldern zu suchen.

2.

Profit Center

Begriffsmerkmale für Profit Center

Es sind insbesondere 4 Merkmale, die eine exakte Definition eines Profit Centers begründen:

1. Marktleistung als Aufgabe
2. Persönliche Zuständigkeit
3. Individuelle Zielformulierung
4. Deckungsbeitragsrechnung als Center Erfolgsrechnung

Echte Profit Center gibt es nur in der Organisation der Marktbearbeitung. Profit Center gibt es also nur dort, wo auf dem (externen) Markt verkauft wird. Die (externen) Kunden haben eine Kaufalternative, sie können bei uns oder beim Wettbewerb kaufen. Wenn sie zu uns kommen, dann müsste unsere Leistung wohl die bessere sein. Der Erfolg dieser Marktleistung besteht im erzielten Deckungsbeitrag. Deckungsbeitrag als Saldo aus dazukommenden Erlösen und dazukommenden (Produkt)Kosten entsteht aber erst dann, wenn tatsächlich verkauft wird. Deckungsbeitrag entsteht somit nicht, wenn das Produkt auf Lager geht. Deshalb kann die Produktion kein Profit Center sein, selbst wenn sie zu Herstellungskosten ihre Produkte an den Vertrieb weiter verrechnet und ein Werksergebnis ausweist.

Eine Marktleistung allerdings kann in ganz unterschiedlicher Form erbracht werden. Da ist die klassische Verkaufsleistung des Verkäufers am point of sale, die Zuständigkeit für Produkte, Produktlinien oder Produktgruppen als Produkt Manager oder auch die Verantwortung für einen Großkunden bzw. für eine Kundengruppe als Key Account Manager. Dies führt zu unterschiedlichen Profit Center Typen, die an späterer Stelle noch erörtert werden.

Der zweite Punkt bringt zum Ausdruck, dass Profit Center nur dann gegeben sind, wenn eine persönliche Zuständigkeit vorliegt. Es handelt sich um ein Führungsprinzip! Dazu ist die Delegation von Aufgaben nötig, die im Rahmen fest zulegender Kompetenzen so zu erfüllen sind, dass die vereinbarten Ziele erreicht werden. Selbständiges Denken und Handeln sind erwünscht, damit »Intrapreneuring« möglich wird.

Der Maßstab zur Beurteilung der Leistung eines Profit Center Managers ist der Deckungsbeitrag. Auf welcher Stufe der Deckungsbeitragsrechnung der Zielmaßstab greift, hängt ab von den Kompetenzen des zuständigen Managers. Man könnte sagen, je weiter die Kompetenzen reichen, desto tiefer in der Ergebnisrechnung müsste sich der Zielmaßstab finden. Der individuelle Zielmaßstab muss also zur Aufgabe passen. Damit bekommt der jeweilige Deckungsbeitrag II oder III, je nachdem ob es sich um einen Produkt Manager, einen Regionalleiter oder einen Key Account Manager handelt, ein anderes Gesicht. Denn es geht ja bei einem fairen Zielmaßstab auch darum, andere Faktoren, auf die der jeweilige Profit Center Manager keinen Einfluss hat, in der Ergebnisrechnung soweit wie möglich zu isolieren. Der Controller als Zielfindungsbegleiter hat dabei seinen Beitrag zu leisten, indem er bei der konzeptionellen Gestaltung des Management Accounting dem Rechnung trägt.

Die Ziele sind auch insofern individuell zu formulieren, als die im jeweiligen Center zu vereinbarende Zielhöhe auf dessen individuelle Besonderheiten Rücksicht zu nehmen hat. Demzufolge macht es auch keinen Sinn, die Profit Center untereinander zu vergleichen. Die absolute Höhe eines Deckungsbeitrages lässt keine Aussage über die Leistung des zuständigen Profit Center Managers zu.

Bleibt zum Schluss als Fundament des Center Controllings eine Center Erfolgsrechnung mit stufenweisen Deckungsbeiträgen. Die Deckungsbeitragsrechnung ist die Kunst an der richtigen Stelle eine Zwischensumme zu machen. Zwischensummen sind dann nötig, wenn entweder entscheidungs- oder zielgerechte Informationen bereitgehalten werden sollen. Die Deckungsbeitragsrechnung ist allerdings keine reine Rechenlogik, sondern dahinter steht eine Marktbearbeitungslogik, bei der der Verkaufserfolg der Produkte im Vordergrund steht. Die nachfolgende Abbildung 2.1 zeigt das Grundschema einer stufenweisen Deckungsbeitragsrechnung.

Wie kann nun der Profit Center Leiter auf seinen Zielmaßstab, den Deckungsbeitrag III, direkt Einfluss nehmen? Er kann ihn direkt beeinflussen, indem er

- eine größere Menge absetzt
- höhere oder niedrigere Verkaufspreise nimmt

Erfolgszeile \ Erfolgsobjekt	Summe	Produkt 1 (Gruppe)	Produkt n (Gruppe
Bruttoerlöse	X	X	 X
./. Erlösschmälerungen	X	X	 X
Nettoerlöse	X	X	 X
./. Standard-Produktkosten	X	X	 X
Deckungsbeiträge I	X	X	 X
Deckungsbeitrags-kennzahlen			
> DB / Einheit Erzeugnis	X	X	 X
> DB / Einheit Engpaß	X	X	 X
> DBU (in % v. Umsatz)	X	X	 X
./. Artikeldirekte Strukturkosten für Promotion	X	X	 X
Deckungsbeiträge II	X	X	 X
./. PROFIT CENTER-direkte Strukturkosten	X		
Deckungsbeitrag III => Zielmaßstab für den PROFIT CENTER-Manager	X		

Abb. 2.1: Schema einer Profit Center Erfolgsrechnung nach dem Prinzip einer stufenweisen Deckungsbeitragsrechnung

- den Produktmix verbessert
- Promotion gezielt einsetzt
- seine Strukturkosten besser im Griff hat.

Der Profit Center Chef hat somit auf jede seiner Zeilen in der Erfolgsrechnung einen unmittelbaren Einfluss. Die Produktkosten kann er nicht beeinflussen. Deshalb sind diese im Standard eingefügt, sie errechnen sich aus den Ist-Absatzmengen und den Standard-Produktkosten der Einheit. Die budgetierten Werte gelten durchs Jahr hindurch. Sie werden zugrunde gelegt zum Zeitpunkt der Zielvereinbarung und gelten auch bei Überprüfung der Zielerreichung. Es liegt nicht im Verantwortungsbereich des Profit Center Leiters die Produktion zu verbessern. Produktivitätsverbesserungen während des Jahres kommen also auch nicht ihm zugute, sondern dem Produktionsverantwortlichen.

Die Puppenchefin (PC) – Prinzipbeispiel zur Erläuterung eines Profit Centers

Man stelle sich vor, wir sind in einem Spielwarengeschäft. Die für »Puppen« zuständige Abteilungsleiterin wird zur Profit Center Chefin befördert. Der Controller hat schon einmal die Erfolgsrechnung (s. Abb. 2.2) erstellt.

Es sind zwei Artikelgruppen abgebildet: Superpuppen und Standardpuppen. Die Superpuppen liegen im Verkaufspreis um 30 Euro höher als die Standardpuppen. Die Verkaufspreise sind netto ausgewiesen, die Erlösschmälerungen wie z. B. Mengenrabatte sind bereits abgezogen. Die Einstandspreise enthalten den jeweiligen Einkaufspreis sowie die Bezugskosten, wie z. B. Frachten. Da die Superpuppe auch im Einkauf teurer ist, scheint es sich um ein aufwendigeres Modell für anspruchsvollere Kunden zu handeln. Die Differenz zwischen Verkaufspreis und Einkaufspreis nennt man im Handel den Rohertrag oder die so genannte Spanne. Er ist bei der Artikelgruppe Superpuppen um 10 Euro höher als bei Standard.

Text	Superpuppen	Standardpuppen	Total
Modell-Ergebnisrechnung für das Profit Center »Puppen«			
Verkaufspreis / Stück (netto)	70,– EUR	40,– EUR	
Einstandspreis / Stück (Produktkosten)	40,– EUR	20,– EUR	
Rohertrag / Stück (Deckungsbeitrag)	30,– EUR	20,– EUR	
Deckungsgrad (DBU)	43 %	50 %	
Stückzahl Absatz je Monat	100	400	500
Umsatz netto (ohne USt)	7.000,– EUR	16.000,– EUR	23.000,– EUR
Wareneinsatz (Produktkosten des Absatz)	4.000,– EUR	8.000,– EUR	12.000,– EUR
Deckungsbeiträge I	3.000,– EUR	8.000,– EUR	11.000,– EUR
Artikeldirekte Strukturkosten für Promotion	1.500,– EUR	500,– EUR	2.000,– EUR
Deckungsbeiträge II	1.500,– EUR	7.500,– EUR	9.000,– EUR
Spartendirekte Strukturkosten			5.000,– EUR
Deckungsbeitrag III			4.000,– EUR
Umlage zentrale Dienste			3.500,– EUR
Profit Center-Betriebsergebnis			500,– EUR

Kostenzuordnung auf Produkte nach Schlüssel Umsatz

»Kostenträger«-Zeitergebnis	2.600,– EUR	5.900,– EUR
	–1.100,– EUR	+1.600,– EUR
»Kostenträger«-Stückergebnis	– 11,– EUR	+ 4,– EUR

Abb. 2.2: Monatliche Profit Center Erfolgsrechnung

Danach folgt der so genannte Deckungsgrad. Er errechnet sich aus dem Quotienten von Deckungsbeitrag I pro Stück und Verkaufspreis. Es handelt sich um eine Prozentzahl, die auch als DBU-(Deckungsbeitrag vom Umsatz) Ziffer oder DB-Marge bekannt ist. Nach der Leerzeile wird aus der »Stückrechnung« eine »Zeitrechnung«, indem der Periodenerfolg pro Monat ausgewiesen wird. Es sind 500 Puppen verkauft worden. Dies führt zu einem Netto-Umsatz von 23.000 Euro und zu einem dazugehörigen Wareneinsatz von 12.000 Euro. Letzteres sind die Produktkosten der abgesetzten Puppen. Zieht man vom Umsatz den Wareneinsatz ab, erhält man den Deckungsbeitrag I.

Dieser heißt so, weil er weitere, im klassischen Sinne als Fixkosten bezeichnete Kosten zu decken hat. Es sind jene Kosten, die mit der verkauften Menge nicht proportional ansteigen, sondern eher maßnahmenorientiert und periodisch anfallen. Da sind zuerst die artikeldirekten Strukturkosten für Promotion. Hierzu gehören Kosten für Prospekte, Anzeigen, Schaufensterdekorationen, spezielle Aufsteller. Voraussetzung ist, dass diese Kosten einzeln anfallen und je Artikelgruppe auch so erfasst werden. In unserem Fall musste weit mehr für die werbliche Unterstützung der Superpuppen getan werden als dies für die Standardpuppen der Fall ist. Die Promotionkosten entspringen keiner Schlüsselung sondern sind Einzelkosten je Artikelgruppe. Nur so sind sie entscheidungsgerecht aufbereitet. Die Zwischensumme Deckungsbeitrag II nach Abzug der Promotionkosten stellt eine weitere wichtige Orientierungsgröße dar. Sie gibt an, welche der beiden Artikelgruppen nach Berücksichtigung der Marktförderung die attraktivere ist.

Nach dem Deckungsbeitrag II folgen die Kosten, die speziell zum Profit Center gehören. Das sind die Gehälter für die Verkäuferinnen inklusive der Puppenchefin, die anteiligen Mietkosten für die durch das Profit Center in Anspruch genommene Verkaufsfläche, die durch die Puppen verursachten Lagerkosten. Es könnten auch Zinsen darin stecken für das gebundene Kapital im Warenbestand. Auch Abschreibungen auf die Regale und andere Vorrichtungen des Profit Center könnten hier enthalten sein.

Nach dem Deckungsbeitrag III kommen die Umlagen für die zentralen Dienste. Darin sind die Kosten des Buchhalters, des Personalbüros, der zentralen EDV sowie der Geschäftsleitung enthalten. In manchen Unternehmen sind das die so genannten »Knallkosten«, weil man die hinterher immer drauf geknallt kriegt. So bleibt leider »nur« ein Spartenergebnis von 500 Euro.

Nach den Regeln einer vollständigen Kostenträgererfolgsrechnung müssten sodann sämtliche Kosten, die noch nicht auf den Produkten gelandet sind, vollends auf die Produkte »umgelegt« werden. Hier hat man dies mit einem »Umsatzschlüssel« gemacht. Die Logik lautet: » Was ein Produkt an Umsatz erzielt relativ zum Gesamtumsatz, soll es auch an Kosten tragen« (Tragfähigkeitsprinzip). Die Rechnung für die Superpuppe lautet demnach:

$$7.000 : 23.000 * 8.500 = 2.600 \text{ (gerundet)}$$

So trägt die Superpuppe noch 2.600 der bisher noch nicht auf die Produkte verteilten Kosten und den Rest von 5.900 bekommt die Standardpuppe ab. Es ergibt sich ein Kostenträgerzeitergebnis, und da macht die Superpuppe einen »Verlust« von –1.100 Euro. Auf das Stück bezogen sind das –11 Euro, während die Standardpuppe noch einen Stückgewinn von 4 Euro ausweist.

Allgemeingültige Prinzipien des Management Accounting

Management Accounting ist ein aus dem Amerikanischen entnommener Begriff und steht für das im deutschen Sprachraum bekanntere Wort »betriebliches Rechnungswesen«.

Betrieblich kommt von betreiben, es geht also um das zahlenmäßige Abbilden des wirtschaftlichen Betreibens im gesamten Unternehmen. Betrieb beschränkt sich also nicht nur auf den Betrieb im Sinne der Produktion, sondern meint das gesamte Betreiben. Manche sagen auch internes Rechnungswesen dazu, um es vom externen Rechnungswesen abzugrenzen. Letzteres ist Basis für die Rechenschaftslegung und folgt handels- und steuerrechtlichen Vorschriften. Hier geht es vor allem darum, periodengenau

Erträge und Aufwendungen gegenüberzustellen, um den Periodenerfolg, den Jahresüberschuss zu ermitteln. Das Denken, »was unter dem Strich rausgekommen ist«, beherrscht die einzelnen Rechenwerke, die Gewinn- und Verlustrechnung sowie die Bilanz.

Die hieraus zu gewinnenden Informationen sind allerdings nicht ausreichend »Management-« und »Controlling-geeignet«. Aus der Gewinn- und Verlustrechnung unseres Beispiel-Unternehmers ist nicht zu entnehmen, welche seiner Artikelgruppe, Super- oder Standardpuppen, mehr zum Gewinn beigetragen hat. Es ist auch nicht ersichtlich, ob eine Werbemaßnahme erfolgreich war oder nicht. Informationen zur Entscheidungsunterstützung (»decision accounting«) sind im externen Rechnungswesen nicht in ausreichendem Maße vorhanden. Ebenso lässt sich nicht feststellen, welchen Beitrag die Puppenchefin zum Jahresüberschuss beigetragen hat (»responsibility accounting«).

Diese Lücken zu schließen, ist der Anspruch des Management Accounting. Direkt lässt sich das mit »Management Rechnung« übersetzen. Im Unterschied zum »Financial Accounting« – der amerikanische Begriff des externen Rechnungswesens – dominiert in einer solchen Rechnung nicht die Fragestellung des Bilanzziehens. Es geht vielmehr darum, dem Management ein intern adressiertes Rechnungswesen zur Verfügung zu stellen, welches eine zielorientierte Planung und Steuerung des Geschäfts ermöglicht. Dahin gehende Informationen müssen also ziel- und entscheidungsgeeignet sein. Da man nur in die Zukunft entscheiden kann, ist die Management Rechnung eine Veranlassungsrechnung, welche zu veranlassen hat, wie zu entscheiden ist und wer zuständig ist.

So ergeben sich zwei Standbeine des Management Accounting, das »Decision Accounting« und das »Responsibility Accounting«. Kommen wir auf unser Spielwarengeschäft zurück. Man stelle sich vor, der Inhaber erhält die Profit Center Rechnung. Zu seinem Erstaunen sieht er das Ergebnis von 500 und fragt die Puppenchefin: »Warum bloß 500?«

Die Puppenchefin könnte antworten, dass die Umlagen viel zu

hoch seien. Und sie wäre fein raus! Die 500 sind im Sinne des
Responsibility Accounting die falsche Zahl. Denn die Puppenchefin hat keinen Einfluss auf die Umlagen.

Wenn sich unser Unternehmer und seine Abteilungsleiterin ent-
lang der Zeilen der Center Erfolgsrechnung bewegen, dann kom-

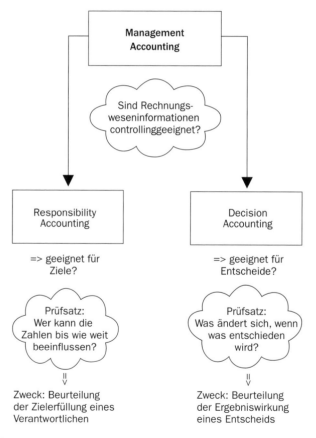

Abb. 2.3: Management Accounting

men sie mit der Frage, »Wer kann die Zahlen bis wie weit (in der Ergebnisrechnung) beeinflussen?«, bis zum Deckungsbeitrag III. Sie kann die Absatzmengen beeinflussen durch besseres Verkaufen, die Einkaufspreise durch besseres Einkaufen, sie kann günstigere (höhere oder niedrigere) Verkaufspreise wählen, sie kann ein günstigeres Sortimentsmix realisieren, kann ihre Werbemaßnahmen gezielter einsetzen, kann ihre eigenen Strukturkosten besser nutzen... Der Deckungsbeitrag III ist deshalb der richtige Zielmaßstab!

Bisher wurde geprüft, ob das Rechnungswesen der Puppenchefin zielgeeignet ist. Nun soll das zweite Standbein des Management Accounting betrachtet werden. »Decision Accounting« beinhaltet die entscheidungsunterstützende Funktion der Managementrechnung, indem in unterschiedlichen Entscheidungssituationen die jeweils passende Zahl angeboten wird. Während es im Feld des »Responsibility Accounting« darum geht, die Zielerfüllung der Puppenchefin zu beurteilen, steht nunmehr die Analyse der Ergebniswirkung einer Entscheidung im Vordergrund. Ob die Rechnungsweseninformationen entscheidungsgeeignet sind, gilt es jetzt zu untersuchen. »Was ändert sich, wenn was entschieden wird?« ist der dazu passende Prüfsatz des begleitenden Center Controllers. Hierzu müssten wir uns unterschiedliche Entscheidungssituationen im Profit Center vor Augen führen.

1) Ein Kunde kommt und möchte eine Puppe kaufen. Kundenzufriedenheit und Kundenbindung verliert unsere Puppenchefin nicht aus den Augen. Dennoch denkt sie an ihren Deckungsbeitrag III und an die angestrebte Kapitalrendite ihres Chefs. Welche Puppe soll sie jetzt im Verkauf forcieren? Auf welche Zahl schaut sie jetzt? Würde sie jetzt auf das Stückergebnis schauen, dann würde sie durch den Verkauf einer zusätzlichen Superpuppe einen zusätzlichen Verlust erzeugen von 11 Euro. Die Superpuppe wäre demnach erst dann aus dem Regal zu holen, wenn der Kunde keine Standardpuppe haben will. Ist die Empfehlung so richtig? Machen wir doch eine Simulationsrechnung!

In der Rechnung gehen wir davon aus, dass durch selektives Verkaufen der Standardpuppe der Absatz um 50 Stück auf 450 Stück gesteigert wurde, während er bei Super um dieselben 50 zurück ging. Die Verwunderung bei unserem, unter dem Strich denkenden Unternehmer ist jetzt groß. Obwohl wir das gewinnbringende Produkt gefördert haben, machen wir jetzt ein »ausgeglichenes« Ergebnis. Ein schönes Wort dafür, dass unter dem Strich nichts rauskommt und wir das Center Ergebnis um 500 Euro verschlechtert haben. Wie konnte das geschehen?

Die Antwort liefert das Wort ändern! Wir dürfen in einem Entscheid nur das berücksichtigen, was sich durch den Entscheid auch tatsächlich ändert. Durch den Abverkauf einer zusätzlichen Puppe haben wir einen zusätzlichen Umsatz von 70 bei Superpuppen und von 40 bei Standardpuppen. Ebenso gibt es einen zusätzlichen Wareneinsatz von 40 bzw. 20. Was sich somit ändert in der Erfolgsrechnung des Profit Center ist der zusätzliche Deckungsbeitrag von 30 oder 20. Alle anderen Kosten bleiben zuerst einmal gleich. Die Gehälter, die Werbung, der Verkaufsraum bleiben durch den Entscheid, Super- oder Standardpuppen zu forcieren, unverändert. Die Strukturkosten ändern sich in dieser

	Super	Standard	Gesamt
Absatz	50	450	500
Umsatz	3.500	18.000	21.500
./. Wareneinsatz	2.000	9.000	11.000
= DB I	1.500	9.000	10.500
./. Promotion	1.500	500	2.000
= DB II	0	8.500	8.500
./. PC-Direkte Strukturkosten			5.000
= DB III			3.500
./. Umlage			3.500
= EBIT			0

Abb. 2.4: Simulationsrechnung »Standard forcieren«

Situation nicht. Sie sind somit auch nicht entscheidungsrelevant. Wenn wir den Sortimentsmix zugunsten der Standardpuppe um 50 Stück umschichten und diese bringt einen um 10 Euro geringeren Deckungsbeitrag, dann verschlechtert sich das Ergebnis um die gezeigten 500 (50 * 10).

Wir halten zu dieser Entscheidungssituation fest, dass Prioritäten im Sortiment mit dem Deckungsbeitrag I pro Stück als der Differenz aus dazukommenden Erlösen und dazukommenden Kosten zu entscheiden sind.

Es war ja nicht die Frage, eine ganze Artikelgruppe aufzulösen, dann sähe die Rechnung anders aus. Dann ändert sich – im übrigen ziemlich schnell – ein Teil der so genannten Fixkosten, nämlich die Promotion, die wären wohl nicht mehr nötig. Dann ist zu prüfen, welcher Teil der Profit Center direkten Strukturkosten abbaubar sind. Ist eine Verkäuferin zu entlassen? Lässt sich die Verkaufsfläche verringern? Was macht der Chef mit der Fläche? Und so ginge es weiter bis man alle sich ändernden Kosten durchleuchtet hätte. Aber wie gesagt, das ist eine andere Frage.

2) Der nächste Kunde ist die Leiterin des örtlichen Kindergartens. Sie ist ganz allein im Geschäft und hält mit erfreuten Augen den zweckgebundenen Spendenscheck des Bürgermeisters über 500 Euro in der Hand. »Sie möge dafür Puppen kaufen, damit die Mädchen pädagogisch sinnvolles Spielzeug haben.« Jetzt ist das Einkaufsbudget des Kunden limitiert. Der Engpass ist jetzt nicht mehr das einzelne Stück, sondern das zur Verfügung stehende Budget. Damit braucht's eine andere Deckungsbeitragszahl. In diesem Fall ist es der Deckungsgrad. Er gibt an, wie viel Prozent Deckungsbeitrag mit 500 Euro Umsatz möglich sind. Bei der Superpuppe sind es 215 Euro (43 %), bei den Standardpuppen allerdings 250 Euro (50 %). Also müssten die Puppenchefin die Kindergärtnerin in Richtung Standardpuppen lenken. Das fiele ihr wahrscheinlich auch leichter, weil es dafür ja mehr Puppen gibt.

3) »Decision Accounting« muss sich aber nicht auf Deckungsbeitrag I-Ziffern beschränken. Die Frage, »Was ändert sich,
wenn was entschieden wird?«, kann auch im Bereich der
Strukturkosten zur Anwendung kommen. Stellen wir uns
einmal vor, die Puppenchefin entschließt sich, einen »Sand-
wichman« zu engagieren. Das sind echte »Werbeträger«,
häufiger Studenten, die mit zwei Plakaten auf Karton geklebt
und vor die Brust bzw. hinter dem Rücken montiert durch
die Stadt gehen. Vielleicht verteilt er noch Prospekte, die
ohnehin im Geschäft nur rumliegen würden. Nehmen wir
weiter an, er würde nur für Superpuppen werben und diese
zu 65 Euro anbieten. An vier Samstagen pro Monat bezahlt
die Puppenchefin dem Studenten insgesamt 200 Euro.
Welche Empfehlung gibt jetzt ein Center Controller ab?

Zunächst machen die so genannten Fixkosten – also die Strukturkosten – einen Sprung. Womit einmal mehr gezeigt sein soll, dass
sich auch diese Kosten sehr schnell ändern können. Damit senkt
sich der Deckungsbeitrag II der Superpuppen um die entsprechenden 200 Euro. Der Puppenchefin müsste also gelingen, in
diesem Monat eine entsprechend höhere Zahl an Puppen zu verkaufen. Da sie keine zweierlei Preise machen kann für Kunden,
welche die Plakataktion kennen und für solche, die sie nicht
kennen, büßt sie auch auf die 100 Stück 5 Euro Deckungsbeitrag
ein. Somit müsste sie durch den zusätzlichen Abverkauf mindestens 700 Euro Deckungsbeitrag erzielen. Bei einem Deckungsbeitrag von jetzt 25 Euro pro Stück sind dies mindestens 28 Puppen,
also eine Mengensteigerung von rund 30 %. Damit bekommen
die Deckungsbeiträge im Profit Center eine weitere Funktion. Mit
ihrer Hilfe lassen sich auch verkaufsfördernde Maßnahmen betrachten. Ein weiteres wesentliches Element zur Beeinflussung
des Profit Center Ergebnisses ist die Preisgestaltung. Hierzu muss
der Profit Center Leiter über eine Kalkulation verfügen, welche
die Transparenz sämtlicher zu deckenden Kosten (Vollkosten-
rechnung) gewährleistet (siehe Kapitel 3).

Was sich im Beispiel ändert, wenn das Produkt hergestellt wird?

Das bisherige Beispiel war handelsgeprägt. Vom Nettoerlös wurde der Wareneinsatz abgezogen, um zum Deckungsbeitrag I zu kommen. Diese Zeile ist in einem produzierenden Unternehmen anders zu füllen (vgl. Abb. 2.1). Der »Wareneinsatz« stellt jetzt jene Kosten dar, die nötig sind damit das Produkt physisch existiert. Was kommt an Kosten dazu, wenn zusätzliche Produkte abgesetzt werden. Das sind in der klassischen Terminologie die Grenzkosten oder wir sagen besser Produktkosten dazu.

Stellen wir uns vor, wir würden nicht mit Puppen handeln, sondern wären ein Hersteller von Markenpuppen. Dann ist die physische Existenz einer Puppe definiert durch die Stückliste. Da müssten die einzelnen Teile der Puppe, die Arme, die Beine, der Körper, der Kopf, die Bekleidungsstücke, die Verpackung der Puppe aufgeführt sein. Sämtlicher Materialeinsatz wäre zu erfassen inklusive fremd zu beziehender Bauteile. Darüber hinaus übermittelt der Arbeitsplan die notwendigen Zeiten der Herstellung der einzelnen Bauteile und der Endmontage. Diese Zeiten sind zu bewerten mit Produktkostensätzen der Fertigung, so ergibt sich die Summe der proportionalen Fertigungskosten pro Puppeneinheit. Die Superpuppe ist dann im Materialeinsatz und in der Herstellung entsprechend aufwendiger.

In manchen Darstellungen heißt es, dass von den Erlösen die »variablen« Kosten abzuziehen sind, um auf den Deckungsbeitrag des herzustellenden Produkts zu kommen. Da besteht die Gefahr von Missverständnissen, wenn variabel interpretiert im Sinne von beeinflussbar bzw. veränderbar. Dann wäre ja auch die Sonderaktion mit dem Sandwichmann in unserem Beispiel variabel und müsste vom Erlös abgezogen werden. Das wäre dann aber falsch. Wenn »variabel« gesagt wird, dann ist in dem Zusammenhang an »variable« Herstellkosten gedacht im Sinn von »Grenzherstellkosten«. Da ist dann z. B. der Fertigungslohn des »Puppenmonteurs« mit drin. Dieser Lohn sind zusätzlich entstehende Kosten mit jeder zusätzlich montierten und verkauften Puppe.

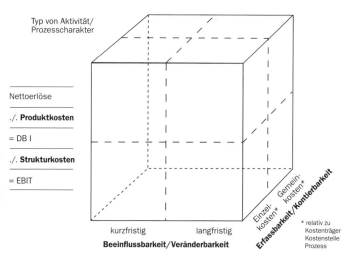

Abb. 2.5: Kostenwürfel

Zum besseren Verständnis der Kostensachverhalte in einer Center Erfolgsrechnung ist eine mehrdimensionale Betrachtung wie in Abbildung 2.5 erforderlich.

Die dreidimensionale Sicht der Kosten bringt die Unterteilung der Kosten nach dem Typ der Aktivität, der Beeinflussbarkeit und der Erfassbarkeit. Dabei ist die senkrechte Achse des Kostenwürfels die maßgebliche für die Trennung der Kosten in solche die »oberhalb« vom Deckungsbeitrag I anzusiedeln sind und solche die »unterhalb« sortiert gehören. Produktkosten sind jene Kosten, die die physische Existenz des Produkts abbilden. Das Material- und Zeitgerüst bestimmen diese Kosten dokumentiert durch Stückliste, Rezeptur und Arbeitsplan. Strukturkosten gehen in die Infrastruktur, in das regieführende Gehäuse bzw. in die Organisationsstruktur. Die Veränderbarkeit der Kosten lässt sich einteilen gemäß ihrer Fristigkeit. So könnte unterschieden werden in kurzfristig beeinflussbare (innerhalb der Budgetperiode) und langfristig beeinflussbare (außerhalb der Budgetperiode)

Kosten. Die dritte Achse nach hinten bringt die Kosten nach ihrer Erfassbarkeit und trennt in Einzel- und Gemeinkosten.

Letzteres ist abhängig vom Bezugsobjekt und stellt ein wichtiges Gliederungsprinzip für die Center Erfolgsrechnung dar. Jene Kosten die einzeln erfassbar/kontierbar sind, sind adressierbar und haben im Sinne des Responsibility Accounting einen Zuständigen. So steht das Wort »direkt« für Einzelkosten relativ zum Artikel (Promotion) oder relativ zum Profit Center als Kontierungseinheit.

Für beide Kostentypen trägt der Profit Center Manager Verantwortung. So hat er bei Ertragsproblemen zu prüfen, welche seiner Kosten er kurzfristig beeinflussen kann, um dennoch sein Deckungsbeitragsziel zu erreichen. Ein guter Profit Center Leiter ist immer auch ein guter Kostenmanager.

PROFIT CENTER-Typen und Erfolgsrechnungen

Insbesondere drei Grundtypen der Marktbearbeitung sind in unterschiedlichen Ausprägungen in der Praxis zu beobachten:

- Produkt Management
- Regionen Management
- Key Account Management

Beim Produkt Management besteht die Marktleistung des verantwortlichen Produktmanagers im Aufbau oder im Halten einer ganz bestimmten Marke. Vor allem in der Markenartikelindustrie ist es ja gerade die Bekanntheit und das Image einer Marke, welches für den Level des Verkaufspreises eine nicht unerhebliche Rolle spielt. Verkaufen wir »Pampers« oder »nur« Höschenwindeln, »Tempos« oder »Papiertaschentücher«. In der Regel ist damit ein gewisses Qualitätsniveau verknüpft, nichtsdestotrotz kommt dem Markenname eine erhebliche Bedeutung zu. Die dafür erforderlichen Maßnahmen sind in einer Hand zu bündeln, will man nicht diffuse Werbebotschaften übermitteln.

Eine solche Aufgabe kann entsprechend umfangreiche Ressourcen binden, insbesondere wenn es sich um ein globales Produkt handelt. Mit der zunehmenden Internationalisierung der Märkte bekommt eine solche Aufgabe gegebenenfalls auch globale Ansprüche. Wenn man sich die Marke »Coca Cola« vor Augen führt, so hat sie für den weit gereisten Kunden, selbst in Ländern deren Sprache und deren Schriftzeichen er nicht mächtig ist, einen hohen Wiedererkennungswert durch den identischen Auftritt des Produkts. Etikett und Flasche sind unverwechselbar und schaffen auf diese Weise eine extrem hohe Markenloyalität. Ein Produkt-Manager, ob er nun für »Coca Cola« oder für ein weniger bekanntes Produkt zuständig ist, beeinflusst das Ergebnis eines Produkts ganz erheblich, sowohl von der Kostenseite aus gesehen als auch von der Absatzmengen- und Erlösseite aus betrachtet.

Dem Produkt Management ähnliche Aufgaben lassen sich auch in anderen Branchen finden. In technisch geprägten Industrien können das Projektingenieure sein, welche die technische Konzeption der Produkte bestimmen. So etwa in einem Maschinenbauunternehmen, welches in Einzelfertigung Maschinen für unterschiedliche Verwendungen fertigt. Auch in klassischen Dienstleistungsbranchen, wie z. B. dem Consulting gibt es so etwas wie eine Produktverantwortung für ganz bestimmte »Business Lines«. So etwa wenn unterschiedliche Beratungsfelder bedient werden sollen, wie z. B. die IT-Beratung, Mergers & Acquisition, Strategie etc. Auch in Kreditinstituten oder in Versicherungsunternehmen sind Produktverantwortliche zu finden. Ob sie letztendlich Ergebnisverantwortung tragen, hängt davon ab, welche anderen Dimensionen der Marktbearbeitung Gewicht haben.

Abbildung 2.6 zeigt die prinzipielle Systematik einer Center Erfolgsrechnung, welche für eine Verantwortung innerhalb des Produkt Managements in Frage käme. Dabei stehen jetzt die Zeilen einer möglichen Erfolgsrechnung im Vordergrund.

Will man dem Produkt Manager gerecht werden, so sind im Sinne des Responsibility Accounting all jene Einflussbereiche aus seiner Center Erfolgsrechnung zu eliminieren, die nicht innerhalb seiner Kompetenzen liegen. Da ist zum einen die Zeile der Erlösschmälerungen. Da diese durch den Verkäufer vor Ort oder Key Account Manager gewährt werden, ist der Zielmaßstab des Pro-

Σ	Brutto-Erlöse (Summe aller Regionen und Kundengruppen)
./.	Standard-Erlösschmälerungen
= Σ	Netto-Erlöse (Summe aller Regionen und Kundengruppen)
./.	Standard-Produktkosten
= Σ	Deckungsbeiträge I des/r Produkts/gruppe (Summe aller Regionen und Kundengruppen)
./.	Promotion (produktspezifisch)
= DB II	
./.	PM-Direkte Strukturkosten
= DB III	=> Zielmaßstab des »Produkt Managers«

Abb. 2.6: Erfolgsrechnung des Profit Center »Produkt Management«

dukt Managers entweder auf Basis von Bruttoerlösen oder standardisierter Nettoerlöse zu bauen. Letzteres ist eher zu empfehlen, weil sich sonst die Summe der Deckungsbeiträge I des Produkt Managers zu weit von den tatsächlichen weg bewegen. Ähnlich verhält es sich mit den Produktkosten der Herstellung.

Bei seriellen Produkten sind auch die budgetierten Werte zugrunde zu legen. Sie bilden die Basis für die Zielvereinbarung und ebenso für die Beurteilung der Zielerfüllung. Einflussmöglichkeiten für den Produkt Manager ergeben sich nur auf den Standard, indem er die Ausstattung des Produkts, seine Funktionalitäten, sein Design entsprechend der Produktpersönlichkeit und dem Genre bestimmt. Sollte es sich im Falle eines Einzelfertigers um einen Projektingenieur handeln, der auf die Produktspezifikation Einfluss nimmt, dann müssten auftragsweise nachkalkulierte Werte in die Zielbeurteilung mit einfließen.

Sowohl bei den Promotion als auch bei den restlichen Strukturkosten gilt das bisher Gesagte. Es werden nur die Kosten in der Erfolgsrechnung berücksichtigt, die vom Produkt Manager auch verantwortet werden. Er ist Herr über seine Promotion-Etat sowie über die Strukturkosten seiner Organisation.

»All business is local«. Die ursprüngliche Form der Marktbearbeitung findet vor Ort beim Kunden statt. Dies ist der Akquisiteur, der hinter jedem Busch den Kunden sucht, der Wege zurücklegt, der im besten Sinne des Wortes unterwegs zum Ziel, nämlich dem Kunden ist, der jedes Mal aufs Neue den Kraftakt bewältigt, die (Angst)Schwelle zum Kunden zu überwinden.

Der Verkäufer blickt jeden Tag in das Weiße des Auge des Kunden. Er kennt das »Zuck-und-Schluck-Prinzip« aus tagtäglicher Erfahrung. Nun ist es gerade in schwierigen Märkten eher so, dass der Kunde schon zuckt bevor der Verkäufer die Schwelle betritt. Wie also dem Kunden das Produkt verkaufen, wenn nicht über attraktive Rabatte?

Verkäufer sollen verkaufen. Das haben die Controller nach besten Möglichkeiten zu unterstützen. Ohne Umsatz ist kein Gewinn möglich. Oder besser gesagt: Ohne Umsatz gibt es keinen Deckungsbeitrag, leider gibt es auch Umsatz ohne Deckungsbeitrag. Dann wurden die Produkte unter den Produktkosten verschleudert. Das Schlagwort lautet dann Großauftrag oder Sonderkunde oder strategischer Markt. Da ist Vorsicht geboten.

Wenn der Verkaufsleiter als Profit Center Manager geführt wird, braucht er betriebswirtschaftliche Instrumente, die ihm eine ergebnisorientierte Steuerung seiner Verkaufstruppe ermöglichen. Dazu gehört neben der Behutsamkeit im Umgang mit Erlösschmälerungen das intelligente (deckungsbeitragsorientierte) Verkaufen und bewusstes Kostenmanagement. So könnte eine Center Erfolgsrechnung für das »Regionen Management« folgendes Gesicht haben (s. Abb. 2.7).

Damit besteht jetzt ein wesentlicher Unterschied zwischen Center Erfolgsrechnung von Produkt Manager und Regionalleiter darin, dass letztere in der Zeile Erlösschmälerungen die durch den Verkäufer effektiv gewährten ausweist. Gegebenenfalls ist es nötig eine Zwischenzeile einzufügen, die standardisierte, kalkulatorische Erlösschmälerungen einerseits und im Verantwortungsbereich effektiv (zusätzlich) zugestandene ausweist. Letztere gehen in Form von Rabatten oder Skonti direkt von der Rechnung ab, während die erst genannten innerhalb bestimmter Perioden – Quartal, Halbjahr oder Jahr – nach bestimmten Kriterien verge-

Σ	Brutto-Erlöse (Summe aller Produkte und Kundengruppen)
./.	Ist-Erlösschmälerungen
= Σ	Netto-Erlöse (Summe aller Produkte und Kundengruppen)
./.	Standard-Produktkosten
= Σ	Deckungsbeiträge I der Region (Summe aller Produkte und Kundengruppen)
./.	Promotion (regionenspezifisch)
= DB II	
./.	Regionen-Direkte Strukturkosten
= DB III	=> Zielmaßstab des »Region Managers«

Abb. 2.7: Erfolgsrechnung des Profit Center »Regionen Management«

ben werden. Solche Rahmenvereinbarungen werden in der Regel außerhalb der Verantwortung der Region geschlossen. Sie sind somit im Standard zu erfassen weil der einzelne Profit Center Leiter keinen direkten Einfluss hat. Sie werden dann als kalkulatorische Erlösschmälerungen separat ausgewiesen und gehen in den Zielmaßstab nicht ein.

Die Summe der Deckungsbeiträge I besteht damit aus den Komponenten Ist-Mengen, Ist-Preise unter Berücksichtigung von Ist- und eventuell Standard-Erlösschmälerungen sowie aus den Standard-Produktkosten. Bei den zuletzt aufgeführten gelten die beim Produkt Manager aufgeführten Argumente an dieser Stelle in gleicher Weise. Die Summe in dieser Region erwirtschafteten Deckungsbeiträge I kommt aus allen Produkten und aus allen in der Region vertretenen Kundengruppen. Dabei könnte die Region selbst bereits ein übergeordnetes Profit Center sein und die darunter bestehenden »Sub Profit Center« oder »Micro Profit Center« könnten die einzelnen Vertreter bzw. die Vertretergebiete sein.

Als Beispiel sei hier ein Unternehmen aufgeführt, das einen Vertriebschef, drei Regionalleiter und innerhalb der Regionen jeweils fünf angestellte Außendienstmitarbeiter (ADM) mit der Zuständigkeit für entsprechende Bezirke hat. Die Außendienstmitarbeiter seien zum Teil mit Provisionen variabel entlohnt.

Man kann sich das Organisationsschema wie im folgenden Beispiel vorstellen (s. Abb. 2.8).

Kann ein einzelner »Vertreter« Profit Center Chef sein? Vom Grundsatz her gilt zu prüfen, welche Einflussmöglichkeiten er auf den Deckungsbeitrag der Region hat. Da gilt das für den Regionalleiter Gesagte. Nämlich in dem Maße wie er auf Preise, auf Mengen, auf das Sortiment- und Kunden-Mix sowie auf seine Kosten Einfluss nimmt, in dem Maße beeinflusst er den Deckungsbeitrag. Zweifelsohne dürfte sein Entscheidungsspielraum begrenzt sein, dennoch kann auch hier der dezentrale Steuerungsgedanke angewendet werden. Voraussetzung ist, dass sämtliche von ihm beeinflussten Komponenten des Deckungsbeitrages auch bei ihm direkt erfasst werden.

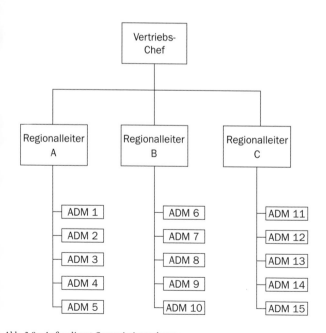

Abb. 2.8: »Außendienst-Organsiationsschema«

Im Organigramm bieten sich Profit Center auf drei Ebenen an.

1. Der Vertrieb gesamt mit dem Vertriebschef als
   Profit Center Leiter
2. Die einzelne Region mit den Regionalleitern als
   Profit Center Chefs
3. Der einzelne Bezirk mit den Außendienstmitarbeitern als
   Profit Center Chefs

Diese drei Profit Center Ebenen müssten sich in der Erfolgsrechnung widerspiegeln, so dass jede Ebene sein eigenen, individuellen Zielmaßstab hat.

Von Deckungsbeitrag III bis V sortieren sich die Zielmaßstäbe für Außendienstmitarbeiter, Regionalleiter und Vertriebschef. Diese

Erfolgsobjekt / Erfolgsparameter	Gesamt	Region A			Region B			Region C		
		Σ	Bezirk 1	...	Σ	Bezirk 2	...	Σ	Bezirk 3	...
Absatzmengen	X	X	X	...	X	X	...	X	X	...
Bruttoerlöse	X	X	X	...	X	X	...	X	X	...
./. Erlösschmälerungen	X	X	X	...	X	X	...	X	X	...
= Nettoerlöse	X	X	X	...	X	X	...	X	X	...
./. Standard Produktkosten	X	X	X	...	X	X	...	X	X	...
= Deckungsbeitrag I	X	X	X	...	X	X	...	X	X	...
./. Provisionen	X	X	X	...	X	X	...	X	X	...
= Deckungsbeitrag II	X	X	X	...	X	X	...	X	X	...
./. ADM-Direkte Struko	X	X	X	...	X	X	...	X	X	...
= Deckungsbeitrag III	X	X	X	...	X	X	...	X	X	...
./. Regionendirekte Struko (incl. Promotion)	X	X			X			X		
= Deckungsbeitrag IV	X	X			X			X		
./. Direkte Struko des Vertriebes	X									
= Deckungsbeitrag V	X									

Abb. 2.9: Profit Center Erfolgsrechnung auf drei Ebenen

Reihenfolge ist dem Prinzip gemäß aufgebaut, dass jemand seinen Zielmaßstab um so weiter unten in der Erfolgsrechnung findet, je größer seine Kompetenzen sind. In diesem Fall ist von der rechnerischen Logik transparent nachvollziehbar, dass jede Zielvereinbarung eines Außendienstmitarbeiters mit seinem Regionalleiter in die individuelle Zielvereinbarung einfließt, die dieser Regionalleiter wiederum mit seinem Vertriebschef schließt. Die Forderung nach realistischer Zielformulierung kann auch hier nochmals unterstrichen werden, sonst geht es auch rein rechnerisch nicht auf.

Darüber hinaus ist in dieses kleine Beispiel auch eingebaut, wie man mit Provisionen in der Erfolgsrechnung umzugehen hat. Dabei findet man in der Regel zwei Spielarten. Die eine ist die, Provisionen wie Erlösschmälerungen zu behandeln und sie gegebenenfalls als getrennte Zeile vom Bruttoerlös abzuziehen. So entsteht möglicherweise eine Zeile Netto-Nettoerlös. Zu vergleichen wäre dies mit der Behandlung von Sondereinzelkosten des Vertriebes, also z. B. Verpackung, Fracht, die häufig auch wie Erlösschmälerungen direkt vom Erlös abgezogen werden. Gegen dieses Vorgehen ist nichts einzuwenden. Die andere Sichtweise ist, die Provisionen wie Promotion zu verstehen, die als Maßnahmen der Verkaufsunterstützung vom Deckungsbeitrag I abzuziehen sind. Dieses auch in der Versicherungsbranche favorisierte Vorgehen hätte den Vorteil, dass verkäuferindividuelle Provisionssätze nicht den Deckungsbeitrag I beeinflussen. So sind Sortimentsentscheidungen nicht durch Provisionszahlungen überlagert. Dies ist insbesondere dann zu empfehlen, wenn für die Außendienstmitarbeiter unterschiedliche Provisionstabellen gelten, die nach Betriebszugehörigkeit, Akquisitionsvolumen oder anderen Kriterien gestaffelt sind.

In der Struktur dieser Erfolgsrechnung ist zudem erkennbar, dass es immer weniger Kreuze (Zahlen) gibt, je weiter unten man sich in den Zeilen der Rechnung befindet. Das Einzelkostenprinzip lässt nichts anderes zu. Wenn dem nicht so ist, dann ist dies ein untrügliches Zeichen für Umlageverfahren oder Schlüssel.

Bleibt als letzter »Grundtyp« eines Profit Center das Key Account Management. Diese »jüngere« Funktion in der Marktbearbeitung ist in der Markenartikelindustrie entstanden im Zuge der zunehmenden Handelskonzentration. Aber auch in anderen Branchen seriell hergestellter Produkte, wie z. B. der Automobilzulieferindustrie ist der Key Account Manager nicht mehr wegzudenken. Er beeinflusst durch die gesamte Konditionenpolitik ganz maßgeblich das Ergebnis. Insofern liegt es nur nahe, die Steuerung dieser Bereiche in gleicher Weise wie beim Regionalleiter mit einem Deckungsbeitragsziel zu bewältigen. Hier geht es vor allem darum, einer Konditionenvielfalt Herr zu werden, die durch die Abnahmemacht des Handels gefördert wird. Dabei sind ganz besonders die Wirkungen der »Jahresgespräche« in einer Erfolgsrechnung zu integrieren, innerhalb derer die Konditionen für das kommende Geschäftsjahr vereinbart werden. Konditionenbelastungen von bis zu 30 % und mehr sind mittlerweile an der Tagesordnung.

Dabei bekommt eine detaillierte Kundenergebnisrechnung auf Einzelkundenbasis besonderes Gewicht. Die Dienstleistung des begleitenden Controller-Teams besteht vor allem in der bestmöglichen informatorischen Unterstützung des Key Account Managers (s. hierzu Kap. 5). Die Erfolgsrechnung ähnelt der des Regionen Managers, wobei an der Stelle der Regionen-direkten Promotion und Strukturkosten die entsprechenden Einzelkosten des Key Account Managers zu platzieren sind.

Mehrdimensionale Profit Center Strukturen und Erfolgsrechnungen

Das besondere Problem liegt nun darin, dass oben aufgeführte Center Typen häufig nicht alternativ nötig sind, sondern vielmehr eine simultane Einrichtung unterschiedlicher Profit Center Typen aus Sicht der Marktbearbeitungslogik geboten scheint. Wir erzielen einen Umsatz oder Deckungsbeitrag mit einem bestimmten Produkt, bei einem bestimmten Kunden, der in einer ganz bestimmten Region sitzt. Das spricht sich hintereinander, in der

Realität ist der Vorgang simultan und dreidimensional. Wenn nun jede Dimension einen Verantwortlichen hat, so wird der Markterfolg durch alle drei gemeinsam bewirkt. Darstellen lässt sich dies durch eine Schnittmenge aus drei Kreisen (Centern).

Der durch die drei Center erarbeitete Deckungsbeitrag I lässt sich prozentual nicht aufteilen. Das dürfte jedem einleuchten. Genauso wenig lässt sich die Organisation der Marktbearbeitung durch Stellenbeschreibung separieren. Sonst entstehen Schubladen und »Schnittstellen« und die Effektivität und Effizienz im Markt ginge verloren. Durch die jeweiligen ineinander greifenden Zuständigkeiten entsteht der Markterfolg. Der Produkt Manager sorgt durch Mediamaßnahmen für die Bekanntheit der Produkte, der Regionalleiter sorgt dafür, dass sie in der Fläche zu haben sind und der Key Account Manager wirkt als Problemlöser und »Herausverkäufer« beim Handelspartner. Wenn eine solche Arbeitsteilung im Unternehmen gegeben ist und die drei treten als gleichberechtigte Partner nebeneinander auf, so kommt man nicht umhin, dies auch bei der Zielfindung

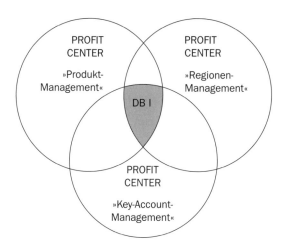

Abb. 2.10: Schnittmengen-Praxis in der Marktbearbeitung

zu berücksichtigen. Mehrdimensionale Erfolgsrechnungen werden erforderlich, um simultan Zielmaßstäbe den Kompetenzen entsprechend anbieten zu können.

Bei einer großen Sachversicherung wird im Zuge einer Neuorganisation umgestellt von der klassischen Organisation nach den Sparten Haftpflicht-, Feuer-, Kraftfahrzeug-, Gebäudeversicherung etc. auf eine stärker kundenorientierte Organisationsform. So entsteht neben der reinen Produktorientierung, die durch so genannte Branchenverantwortliche wahrgenommen wird, eine zusätzliche Ausrichtung der Strategie auf die neu gebildeten Kundengruppen Industriekunden, Gewerbekunden und Privatkunden. Der Außendienst ist ohnehin regional organisiert, wobei die oberste regionale Ebene die Bundesländer darstellen. Da alle Verantwortlichen unmittelbaren Einfluss auf das Ergebnis haben, sollen in den drei Dimensionen Branche, Kundengruppe und Region Profit Center Strukturen gebildet werden.

Dabei ist es immer wieder ein heißes Thema in der Versicherung, inwieweit die Schadenkosten in den Zielmaßstab eines Bezirksdirektors einfließen können. Sicherlich können es die Istkosten nicht sein, denn für den Schaden kann der Agent nichts. Für Schadenentwicklungen im langfristigen Trend vielleicht schon. Wie wird akquiriert, wie werden neu abzuschließende Verträge bezüglich der Schadenverhütung gestaltet, wie wird im Schadenfall vorgegangen? Also müsste mit Standard-Schadenkosten gerechnet werden.

So kann es in einer detaillierten Betrachtung sinnvoll sein, wie in Abbildung 2.11 angedeutet, eine differenzierte Analyse vorzunehmen. Da sind sicherlich die Erfolgskomponenten der Feuerversicherung über alle Kunden und alle Regionen interessant. Dann interessiert aber den Generalagenten beim Abschluss einer neuen Versicherung mit dem Industriekunden BASF die gesamte Kundenverbindung über alle Produkte und Regionen.

Jetzt möchte er aber mehr über den Standort Rheinland-Pfalz sehen, z. B. auch die Entwicklung über mehrere Jahre, den Schaden- und Prämienverlauf. Wenn er dann noch Vergleichsgrößen aus der Chemiebranche insgesamt hat, dann erleichtert ihm das die Argumentation. All diese Informationen müsste eine mehrdimensionale Erfolgsrechnung liefern. Die hierzu nötigen Daten werden durch so genannte Business Intelligence Systeme bereit gehalten. (Vgl. hierzu auch Kap. 5 »Controlling-Werkzeuge für den Verkaufsleiter«).

Im folgenden geht es nun mehr darum, dem Profit Center Verantwortlichen unterschiedliche Controlling-Werkzeuge an die Hand zu geben. Neben der bereits erörterten Center Erfolgsrechnung spielt dabei die Ermittlung eines kostendeckenden Verkaufspreises eine herausragende Rolle.

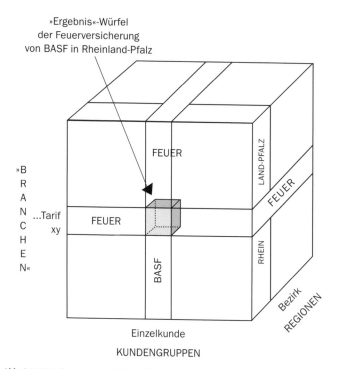

Abb. 2.11: Dreidimensionale Sicht in einer Sachversicherung

Die im nächsten Kapitel zu erläuternde – im klassischen Vokabular auch als Kostenträgerstückrechnung bekannte – Kalkulation gehört hinsichtlich ihrer konzeptionellen Gestaltung in den Werkzeugkasten der Controller. Controller als »Methodenarchitekten« benötigen dafür einen glasklaren Bauplan. Den Controlling anwendenden Profit Center Managern ist die Kalkulation als Grundlage zur Verkaufspreisgestaltung und damit als herausragende Stellschraube zur Ergebnissteuerung vom Controller Service nahe zu bringen.

Verkaufspreisplanung

▬▬▬▬▬▬▬▬▬▬▬▬▬▬▬▬▬▬▬▬▬▬▬▬

Mehr als nur Kostenrechnung

Die Kalkulation als Instrument des Controllings verfolgt verschiedene Zwecke. Für die Deckungsbeitragsrechnung werden Produktkosten ermittelt, die Bewertung von Beständen verlangt Herstellungskosten; sogar als Einstieg in einen Benchmark ist die Kalkulation eine wichtige Voraussetzung – um nur einige Zwecke zu nennen. Der wohl wichtigste Zweck ist aber die Ermittlung eines auf Kosten basierenden Verkaufspreises. Zwar lässt sich der am Markt erzielbare Preis nicht »hin rechnen«, jedoch bietet die Kalkulation eine gute Orientierung. Wenn man das mit »Kosten-Schichtung« übersetzt, dann ergibt sich daraus, dass es das Ziel des Verkaufspreises sein muss, die in der Firma vorhandenen Kosten zuzüglich einer Gewinnspanne über den Verkaufspreis an den Kunden weiterzugeben. Diese Sichtweise hat zur klassischen Methode der Zuschlagskalkulation geführt. Man könnte es aber auch so betrachten: Die Kosten dürfen den am Markt erzielbaren Preis – abzüglich einer Marge – nicht überschreiten. Das wäre dann eine »Zielkosten-Kalkulation« oder englisch »Target Costing«.

Mit den eigenen Kosten und dem Markt sind bereits zwei wichtige Einflussgrößen der Preisfindung genannt. Wobei »der Markt« noch danach unterschieden werden kann, ob es sich um den Kunden oder den Wettbewerb handelt. Beide beeinflussen die Preiserwartung des Kunden und damit die Obergrenze dessen, was für einen Preis die Firma erzielen kann. Nicht zu vergessen ist die eigene strategische Ausrichtung als vierte Einflussgröße. Wird eine schnelle Marktdurchdringung angestrebt, dann sind niedrige Preise angebracht; während ein Premium-Anbieter den Preis hoch halten muss.

An dieser Stelle schließt sich der Kreis zu den eigenen Kosten. Ein teureres Angebot findet weniger Abnehmer. Darum entfällt von den nicht-mengenabhängigen Positionen (z.B. Verwaltung, Forschung, usw.) auf jedes einzelne Stück bzw. jede erbrachte Dienstleistung ein höherer Anteil – das Gegenteil der Kostendegression. Wenn nun also die einzelne Einheit anteilig höhere Kosten tragen muss, also schon allein deshalb teurer wird, dann muss damit

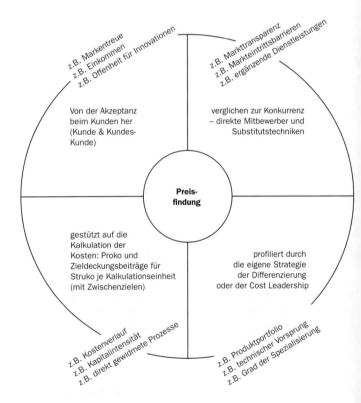

Abb. 3.1: Das Preis-Schwungrad

zugleich für den Kunden ein höherer Nutzen verbunden sein. Sonst werden wir am Markt nicht dauerhaft erfolgreich sein können. Wir sind damit an den Anfang unserer Überlegungen zurückgekehrt. Erste Aufgabe des Controllers ist es darum, den Gesamtzusammenhang und die Interdependenzen allen beteiligten Abteilungen vor Augen zu führen, sonst kann ein derart hoch vernetztes Thema im wahrsten Sinne des Wortes nicht »rund laufen«. Allein die Informationsversorgung zwischen den Abteilungen sicher zu stellen, erfordert vom Controller viel Zeiteinsatz. Zur hohen Kunst wird es, die verschiedenen Aspekte in ein Gleichgewicht zu bringen. Bei der Controller Akademie verwenden wir deshalb gerne als Übersichtsbild das »Preis-Schwung-Rad«. Dort wo die Grafik beispielhaft einige Begriffe nennt, muss der Controller im Dialog mit dem Management konkret die eigene Firmensituation abbilden. Es ist nahe liegend, dass der Controller primär mit der linken unteren Ecke assoziiert wird und dass darin unsere »Eintrittskarte« in die Diskussion besteht. Darum soll auch hier der Einstieg in die Kalkulation beginnen.

Produktkosten – das erste Teilergebnis

Die Produktkosten als »Gerade«

Die Deckungsbeitragsstufen sind die relevanten Ergebnisgrößen zur Vertriebssteuerung. Die Produktkosten (»Proko«) sind darum das erste Zwischenergebnis der Kalkulation. Inhaltlich richtig, aber oft missverstanden, könnte auch von variablen Kosten gesprochen werden. Zu oft wird »variabel« mit »beeinflussbar« gleich gesetzt. Wichtig ist, dass nur Kosten einbezogen werden, die sich mit der Leistungsmenge ändern (proportionale Kosten). In diesem Buch wird deshalb konsequent der Sprachempfehlung der International Group of Controlling (IGC) und des Internationalen Controller Vereins (ICV) gefolgt und von Produktkosten gesprochen. Das meint »Kosten für eine Kalkulationseinheit mehr« und gilt gleichermaßen für Produkt wie Dienstleistung. Also gehören zu den Proko lediglich Materialkosten, Fertigungskosten und Sondereinzelkosten der Fertigung – sofern sie jeweils von der Leistungsmenge abhängig sind. Verschleißabhängige Abschreibungen sind damit ausdrücklich Teil der Proko, zeitabhängige Abschreibungen dagegen nicht. Darin unterscheiden sich die Produktkosten von den Herstellungskosten. Die Produktionskosten gehen darum über die Produktkosten hinaus.

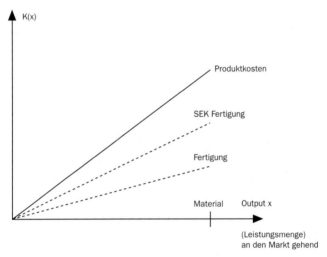

Abb. 3.2: Bestandteile der Produktkosten (Proko)

In grafischen Darstellungen sind die Proko immer eine Gerade. Das bedeutet, dass die Grenzkosten (= Kosten einer zusätzlichen Einheit) konstant sind. Anders ausgedrückt sind die Proko/Stk konstant. Die Stückkosten sind unabhängig von der Leistungsmenge. Auf den ersten Blick erscheint das als unhaltbare Annahme. So steigen z. B. Energie und verschleißabhängige Instandhaltung mit höherem Leistungsgrad überproportional an. Warum ist diese Darstellungsform dennoch richtig? Das Problem soll im Folgenden am **Beispiel eines Taxi-Unternehmers** erläutert werden. Es ist ein Dienstleistungsbeispiel, das einen Motor (eine Maschine) benötigt. Um es einfach zu halten, wird es auf zwei Größen reduziert: den Sprit-Verbrauch gemessen in Litern auf 100 km und als darauf wirkende Einflussgröße die Geschwindigkeit gemessen in Kilometern pro Stunde. Damit wird bewusst von weiteren Einflussfaktoren (z.B. Reparaturen, Steuern, Lohn des Taxifahrers, ...) abgesehen. Durch diese Beschränkung wird das Beispiel prägnanter und die Frage der konstanten Proko nicht von anderen Fragen überdeckt.

Wie verändert sich der Kraftstoffverbrauch – also die Kosten – in Abhängigkeit von der Geschwindigkeit? Es könnte Fahrten zum Bahnhof geben – immer wieder abbremsen und beschleunigen. Der Sprit-Verbrauch betrage z.B. 9 l/100 km. Andere Fahrten führen bei gleichmäßiger Geschwindigkeit von z.B. 80 km/h über die Landstraße. Die Leistung wird dicht am optimalen Verbrauchspunkt erbracht bei z.B. 6 l/100 km. Und dann könnten noch eilige Fahrten über die Autobahn zum Flughafen betrachtet werden: der Verbrauch schnellt auf 15 l pro km/h hoch. Exemplarisch ergäbe sich die unten dargestellte Verbrauchskurve. Bei unseren vereinfachenden Annahmen ist es zugleich die Kostenfunktion für die Dienstleistung »Taxifahrt«.

Wenn man die Kosten für »eine Leistungseinheit mehr« (in unserem Falle »km/h«) betrachtet, dann zeigt sich, dass der Spritver-

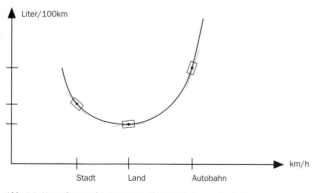

Abb. 3.3: Veränderung der Kosten in Abhängigkeit von der Leistung

brauch unterschiedlich ausfällt. Die Grenzkosten (Steigung) sind nicht konstant. Sie ist für den jeweiligen Fahrttyp (hier: Stadt, Land und Autobahn) durch die gestrichelte Linie dargestellt. Die Kosten verhalten sich nicht linear, d. h. nicht als Gerade. Trotzdem ist es für die Planung natürlich einfacher, wenn von konstanten Proko ausgegangen werden kann.

Unser Taxi-Unternehmer überlegt sich daher zwei Dinge. Zum einen würde ihm ein Durchschnitt helfen, den er gemäß den zu fahrenden Kilometern gewichten möchte; vergleichbar dem »Drittel-Mix«, den er aus den Testberichten verschiedener Automobil-Zeitungen kennt. Er schätzt daher, wie viele Fahrten vom jeweiligen Typ anfallen werden. Darüber hinaus braucht er hinreichende Gewissheit, dass sich jede dieser Fahrten – zumindest ungefähr – so in den Kosten (»Litern«) niederschlägt, wie oben unterstellt. Möglich ist, dass unser Unternehmer weiß, dass auf der Autobahn immer mit 180 km/h gefahren werden muss, will der Kunde den Flieger noch erreichen. Solches Wissen wäre typisch für alle standardisierten Vorgänge. Klassisches Beispiel ist die industrielle Serienfertigung. Dort wird analog zu Standard-Proko von Standard-Herstellungskosten gesprochen. Aber auch viele Dienstleistungen haben fest definierte Arbeitsabläufe: die Durchführung einer Buchung, das Ausstellen eines Personalausweises oder die Waren-Kommissionierung wären Beispiele. Eventuell auftretende Abweichungen innerhalb gleich(artig)er Arbeitsabläufe müssen gering sein. Diese enge Bandbreite innerhalb des Vorgangstyps ist in der Zeichnung durch den rechteckig umrahmten Bereich dargestellt. Der Standard stellt letztlich einen Durchschnitt über alle Leistungsprozesse dar, die sich in der Wirkung Ihrer Abweichungen gegenseitig aufheben.

Der Taxiunternehmer als echter Dienstleister würde vermutlich nicht von Fertigung oder Produktion sprechen. Er redet eher von Fahrten oder Vorgängen. Aber betriebswirtschaftlich handelt es sich um denselben Sachverhalt: Fertigung meint Leistungserstellung. Mehr controllerisch geprägt wird der Standard-Kostensatz je Verfahren benötigt. Auf Basis dieser drei Kostensätze kann nun der individuelle »Drittel-Mix« unseres Taxi-Unternehmers berechnet werden. Für den gesamten Mix gelten dann konstante Produktkosten je Einheit. Deshalb ist die Linie der Proko wirklich eine Gerade, solange der Plan im Durchschnitt eingehalten wird. Abweichungen vom Standard sollten jeden Monat in einer Nachkalkulation erfasst werden. Der »U-förmige Verlauf« der Proko wie im Taxi-Beispiel bleibt dann richtig, wenn der Einzelfall betrachtet wird. Die Proko haben sich nicht von der Verbrauchsfunktion entkoppelt. Sie sind jedoch arbeitsfähig gemacht worden, indem vom Einzelfall abstrahiert wurde.

Die Fertigungskosten als Teil der Produktkosten

Das Prinzip des Standards basiert im Bereich der Fertigung auf dem Arbeitsplan. Welche Arbeitsschritte und –prozesse sind in welcher Reihenfolge und mit welcher Dauer erforderlich? Man spricht hierbei vom Verursachungs-Prinzip, weil jede zusätzliche Einheit des Produkts (Dienstleistung) diese Kosten erfordert. In der Kalkulation als Teil der Kostenrechnung wird ebenfalls das effizienteste Verfahren unterstellt. Daraus folgt, dass in der Vorkalkulation von der günstigsten Kombination aus Maschinen(typ) und Mitarbeitern ausgegangen werden muss. Die konkrete Maschinenbelegung auf der Produktions-Kostenstelle ist unerheblich. Nur der durchschnittliche Maschinenstunden-Satz ist relevant. Gleiches gilt für den Mitarbeiterstunden-Satz. So wie es für das Produkt unerheblich ist, auf welcher Maschine es gefertigt wurde, so ist es beim Frisör gleichgültig, welcher Mitarbeiter die Haare schneidet – zumindest kostenrechnerisch ;-)

Zur Fertigung gehören auch Rüstkosten. Das sind alle Kosten, die aufgrund der Produktionsvorbereitung (z. B. Maschinen-Einstellungen), der nötigen Einrichtungsvorgänge an den Maschinen (z. B. Holen und Einspannen des Werkzeugs, Sicherheitskontrolle des Einbaus) oder durch das Zurückversetzen in den nicht-betriebsbereiten Zustand erforderlich sind. Auch Reinigungs- und Opportunitätskosten für entgangene Gewinne während der Stillstandzeit zählen dazu. Wesentlicher Teil der Rüstkosten sind daher die Kosten der beteiligten Mitarbeiter und Maschinen/ Werkzeuge. Rüstkosten sind damit unabhängig von der Leistungserstellung und damit von der zu erbringenden Stückzahl. Sie können genauso bei Dienstleistern auftreten: Ärzte müssen Instrumente reinigen, Seminaranbieter den Raum vorbereiten, Schausteller ihre Fahrgeschäfte aufbauen und Flugkapitäne einen System-Check durchführen. Obwohl Rüstkosten unabhängig von der Leistungsmenge sind, gehören sie doch zu den Produktkosten, weil sie i.d.R. technisch (manchmal auch gesetzlich) erforderlich sind, um die Leistung erbringen zu können.

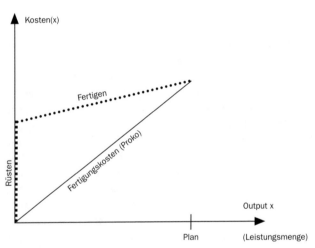

Abb. 3.4: Rüstkosten sind Teil des Standards

Die Losgröße der Fertigung, d. h. die Anzahl (gleicher) Güter, die in einem Schritt gefertigt wird, muss Teil des Standards sein, denn sie bestimmt den Anteil der Rüstkosten, der auf das einzelne Stück entfällt.

Zu den Produktkosten gehören aber nur diejenigen Rüstkosten, die zum Standard, also zum »geplanten Verfahren« gehören. Außerordentliche Rüstvorgänge stellen immer Strukturkosten dar; schließlich handelt es sich um eine Abweichung. Idealerweise wird sie im

IST beim jeweiligen Verantwortlichen bzgl. der Erreichung seines Zielmaßstabs angerechnet. Wird z. B. ein laufender Fertigungsauftrag unterbrochen, um einen eiligen Kundenauftrag vorzuziehen, dann ist der zusätzlich nötige Rüstvorgang als Abweichung auf der Kostenstelle des Vertriebs auszuweisen. In der Nachkalkulation der Artikel wird sie indirekt sichtbar, weil die Fertigungskosten höher als geplant ausfallen. Schließlich kann die Kalkulation als »Nebengleis« zur Ergebnisrechnung gesehen werden, in der die gleichen Daten auf andere Art und Weise verarbeitet werden. Geplante Abweichungen dagegen sind die Ausnahme. Weil der Plan i.d.R. ohne Abweichungen erstellt wird, sind in der Plan-Kalkulation auch keine Abweichungen enthalten.

Die Höhe der Rüstkosten ist separat zu planen – abhängig vom Standard. Die Fertigungsreihenfolge, d. h. die Maschinenbelegung durch die Produkte, bedingt den Aufwand und damit die Höhe der Rüstkosten. Auch bei chemischen Prozessen kann die Fertigungsreihenfolge einen erheblichen Einfluss auf die Reinigungskosten und damit die Rüstkosten haben. Hier hilft dem Werks-Controller ein guter Kontakt zur Fertigungssteuerung. Das lässt sich auf manche Dienstleistungen übertragen. Ein Beispiel wären Flüge. Im Winter muss das Flugzeug in einem zusätzlichen Arbeitsschritt enteist werden. Die exakte Zahl der Vorgänge ist zwar vorab nicht bekannt, muss aber trotzdem als Erwartungswert in der Kalkulation berücksichtigt werden. Ändert sich langfristig auf Grund klimatischer Veränderungen Winterbeginn oder -ende, muss das geplante Verfahren angepasst werden. Der Standard basiert auf durchschnittlich geplanten, plausiblen Annahmen.

Die Kalkulation benötigt damit einen Kostensatz von der Kostenstelle der Produktion – i.d.R. berechnet auf Stunden-Basis. Dieser wird mit der Anzahl der in Anspruch genommenen Stunden multipliziert. Das entspricht dann dem Kalkulations-Prinzip »Inanspruchnahme«. Es gilt gleichermaßen für Material und SEK der Fertigung. Mit anderen Worten: es gilt allgemein für die Produktkosten.

Die Materialkosten als Teil der Produktkosten

Die Materialkosten entstammen bei produzierenden Unternehmen der Stückliste. In chemischen oder pharmazeutischen Unternehmen wird auch von Rezeptur gesprochen. Auch viele Dienstleistungsunternehmen haben Materialkosten, nur sind sie nicht immer schriftlich festgehalten. Ein Frisör wird die Menge Wasser, Shampoo, Tönung, etc. typischer Weise nicht in einer Stückliste festhalten. Bei einem Herzschrittmacher für eine Operation sieht das schon anders aus. Man sieht, der Materialkostenanteil schwankt bei Dienstleistern nicht weniger als bei produzierenden Unternehmen.

Bei der Werthöhe sollten die erwarteten Einkaufspreise des Planjahres (inklusive Beschaffungsnebenkosten wie Fracht oder Versicherung) verwendet werden. In vielen Firmen ist es jedoch Praxis, gleitende Durchschnitte anzusetzen. Dieses Verfahren hat den Vorteil einer stärkeren Glättung der Kalkulation. In Zeiten fallender Beschaffungspreise verheißt diese Methode zusätzliches Ergebnis. Das ist jedoch kritisch, denn der gleitende Durchschnitt ist zeitlich nachlaufend. In preisaggressiven Branchen kann die Konkurrenz früher den Verkaufspreis senken, weil durch geringere Materialkosten auch geringere Proko und letztlich geringere Verkaufspreise kalkuliert werden. Ob die verheißene zusätzliche Marge also entsteht, hängt nicht unerheblich vom Kalkulationsverfahren und der strategischen Ausrichtung der Konkurrenten ab.

In Zeiten steigender Beschaffungspreise ist das Problem sogar noch größer. Dann werden erforderliche Preissteigerungen nicht in vollem Maße an den Kunden weitergegeben. Aus diesen beiden Überlegungen heraus ist der Ansatz von Planwerten den gleitenden Durchschnitten vorzuziehen.

Dadurch wird letztlich auch dem Prinzip der Inanspruchnahme stärker Rechnung getragen. Wenn im Rahmen der Kalkulation die zukünftigen Preise ermittelt werden sollen, dann spiegelt der Planpreis die Kosten auch besser wieder als ein auf Vergangenheitswerten basierender Durchschnitt.

Missverständlich ist die »Standard-Abfallrate« (analog: Ausschuss), denn Abfall führt nicht zu ‚einer Einheit mehr' sondern eher zu ‚einer Einheit weniger'. Die Abfallrate müsste man verringern – wenn man könnte. Das ‚Nicht-Können' zeigt an, dass es beim aktuellen Stand des Wissens und dem Stand der technischen Ausstattung nicht besser geht. Die Standard-Abfallrate ist damit Teil des (effizient) geplanten Verfahrens. Damit gehören diese Kosten zu den Proko. Das Pendant zur Abfallrate ist im Bereich der Fertigung übrigens die Nacharbeit.

Zu den Materialkosten gehören im Regelfall keine Materialgemeinkosten, weil diese fast ausnahmslos Strukturkosten sind. Beispiele für Materialgemeinkosten, die gleichzeitig Strukturkosten sind, finden sich vor allem im Bereich der innerbetrieblichen Logistik, der Beschaffung und in Ausnahmefällen – sofern dem zugeordnet – der Buchhaltung.

Im Bereich der mehrstufigen Fertigung ergibt sich noch die Frage, wie ein Vorprodukt in die Kalkulation des Endprodukts eingerechnet werden soll. Die eine Variante besteht darin, das Vorprodukt komplett in die Materialkosten einfließen zu lassen. Das hat den Vorteil guter Vergleichbarkeit gegenüber einem potenziellen Fremdbezug. Die andere Variante lautet, dass die Vorstufe die Folgestufe darüber informiert, wie hoch die Material-, die Fertigungs- und die SEK der Fertigung sind, damit die Folgestufe diese Werte übernimmt. Sonst werden aus Fertigungskosten der Vorstufe scheinbar Materialkosten auf der Folgestufe. Bereits bei zwei oder drei Fertigungsstufen kann eine massive Verzerrung der Daten eintreten. Diese Variante verursacht damit mehr Aufwand, hat aber den Vorteil, dass nach mehreren Fertigungsstufen die tatsächlichen Kostenbestandteile noch erkennbar sind.

Die SEK der Fertigung als Teil der Produktkosten

Zu den SEK der Fertigung gehören Werkzeuge, Schablonen und Sondervorrichtungen, Modelle und Sonderanfertigungen, Lizenzen und Patente; auch Materialanalysen wären ein Beispiel. Entscheidend ist, dass sie als Einzelkosten zu einem Auftrag erfassbar sind und nicht bereits über die Kostenstellenrechnung in den Fertigungskostensatz einfließen.

Diese Kosten als Produktkosten zu behandeln, ist bei einer Stücklizenz noch richtig. Bei einer Volumenlizenz lassen sich aber unterschiedlich viele Produkte herstellen, zumindest bis die Volumengrenze erreicht ist. Dadurch wird das Prinzip »Kosten für eine Einheit mehr« bei strenger Betrachtung verletzt. Es ist jedoch allgemeine Praxis solche Kosten im Sinne des Durchschnitts, d. h. des geplanten Verfahrens zu betrachten. So wird die Komplexität der Produktionsplanung auf ein arbeitsfähiges Maß reduziert. Das folgende Beispiel soll die Tücken der Linearisierung am **Beispiel Werkzeug** zeigen.

Stellen wir uns einen Besteck-Hersteller vor. In einem Arbeitsgang werden Löffel aus Blech heraus gestanzt und geformt. Ein eventuell vorhandenes Muster wird ebenfalls bei dem Stanzvorgang erzeugt. Das zugehörige Werkzeug, die so genannte **Matrize**, ist somit spezifisch für das jeweilige Modell. Sie ist zugleich ein Verschleiß-Werkzeug, denn die Lebensdauer hängt an der Anzahl der Stanzvorgänge. (Technisch wird von »Standzeit« gesprochen.)

Laut Produktionsabteilung gelten folgende technische Daten:

Standzeit:	10.000 Stanzvorgänge
Stanzvorgang:	1 Stanzhub/Stück
Kosten der Matrize:	4.550,– Euro

Umgerechnet auf die Kalkulationseinheit von 1.000 Stück errechnet sich somit der Produktkostensatz des Verschleißwerkzeuges auf 455,– Euro.

Das »Ur-Werkzeug«, die so genannte **Patrize**, die der Matrizenherstellung dient, wäre gleicher Maßen zu berücksichtigen. Da sich eine Patrize aber bei der Matrizenherstellung (fast) nicht verschleißt, sondern lediglich das Design veraltet, handelt es sich um Strukturkosten. Es sind keine Einzelkosten des Auftrags, so dass sie nicht als SEK der Fertigung behandelt werden sollten. Die Patrize ist besser zusammen mit den übrigen Strukturkosten der Fertigung (z.B. Abschreibungen) in der Kalkulation zu berücksichtigen.

Beim »Zusammenfügen« der Teilinformationen in der Kalkulation werden schnell nicht auf einander abgestimmte Informationen aus verschiedenen Abteilungen übernommen. Beispielhaft könnten noch folgende Angaben von Marketing bzw. Einkauf verfügbar sein:

Laufzeit des Modells:	3 Jahre
Jahresproduktion:	8.000 Stück
Kosten der Patrize	16.100,– Euro
⇨ Ziel-DB für Struko je 1.000 Stück:	671,– Euro

Aus der Addition von Proko- und Strukosatz (jeweils zur Kalkulationsbasis von 1.000 Stück) ermitteln sich scheinbar die Gesamtwerkzeugkosten von 1.126,– Euro (= 455 + 671)

Auf den ersten Blick mag man keinen Fehler erkennen. In 3 Jahren werden 24.000 Löffel gefertigt. Das entspricht 24 Kalkulationseinheiten zu je 1.000 Stück. Wenn aber Be- und Entlastung der Kostenstelle berechnet werden, dann fällt der Missgriff in der Kalkulation auf:

	Belastung	Entlastung
Jahr 1	1 Patrize à 16.100 € 1 Matrize à 4.550 €	8 x 1.126 €
Jahr 2	1 Matrize à 4.550 €	8 x 1.126 €
Jahr 3	1 Matrize à 4.550 €	8 x 1.126 €
Gesamt	29.750 €	27.024 €

Sofern der Fehler erst mit dem Verkaufsende der Serie auffällt, dann ist ein Restbetrag von 2.726 Euro nicht vom Kunden zurück verdient worden. Die Entlastung der Fertigungs-KSt muss dann direkt in die Ergebnisrechnung, d.h. die Abweichungs-Analyse erfolgen. Besser wäre es natürlich, wenn das Problem bereits zu Beginn der Produktion aufgefallen wäre.

Die Standzeit der Matrize weicht von der Anzahl der zu fertigenden Löffel ab. Die anteiligen Kosten der Matrize, die auf einen Löffel entfallen, müssen über die gesamte Sortiments-Laufzeit ermittelt werden. Für unser Beispiel heißt das: die Standzeit der Matrize beträgt 10.000 Hübe, das entspricht 10.000 Löffeln. Bei drei Matrizen ergibt sich ein Potenzial von 30.000 Stück. Sollten nun aus Marketing-Gründen aber nur 24.000 Löffel gefertigt werden, dann sind die Kosten der drei Matrizen (zwei reichen nicht aus) anteilig auf die tatsächlich geplante Zahl zu rechnen. Der Kalkulationsfehler ist damit beim Proko-Satz des Verschleißwerkzeugs, den SEK der Fertigung, passiert. Mit 455,– ist er zu niedrig angesetzt worden, weil auf 30.000 maximal mögliche Löffel gerechnet wurde. Richtig wäre 568,75 gewesen (3 * 4.550 Euro / 24' Stück).

Aus einem treppenförmigen Kostenverlauf der SEK wird – durch den Kunstgriff des geplanten Verfahrens – die schon bekannte Kostengerade. So kann leichter gerechnet werden. Mit diesem Wissen im Hinterkopf kann in ausgewählten Fällen Entscheidungshilfe geleistet werden: so wäre zu prüfen, ob es nicht lohnenswerter wäre, nur 20.000 Löffel zu verkaufen. Vielleicht könnte man sich angesichts der geringeren Absatzmenge dann auch einen höheren Preis trauen?

Verkaufspreisfindung mit Zuschlagssätzen

Nach dem nun als erste wichtige Größe der Kalkulation die Produktkosten ermittelt wurden, kann in der Ergebnisrechnung eine zentrale Größe zur Vertriebsteuerung, das heißt der Deckungsbeitrag I, ermittelt werden. Der Begriff Deckungsbeitrag verlangt über die Deckung der Proko hinaus, dass ein Teil der Strukturkosten getragen und ein Beitrag zum Ergebnis gebracht wird.

Für ein Unternehmen, das nur ein Produkt (eine Dienstleistung) anbietet, ist die Kostenermittlung einfach. Alle anfallenden Kosten werden durch die geplante Absatzmenge dividiert, um vom

Produkt getragen zu werden. Bei mehreren Produkten müssen verschiedene prozentuale Zuschlagssätze ermittelt werden, um die unterschiedliche Inanspruchnahme der verschiedenen Abteilungen abzubilden. Diese Kosten werden dann nacheinander den Proko ,hinzu geschlagen'. Das erklärt, warum Kalkulation oft auch Kosten-Schichtung genannt wird. ,Zuschlag' ist eine der ältesten Methoden der Kalkulation. Sie gilt als besonders einfach, zumindest dann, wenn sich die geplante Absatzmenge verlässlich einschätzen lässt. Zusammen mit dem angestrebten (anteiligen) Gewinn-Beitrag, ergibt sich der Ziel-Verkaufspreis.

Noch aus einem zweiten Grund ist die Zuschlagskalkulation nicht so trivial, wie sie zunächst erscheint. Je geringer die Absatzmenge, desto größer wird der Kostenanteil, den das einzelne Stück tragen muss. Damit droht die Gefahr, sich bei sinkenden Absatzmengen ,aus dem Markt zu kalkulieren', weil die steigenden anteiligen Kosten und damit die steigenden Verkaufspreise vom Kunden nicht akzeptiert werden. Bei Umsatzeinbrüchen, wie sie viele Unternehmen mit Beginn der Weltfinanzkrise 2008/09 erlebt haben, versagt die Zuschlagskalkulation; sie wird sogar gefährlich.

Auch der anteilige Zuschlag der Kosten auf die verschiedenen Produkte ist differenziert vorzunehmen. Forschungs- und Entwicklungskosten lassen sich noch vergleichsweise gut zu rechnen. Die Stunden lassen sich aufschreiben und der Sachaufwand kann ebenfalls für die einzelnen Projekte oder Produktgruppen separat erfasst werden. Exakt das Gegenteil gilt aber für die allgemeinen Verwaltungskosten. Im Rahmen der Zuschlagskalkulation lässt sich keine Beziehung zwischen dem Produkt und den Verwaltungskosten herstellen. Dies wird erst möglich, und auch da nur teilweise, wenn auf die Hilfe der Prozesskostenrechnung zurückgegriffen wird. Spätestens aber beim Gewinnziel ist jede kostenrechnerische Begründung vergebens. Für die Kalkulation bedeutet das, dass Forschungs- und Entwicklungskosten noch dem Prinzip der Inanspruchnahme genügen. Es lässt sich ein plausibler, wenn auch nicht immer mathematisch eindeutiger, Zusammenhang zwischen den Kosten und dem Nutzen für das Produkt herstellen. So lässt sich begründen, dass höhere Marketing- oder Vertriebsaufwendungen dazu beitragen, das Produkt besser zu verkaufen. »Es nützt also dem Produkt.«

Das Gewinnziel dagegen – wie auch Kosten für Geschäftsführung, für soziale Aufwendungen, usw. – unterliegt dem Prinzip der Tragfähigkeit. »Welche Kosten verträgt das Produkt noch am Markt?« ist die Kernfrage des Tragfähigkeitsprinzips. Anders ausgedrückt könnte man auch fragen: Welchen Preis ist der Kunde bereit zu zahlen? Spätestens diese Formulierung zeigt, dass sich die Frage nicht durch Rechnen beantworten lässt. Vielmehr ist die Antwort nur durch intensive Analyse des Marktes zu finden. Besitzt das Produkt eine Alleinstellung am Markt (Unique Selling Proposition) oder heben zumindest die begleitenden Dienstleistungen das Produkt aus dem Preiskampf? Welche strategische Ausrichtung (Premium- vs. Massenanbieter, Markterschließung vs. Marktabschöpfung, usw.) verfolgen wir und wie ist im Vergleich dazu die Ausrichtung der Konkurrenz? Entsprechend lässt sich die Kundengruppe analysieren. Wir sind damit tief in allgemeinen Fragen der Unternehmensführung angekommen. Konkrete Antworten für ein Produkt zu finden, fällt dabei oft nicht leicht. Es ist in der Praxis oftmals eine Abschätzung nach dem Prinzip »Produkt A verträgt mehr Kosten als Produkt B«. Relativ zueinander lässt sich die Angemessenheit der Kosten leichter einschätzen als ein absoluter Euro-Betrag. »Hinrechnen« lässt sich das Gewinnziel von uns Controllern nicht. Hilfestellung kann bei dieser Frage aber das Potenzialprofil bieten, dem deshalb später ein eigener Abschnitt gewidmet ist.

Sollten an Stelle der kalkulatorischen Werte die Zahlen aus der Finanzbuchhaltung (»pagatorische Werte«) verwendet werden, dann handelt es sich bei den Herstellkosten prinzipiell zugleich um die Herstellungskosten. Wobei im Detail auf die jeweils gültigen Vorschriften von HGB (gem. BilMoG), EStR oder IFRS zu achten ist. Gerade die im Bereich des externen Rechnungswesens auftretenden Änderungen durch die verschiedenen Normengeber sind ein Grund, warum die Kalkulation besser auf

Basis »kalkulatorischer Größen« erfolgen sollte. Als Beispiel denke der Leser nur an die Änderungen bei der gesetzlichen AfA in den letzten Jahren:

- ursprünglich galt 30 % geometrisch degressiv auf den Restwert mit einem Wechsel zur linearen AfA, dann galt
- eine lineare Afa mit 20 % im ersten Jahr und jeweils 10 % in den Folgejahren, danach
- konnten im ersten Jahr 20 % nur angesetzt werden, wenn die Investition im ersten Halbjahr erfolgte, sonst wurden alle Jahre mit 10 % abgeschrieben,
- dann wurde die Abschreibung im Anschaffungsjahr anteilig monatsgenau von den 10 % ermittelt, sowie
- verschiedene zeitlich befristete Sonderregeln zur Konjunkturförderung.

Man darf kritisch fragen, welche der verschiedenen HK-Definitionen denn nun »die Richtige« sei. Schließlich können nicht mehrere unterschiedliche Definitionen (nacheinander) richtig sein. Und »richtige« Definitionen sollte man auch nicht mehr ändern. Die Frage nach dem »richtigen« Rechnungslegungsstandard, d. h. nach HGB (inkl. BilMoG), IFRS, US-GAAP, usw. zu stellen, wäre da zynisch.

Das interne Rechnungswesen hat das Ziel, sich von genau solchen Änderungen unabhängig zu machen. Nur so ist die nötige Stetigkeit der Zahlen gewährleistet, die dem Manager Orientierung bietet. ‚Kalkulation‘ und ‚kalkulatorisch‘ haben also nicht umsonst denselben Wortstamm. Deshalb wird das interne Rechnungswesen auch »Management Accounting« genannt. Das ist mehr als ein »Management Approach«. Das Kalkulations-Schema sieht damit wie in Abb. 3.5 auf der nachfolgenden Seite aus.

In diesem Sinne ist das Kalkulationsschema auf kalkulatorischen Zahlen aufgebaut und die Daten der Finanzbuchhaltung werden nur verwendet, weil der Gesetzgeber dies für die Zwecke der Bestandsbewertung vorschreibt.

Kalkulatorische Daten	**Daten der FiBu**
Produktkosten	Material-Einzelkosten
	+ Fertigungs-Einzelkosten
	+ Sondereinzelkosten der Fertigung
+ anteilige Strukturkosten der Beschaffung	+ Material-Gemeinkosten
+ anteilige Strukturkosten der Fertigung	+ Fertigungs-Gemeinkosten
= Herstellkosten 1	**= Herstellungskosten**
+ anteilige Strukturkosten der Entwicklung	als Wertuntergrenze gem. § 255 II S. 2 HGB
= Herstellkosten 2	
+ anteilige Strukturkosten des Vertriebs	zugleich Pflichtbestandteile gem. R 6.3 EStR, wobei der durch
+ anteilige Strukturkosten der allgem. Verwaltung	AfA verursachte Werteverzehr in den Gemeinkosten enthalten sein muss,
= Vollkosten	alternativ separater Ausweis
+ anteilige Zinskosten	
= Selbstkosten	
+ anteiliges Gewinnziel	
= Verkaufspreisziel	

Abb. 3.5: Kalkulationsschema für Produkt-, Herstell-, Herstellungs-, Voll- und Selbstkosten sowie Verkaufspreisziel

Zuschläge durch Prozesskosten ersetzen

Eine Möglichkeit, die Kalkulation zu verfeinern, besteht in der Einbeziehung von Prozesskosten. Das lässt sich leicht an den Materialgemeinkostenzuschlägen nachvollziehen. Diese werden oft als Prozentsatz auf den Wert des Materials berechnet und dann darauf zugeschlagen. Allerdings wird daraus eine sehr zweifelhafte Botschaft: der Materialwert scheint Kostentreiber für die Materialgemeinkosten zu sein. Es leuchtet aber nicht ein, warum der innerbetriebliche Transport einer Palette Styropor teurer als der Transport einer Palette Platin sein soll. In beiden Fällen hängen die Kosten vom Gehalt des Staplerfahrers und von den Fahrzeugkosten ab, nicht aber vom Wert des transportierten Gutes. Zwar lassen sich verschiedene Zuschlagssätze für verschiedene Materialgruppen festlegen, aber das ist nur die zweitbeste Lösung. Die Kosten für einen Vorgang (Prozess) müssen ermittelt werden. Erst dann lässt sich der richtige Zuschlagssatz bestimmen.

Der Vorteil für die Kalkulation ist bedeutend. Zum einen führen veränderte Einstandspreise nicht zu Veränderungen in der Kostendarstellung bei nach gelagerten Prozessen. Diese bleiben stabil und hängen nur von Veränderungen auf den betroffenen Kostenstellen (Einkauf, interne Logistik, Qualitätskontrolle, etc) ab. Zum anderen werden weniger Kosten zugeschlagen, weil mehr Kosten direkt den Produkten zugerechnet werden können. Aus Gemeinkosten der Hilfsstellen sind Einzelkosten auf den Prozess geworden, womit ein direkter Produktbezug entsteht.

Der Anteil der direkt zugewiesenen Kosten wird höher. Das verbessert die Zuschlagsbasis, wodurch Fehler in der übrigen Zuschlagskalkulation weniger stark ins Gewicht fallen. Der Effekt wird zudem dadurch verstärkt, dass weniger Kosten zugeschlagen werden müssen, weil sie bereits über Prozesskosten berechnet werden. Je geringer aber der Zuschlagssatz wird, desto geringer werden mögliche Folgefehler aus falscher Kostenzuordnung. Auch wird der Kostenvergleich zwischen Fremdbezug und eigener Herstellung verbessert.

Die engpassorientierte Kalkulation

Eine gänzlich andere Möglichkeit, die Kalkulation aufzubauen, ist bei einem Engpass gegeben. Typischer Weise handelt es sich um einen Engpass in der Fertigung. Auch diejenigen Leser, die sich jetzt selber als Dienstleister verstehen, mögen bitte daran denken, dass sie ebenfalls eine Fertigung besitzen. Fertigung meint immer die Erbringung der Leistung. Wenn also von einem Engpass in der Produktion gesprochen wird, dann könnte bei einer Operation der Engpass in der Zeit der Ärzte liegen oder auch in der Belegungszeit des Operationssaales, nämlich, dann wenn mehr Ärzte zur Verfügung stehen, als Räumlichkeiten vorhanden sind. Wenn für den Planungszeitraum der Engpass nicht aufgehoben werden kann oder soll, dann hat die bestmögliche Nutzung der knappen Kapazität die höchste Auswirkung auf das Ergebnis. In der Ergebnisrechnung führt das zum »DB I / Engpassfaktor« und in der Kalkulation entspricht dem die engpassorientierte Kalkulation.

Im folgenden Beispiel wird von einer chemischen Anlage mit einer maximalen Kapazität von 50.000 Stunden ausgegangen, die für die Produktion von drei Produkten genutzt wird. In der Gewinnbedarfsplanung sei ein Ergebnisbeitrag von 180 T Euro ermittelt und die Strukturkosten betragen 420 T Euro. Das Deckungsbeitragsziel beträgt also 600 T Euro.

Zunächst wäre zu prüfen, ob ein Ergebnisbeitrag außerhalb des Engpasses erzielbar ist. Das könnte z. B. durch den Verkauf von Handelsware erfolgen. Solche Deckungsbeiträge würden das Gewinnziel, dass über den Engpass erarbeitet werden muss, entsprechend verringern. Davon wird im Folgenden aber abgesehen. Danach muss das (verbleibende) Gesamtergebnisziel auf eine Engpasseinheit, in diesem Beispiel »Fertigungsstunden«, herunter gebrochen werden. Bei 50.000 h sind das 12 Euro/DB I. Je länger also ein Produkt die knappe Ressource »Fertigungszeit« nutzt, desto mehr sollte dieses Produkt an Ergebnisbeitrag erwirtschaften.

	Produkt 1	Produkt 2	Produkt 3
Durchlaufzeit pro 1.000 Stück in Stunden	5	2	3

Selbstverständlich muss jedes Produkt aber zunächst seine eigenen Kosten erwirtschaften, denn sonst entsteht erst gar kein Deckungsbeitrag. Die für das Planjahr zu erwartenden technischen Möglichkeiten bestimmen die Proko. Das entspricht dem Verursachungsprinzip der Kalkulation.

Bei den Proko besteht kein Unterschied zwischen Engpass-orientierter Kalkulation und Zuschlagskalkulation. Beide Verfahren setzen auf den Produktkosten auf. Hinzu gefügt werden nun aber die Kosten für die Engpassnutzung. Das entspringt einem Oppor-

Kalkulationseinheit: 1.000 Stück	Produkt 1	Produkt 2	Produkt 3
Rohstoff	50 EUR	80 EUR	30 EUR
Standardabfallrate von 10 %	5 EUR	8 EUR	3 EUR
Standard-Fertigungslohn	15 EUR	28 EUR	13 EUR
Masch.-Gemeinkosten (Proko)	20 EUR	30 EUR	10 EUR
Produktkosten für 1.000 Stück	90 EUR	146 EUR	56 EUR

tunitätsgedanken, weil durch die Belegung mit einem Produkt zugleich immer andere Produkte verdrängt werden. Das Preisziel errechnet sich darum nach dem Prinzip der Inanspruchnahme:

	Produkt 1	Produkt 2	Produkt 3
Produktkosten	90 EUR	146 EUR	56 EUR
Ziel-DB	(5 h * 12,–) 60 EUR	(2 h * 12,–) 24 EUR	(3 h * 12,–) 36 EUR
Verkaufspreisvorschlag	150 EUR	170 EUR	92 EUR

In Abstimmung mit Marketing und Vertrieb gilt es dann, die Zahlungsbereitschaft des Kunden nutzen und den Preis nach dem Prinzip der Tragfähigkeit zu verhandeln. Der letzte Teilschritt erinnert wieder daran, dass sich es sich um ein »Verkaufspreis-Ziel« handelt. Der am Markt erzielbare Preis lässt sich nach wie vor nicht »hinrechnen«. Wohl aber kann begründet werden, weshalb man den Preis von 150 Euro für Produkt 1 für notwendig erachtet. Kann der so ermittelte Preis bei einem Artikel nicht realisiert werden, dann ist sofort ersichtlich, um wie viel der Preis für die anderen Artikel erhöht werden müsste, um das Gewinnziel zu erreichen.

Ein Zwischenfazit

Kalkulation haben wir eingangs als »Verkaufspreisfindung« bezeichnet. Rechnen konnten wir die Produktkosten. Sie genügen dem Prinzip der Verursachung. Auch Vertrieb, Marketing, usw. lassen sich gemäß dem Prinzip der Inanspruchnahme gut annähern. Davon abgesehen stellt sich die wichtigere Frage, wie diese »Findung« des Verkaufspreises denn auf der letzten Stufe, der Tragfähigkeit, zu Stande kommt? Wie sollen z. B. anteilige Kosten der Geschäftsführung oder der anteilige Gewinn differenziert für verschiedene Produkte bestimmt werden?

Oft genug lautet die Antwort in Firmen, dass man keinen Preisspielraum habe; der Preis sei von der Konkurrenz bestimmt und bei Preissenkungen der Branche müsste man mitgehen. Manche Firmen ‚verzahnen‘ darum die Entscheidungsspielräume des Vertriebs mit den verschiedenen Zeilen der Kalkulation. Je nach Kompetenz darf der jeweilige Entscheider (ADM, Key-Accounter, Vertr.-Ltr.) einen kleineren oder auch größeren Preisnachlass gewähren. Dessen Höhe entspricht in der Kalkulation dann einer Zeile, in der die Kosten nicht mehr durch Erträge gedeckt sind.

Diesem Trend der Verkaufspreise nach unten kann durch die Begrenzung der Entscheidungskompetenz zwar eine Zeit lang entgegengewirkt werden, doch geht das am eigentlichen Problem vorbei. Die Frage müsste doch eher lauten: wieso können wir uns in den Preisen nicht von der Konkurrenz abheben? Die Antwort wird in den allermeisten Fällen identisch sein: Der Preisdruck kommt daher, dass unser Außendienst dem Kunden nicht mehr begründen kann, warum er für unsere Leistung mehr bezahlen soll. Wo der Kunde den gleichen Nutzen wie bei der Konkurrenz hat, verwundert es nicht, dass er auch (maximal) den gleichen Preis zahlen will. Erster Schritt zur Erzielung besserer Preise ist also immer die Identifizierung der verschiedenen Aspekte des Kundennutzens und deren Gewichtung. Dann lässt sich im zweiten Schritt die aktuelle Preisbereitschaft des Kunden ‚erahnen‘. Und mittelfristig ergibt sich die Möglichkeit, Maßnahmen zu identifizieren, die eigene Leistung so weit weiter zu entwickeln, dass vom Kunden ein sog. Preis-Premium, also ein Aufschlag gegenüber dem Konkurrenzpreis, verlangt werden kann.

Dieser Gedanke wird jedoch nicht von den bis hierher vorgestellten Kalkulationsverfahren unterstützt. Sie beschränken sich auf die Firmensicht, genauer gesagt, auf die Kosten der Firma. Das ist in einigen Branchen bereits überholt. Ein modernes Verfahren wie das Target Costing integriert Kundensicht und Firmensicht. Es setzt dazu bei den Wünschen des Kunden und dessen Zahlungsbereitschaft an. Diese Informationen werden in »erlaubte Kosten« für Module und Baugruppen umgerechnet, so dass bereits bei der Konzeption und Entwicklung des Produkts darauf eingegangen werden kann. Das ist ein enormer methodischer Fortschritt, weil Kundenwunsch und Kosten zueinander in Beziehung gesetzt werden. Mit der Einbeziehung des Kunden ist die Marktsicht im Sinne des Preisschwungrads aber noch unvollständig. Schließlich fehlt noch der Wettbewerb. Der Kunde entscheidet sich zwischen mehreren Angeboten und beurteilt diese nach Preis und/oder Leistung. Wir wollen die Preisbereitschaft des Kunden ausschöpfen und benötigen am Kundennutzen orientierte und zugleich wettbewerbsfähige Verkaufspreise! Das Potenzialprofil beurteilt den Kundennutzen relativ zum Wettbewerb. Um das Instrument richtig anwenden zu können, ist es sinnvoll, sich als nächstes mit Kundenanforderungen, als Basis für den Kundennutzen, zu beschäftigen.

Identifizierung der Kundenwünsche – Kano Modell

Mit dem Kundennutzen ist das Kalkulationsprinzip der Tragfähigkeit angesprochen. Damit ist es die Preisbereitschaft, die den Prüfstein der Kalkulation bildet. Können wir das Produkt zu einem Preis anbieten, dass uns noch eine angemessene Marge verbleibt? Besteht bei der Preisfestlegung noch Spielraum? Und falls ja, wie hoch ist er? Der Preisspielraum muss gar nicht immer ausgeschöpft werden. Es kann durchaus sinnvoll sein, den Preis niedriger anzusetzen, um Wettbewerber vom Markteintritt abzuhalten, um eine schnellere Marktdurchdringung zu erreichen und einen Standard zu schaffen, etc. Aber erst wenn die Preisobergrenze bekannt ist, lassen sich die Alternativen bewerten und vergleichen.

Abb. 3.6: Preisband am Markt

Gerade in der Neukonzeption der Leistung, vielleicht im Rahmen eines Produktrelaunches, oder bei der erstmaligen Kalkulation sollte der Preisspielraum für das eigene Angebot ermittelt werden. Schließlich ist das die Basis für weiter gehende Überlegungen. Wie verläuft die Iso-DB-Kurve und was folgt daraus für die Preisgestaltung im Zeitablauf?

Die Preisbereitschaft des Kunden resultiert aber daraus, wie groß er seinen Nutzen sieht. Werden seine Anforderungen an das Produkt erfüllt und in welchem Ausmaß? So könnte man überspitzt formulieren, dass Target Costing die Kunst ist, Dinge wegzulassen, die der Kunde nicht vermisst, während das Potenzialprofil die Kunst ist, Dinge hinzu zu fügen, die der Kunde schätzt. Diese plakative Trennung in zwei verschiedene Instrumente ist definitiv überzogen. Die zwei grundsätzlichen Handlungsoptionen aber macht der Satz sehr wohl deutlich: Leistungen reduzieren oder erhöhen um die Kundenerwartungen gezielt zu erfüllen. Das Kano-Modell kann dabei als Hilfestellung dienen. Es zeigt in vereinfacher Weise, wie die Erfüllung der unterschiedliche Anforderungstypen (Basis-, Leistungs- und Begeisterungsanforderungen) die Kundenzufriedenheit beeinflusst.

Die Idee soll beispielhaft an Hand der Basisanforderungen bei einem Neuwagenkauf erläutert werden. Ein Autohaus kann nicht anführen, dass jeder Neuwagen mit 4 Reifen ausgeliefert wird. Undenkbar, dass nur drei Reifen am Fahrzeug sind. Die Nicht-Erfüllung der Basisanforderungen macht den Kunden äußerst unzufrieden. Ein »Neuwagen mit 4 Reifen« muss in der Grafik am Schnittpunkt mit der Achse y-Achse »Kundenzufriedenheit« eingezeichnet werden. Der Händler hat nur die Erwartung des Kunden erfüllt. Dieser ist noch nicht zufrieden.

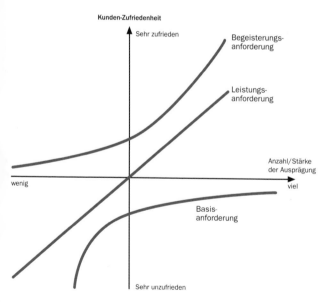

Abb. 3.7: Kano-Modell der Kundenanforderungen

Andererseits würde die Zufriedenheit des Kunden bei einem zusätzlichen (kostenlosen) Reifen auch nur mäßig steigen. Mancher

Käufer hat sich bewusst gegen ein Reserverad und für ein ‚Tire Kit' entschieden, um einen größeren Stauraum zu bekommen. Die Zufriedenheit solcher Kunden würde mit steigender Reifenzahl nicht höher ausfallen. Es ließe sich (für das Beispiel einfach angenommen) sogar begründen, dass kein Kunde wesentlich zufriedener wird, wenn er weitere Reifen kostenlos als Zugabe bekommt. Je nach jährlicher Fahrleistung nutzt er den ersten Satz mehrere Jahre. Allenfalls kann er die zusätzlichen Reifen verkaufen. Die Reifen werden (im Gegensatz zu Whisky oder gutem Rotwein) durch Lagerung nicht besser.

Basisanforderungen werden i.d.R. zumindest mittelfristig von allen Anbietern erfüllt. Sonst können sie sich nicht im Markt halten. Basisanforderungen eignen sich darum nicht zur Differenzierung ggb. dem Wettbewerb und begründen keinen Preisaufschlag. Das Kano-Modell soll hier nicht weiter erläutert werden. Aber das Beispiel der Basisanforderungen zeigt, dass es sich um eine vereinfachende, aber schlüssige Abbildung der Wirklichkeit handelt. Alle Feinheiten der Realität kann es nicht abdecken. Es eignet sich als Denkhilfe und dafür wollen wir es beim Target Costing und beim Potenzialprofil verwenden.

Target Costing

Einführung

Ein in den letzten Jahren zunehmend zu findendes Verfahren ist das Target Costing. Bei einem ersten flüchtigen Blick scheint es sich lediglich um die Umkehrung der Zuschlags-Kalkulation zu handeln, schließlich wird die Rechnung nicht bei den Produktkosten, sondern beim Verkaufspreis an den Kunden begonnen. Aber das Instrument leistet deutlich mehr. Es weist jedem Teilaspekt der Leistung einen Nutzen zu. Abhängig von diesem Nutzen werden die dazu gehörenden »maximal erlaubten Kosten«, die Target Costs, ermittelt. So wird versucht, Kosten und Nutzen stärker in Übereinstimmung zu bringen. Target Costing nutzt dazu das Vorgehen der Funktions-Analyse. Für jede Teil-Leistung wird gefragt, welche Funktionen damit für den Kunden erfüllt werden. Dann werden alternativen Methoden gesucht, diese Funktion zu erfüllen. Die günstigste Methode – bei gleichem Nutzen für den Kunden – wird gewählt.

Ein einfaches Beispiel verdeutlicht das. Die Funktionen eines Stifts bestehen darin, Farbe zu speichern, beim Schreiben abzugeben, die Art der enthaltenen Farbe anzuzeigen, den Füllstand der Farbe anzuzeigen, sich (z. B. mit einem Clip) am Hemd befestigen zu lassen, usw. Für viele Funktionen gibt es unterschiedliche Möglichkeiten, wie sie erfüllt werden können. Manchmal ist es möglich, zwei Funktionen zugleich zu erfüllen. Ein Fenster in einem Kugelschreiber würde beispielsweise den Füllstand und zugleich die Art der Farbe anzeigen. Eine farbige Kappe dagegen ist nur ein Indikator für die enthaltene Farbe, aber nicht für den Füllstand. Zum Teil bestehen für die Erfüllung einer Funktion sehr viele Alternativen zur Auswahl: so könnte die Farbe mittels einer Patrone wie im klassischen Schul-Füller gespeichert werden. In einem teuren Füllfederhalter würde dies über eine Tintenkammer geschehen, die mit einer Feder aus dem Tintenfass gefüllt wird. Eine weitere Methode Farbe zu speichern, ist eine Mine und bei einem Edding-Stift geschieht die Speicherung durch den enthaltenen Filz. Wichtig ist vor allem, eine scharfe Trennung zwischen Funktion für den Kunden und der Produktkomponente, die diese Funktion erfüllt, beizubehalten. Sonst lassen sich mögliche Kostensenkungen oder auch Nutzenverbesserungen nicht korrekt prüfen. Gerade bei Dienstleistungen kann das schwierig sein.

Ein Praxisbeispiel zum Target Costing

In einem Zulieferbetrieb eines Autoherstellers wurde eine Arbeitsgruppe zur Entwicklung eines neuen PKW-Motors gebildet. Sie kam nach einer Expertenbefragung zu folgender Auswahl und Gewichtung der wichtigsten Eigenschaften aus Kundensicht:

Benzinverbrauch	21,86 %
Leistung	18,22 %
Kosten	16,28 %
Umweltverträglichkeit	11,03 %
Lebensdauer	10,80 %
Wartungsfreundlichkeit	7,54 %
Laufruhe	6,75 %
Drehmoment	4,95 %
Gewicht	2,57 %

Parallel dazu muss der Motor in seine Module zerlegt werden. Beispielhaft wären zu nennen: das Triebwerk, Zylinderkopf, Saugmodul, usw. Für jede einzelne Baugruppe muss eine technische Einschätzung vorgenommen werden, in wie weit die Baugruppe dazu beiträgt, die verschiedenen Wünsche der Kunden zu erfüllen. Das kann nur von Ingenieuren geleistet werden. Wichtig ist, dass es sich um eine Einschätzung handelt und nicht um eine Berechnung. Eine Berechnung ist i.d.R. nicht möglich und es kommt weniger auf einen exakten Prozentwert als auf die Relation der einzelnen Module zueinander an. Schließlich ist auch die Ermittlung der Kundenwünsche mit Unsicherheiten behaftet. Die Werte der Expertenbefragung als auch die technische Bedeutung sind also keine exakten Werte. Wenn im Beispiel gleich zwei Nachkommastellen ausgewiesen werden, dann liegt das alleine daran, nicht zusätzliche Rundungsfehler zu erzeugen. Die Zuordnung der ausgewählten und bewerteten Produktfunktionen zu den wesentlichen Baugruppen des Motors ergibt die nebenstehende Tabelle.

Die Tabelle multipliziert den Kundennutzen, der in der linken Randspalte steht, mit der technischen Bedeutung des Moduls. Dadurch ergibt sich jeweils ein relatives Gewicht. Es drückt die Bedeutung des Moduls in Bezug auf den gesamten Kundennutzen aus. Die Summe aller relativen Gewichte ergibt daher logischer Weise wieder 100 %. Bezogen auf eine Spalte, also ein Modul, ergibt sich die relative Bedeutung für die Erfüllung des Kundennutzens. Sie drückt aus, wie wichtig das Modul dafür ist, dass der

| Eigenschaften Motor | | Hauptbaugruppen | | | | | | | | | |
| KW | Angaben | Triebwerk | | Zylinderkopf | | Saugmodul | | Lademodul | | Nebenaggregate | |
		A	G	A	G	A	G	A	G	A	G
21,86	Benzinverbrauch	20,00	4,37	20,00	4,37	26,67	5,83	20,00	4,37	13,33	2,91
18,22	Leistung	20,00	3,64	20,00	3,64	20,00	3,64	26,67	4,86	13,33	2,43
16,28	Kosten	31,00	5,05	16,00	2,60	29,00	4,72	13,00	2,12	11,00	1,79
11,03	Umwelt-verträglichkeit	8,33	0,92	16,67	1,84	25,00	2,76	25,00	2,76	25,00	2,76
10,80	Lebensdauer	9,09	0,98	18,18	1,96	27,27	2,95	18,18	1,96	27,27	2,95
7,54	Wartungs-freundlichkeit	9,09	0,69	9,09	0,69	18,18	1,37	27,27	2,06	36,36	2,74
6,75	Laufruhe	33,33	2,25	16,67	1,13	25,00	1,69	8,33	0,56	16,67	1,13
4,95	Drehmoment	20,00	0,99	20,00	0,99	20,00	0,99	26,67	1,32	13,33	0,66
2,57	Gewicht	46,55	1,20	13,72	0,34	12,10	0,31	9,31	0,24	18,81	0,48
100,00	Gesamt		20,08		17,56		24,26		20,25		17,85

Kunde zufrieden ist. Das beinhaltet aber keine Aussage darüber, inwieweit alle technischen Möglichkeiten auch ausgeschöpft wurden, d.h. ob das Modul so konstruiert ist, dass der Kunde auch maximal zufrieden ist. Ein Prozentwert von 17,85 % beim Nebenaggregat sagt darum lediglich aus, dass Veränderungen dort schwächer auf den Kundennutzen wirken als Veränderungen an anderen Baugruppen. Wird die technische Leistungsfähigkeit des Nebenaggregats gesenkt, so ist die negative Auswirkung auf den Kunden geringer als beispielsweise beim Saugmodul. Entsprechendes gilt umgekehrt auch für positive Veränderungen an der technischen Leistung. Wobei ergänzend angefügt sei, dass das Target Costing nicht zwischen Leistungs- oder Begeisterungsanforderungen unterscheiden kann. Es rechnet immer linear. Diese Schwäche teilt sich das Target Costing übrigens mit dem Potenzialprofil. Nachträgliche manuelle Korrekturen können darum sinnvoll sein.

Target Costing weist nun jedem Modul proportional zu seiner Bedeutung eine maximal erlaubte Kostenhöhe zu. Wenn das Nebenaggregat 18 % zum Kundennutzen beiträgt, dann darf es auch 18 % der Baugruppe – hier des Motors – kosten. Darum ist zunächst zu klären, wie viel der Motor kosten darf. Als Zulieferer ist der Fall einfach, weil ein Preis (hier: 2.700 Euro) verhandelt ist. Dann sind die target costs direkt verfügbar. Die direkte Kostenermittlung über den Wettbewerbspreis wird auch »out of competitor« genannt. Allerdings bleibt ein Wermutstropfen zurück. Schließlich hat der Wettbewerber bei diesem Preis noch eine Marge erzielt. Alternativ könnte ein komplettes Target-Costing-Projekt für das neue Auto durchgeführt werden. Dann würden die »erlaubten Kosten« für den Wagen insgesamt und daraus abgeleitet für den Motor ermittelt. Dies entspricht dem »market into company«.

Wenn nun der Preis mit 2.700 Euro vorliegt, ergibt sich folgende, einfache Rechnung:

	target price	2.700 Euro
–	target contribution	–200 Euro
=	target costs	2.500 Euro

	Anteil an den bisherigen Kosten (%)	Kunden-gewich-tung (%)	Bisherige Kosten (EUR)	Zielkosten (EUR)	Differenz (Aufgaben-stellg.) (EUR)
Triebwerk	31	20	1.240	500	740
Zylinderkopf	16	18	640	450	190
Saugmodul	29	24	1.160	600	560
Lademodul	13	20	520	500	20
Neben-aggregat	11	18	440	450	–10
Total	100	100	4.000	**2.500**	1.500

Jetzt lassen sich die Zielkosten je Modul bestimmen, woraus die Differenz zu den aktuellen Kosten zugleich einen Kostenreduktionsbedarf – quasi als Aufgabenstellung – ergibt.

Hier lohnt es sich, die Aufgabenstellung grafisch im Value Control Chart darzustellen. Diagonal durch die Grafik verläuft die »Ideallinie«. Sie wird auch »Linie der höchsten Produktintegrität« genannt. Dort stimmen die Bedeutung für den Kunden und die Kosten über ein. Zunächst wird diese Linie in den seltensten Fällen exakt getroffen. Vielmehr gilt es einen Spielraum zu definieren, der für den Kunden akzeptabel ist. Das ist die sogenannte Zielkostenzone, sozusagen eine Art »Toleranzbereich für Abweichungen«. Als üblicher Vorschlag dafür dient folgende Parabelgleichung:

$$Y1 = \sqrt{(x^2 - q^2)} \ \text{ bzw. } \ Y2 = \sqrt{(x^2 + q^2)}.$$

Das sind in der Grafik des Value Control Charts die beiden äußeren Linien. Dem liegt die Annahme zu Grunde, dass die Toleranz des Kunden gegenüber Abweichungen nahe dem Ursprung deutlich höher ist als im rechten oberen Teil. Nahe dem Ursprung geht es weder um große Beträge noch um große Emotionen. Der Toleranzbereich kann aber grundsätzlich frei gewählt werden. Wichtig ist aber, dass er mit jedem neuen (Modell-)Zyklus weiter eingeschränkt wird. Nur so findet eine im Zeitablauf immer bessere Ausrichtung der Produktkosten an den Kundenwünschen statt.

Unterhalb der »Ideallinie« sind die so genannten Nutzentreiber (z. B. das Nebenaggregat) und oberhalb davon die so genannten Kostentreiber. Der Handlungsbedarf muss aber nicht immer Kostensenkung heißen. Denkbar ist auch, den Kundennutzen zu steigern. Schließlich ist nur die Bedeutung für den Kunden (das Kundengewicht) und nicht die Leistungsfähigkeit des Moduls bekannt. Vielleicht könnte ein Modul technisch mehr leisten, wodurch die Kundenzufriedenheit gesteigert würde. Evtl. ließe sich sogar ein höherer Preis rechtfertigen. Dann hätte die Kalkulation einen echten Mehrwert für das Unternehmen geschaffen. Es ist jedoch ge-

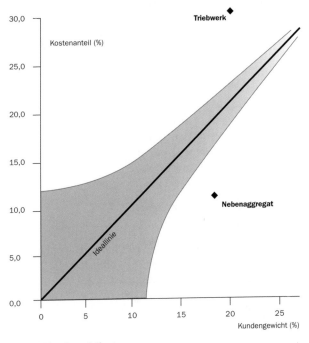

Abb. 3.8: Value Control Chart

nau so möglich, die Einsparung beim Nebenaggregat als Kompensation für Zielverfehlungen bei anderen Modulen zu verwenden.

Unabhängig davon, wofür man sich entscheidet, benötigt man technisch alternative Herangehensweisen. Gesucht werden Lösungsansätze, die bei gleicher Nutzenerfüllung weniger Kosten bzw. bei gleichen Kosten den Nutzen steigern. Nur dann gelingt es im Zeitablauf, sich der Ideallinie im Value Control Chart anzunähern. Besonders hoch ist der Gestaltungsspielraum zu Beginn des Produktlebenszyklus. Die Kosten treten im Wesentlichen mit der Leistungserbringung ein, aber sie werden bereits mit der Produktidee weit gehend festgelegt. Mit der Entscheidung, z. B. ein neues Luxusauto zu bauen, ist auch eine Entscheidung über Materialien und Verarbeitungsqualität getroffen worden. Das wird in den folgenden Entscheidungsphasen immer weiter konkretisiert. Welche Materialien werden angeboten? Wie viele Ziernähte

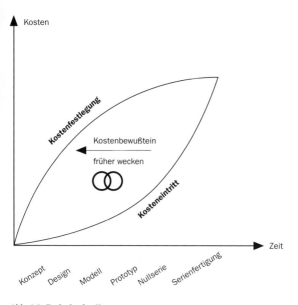

Abb. 3.9: Eselsohr des Kostenmanagement

soll es geben und an welchen Stellen? Jede Konkretisierung ist auch eine Kostenfestlegung. Realisiert werden diese Kosten dann mit jedem einzelnen Auto. Jetzt kann die Ziernaht nicht mehr entfallen. Dieses grundsätzliche Kostenbewusstsein frühzeitig zu wecken ist wohl die wichtigste Aufgabe des Target Costing. Dr. Deyhle nannte das gerne »vorne gerührt brennt hinten nicht an«. Diesen Gedanken verdeutlicht eine Grafik, die unter den Trainerkollegen auch das »Eselsohr des Kostenmanagements« genannt wird.

Der Gedanke des Target Costing scheint damit sehr produktionslastig zu sein. Aber wie bei fast allen Themen lässt er sich analog bei Dienstleistungsunternehmen anwenden. So könnte z. B. eine Versicherung die Kundenanforderungen ermitteln (telefonische Erreichbarkeit, schnelle Bearbeitung der Anträge, usw.) und dementsprechend die Kosten für die einzelnen Abteilungen (Call Center, Auftragsbearbeitung, usw.) budgetieren. Dann werden die erlaubten Kosten ebenfalls in Abhängigkeit vom Nutzen des Kunden, also gemäß seinen Anforderungen, ermittelt. Im Gegensatz zu einem Serienfertiger, der sich oft für mehrere Jahre festlegt, kann bei mancher Dienstleistung die Anpassung schneller erfolgen. Unabhängig davon sieht man: das Instrument ist vielseitig einsetzbar.

Das Potenzialprofil

Das Potenzialprofil soll helfen, die maximale Preisbereitschaft des Kunden einzuschätzen. Es vergleicht unsere Leistung mit dem Produkt eines Wettbewerbers. Was ist dem Kunden wie wichtig? Bei welchem Leistungsaspekt schneidet das eigene Produkt im Vergleich zum Wettbewerbsprodukt besser (schlechter) ab? Wie deutlich fällt dieser Unterschied aus?

Daraus wird ein Faktor ermittelt, wie viel besser oder schlechter der Kundennutzen im Vergleich insgesamt ausfällt. Das bestimmt die Preisobergrenze relativ zum Wettbewerb. Wenn unsere Leistung den Kunden ca. 20 % höheren Nutzen bietet, dann können

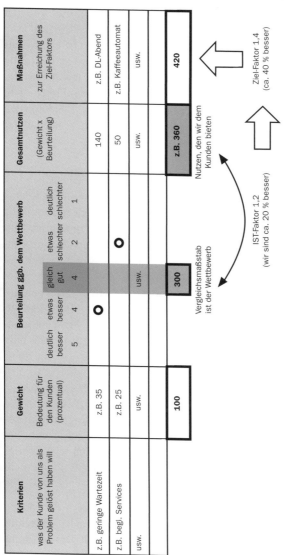

Kriterien	Gewicht	Beurteilung ggb. dem Wettbewerb						Gesamtnutzen	Maßnahmen
was der Kunde von uns als Problem gelöst haben will	Bedeutung für den Kunden (prozentual)	deutlich besser 5	etwas besser 4	gleich gut 4	etwas schlechter 2	deutlich schlechter 1		(Gewicht x Beurteilung)	zur Erreichung des Ziel-Faktors
z.B. geringe Wartezeit	z.B. 35	O						140	z.B. DL-Abend
z.B. begl. Services	z.B. 25				O			50	z.B. Kaffeeautomat
usw.	usw.			usw.				usw.	usw.
	100			300				z.B. 360	420

Vergleichsmaßstab ist der Wettbewerb

Nutzen, den wir dem Kunden bieten

IST-Faktor 1.2 (wir sind ca. 20 % besser)

Ziel-Faktor 1,4 (ca. 40 % besser)

Abb. 3.10: Das Potenzialprofil-Schema systematisiert die Identifizierung des Kundennutzens und sein Zustandekommen

wir bis zu 20 % mehr Preis verlangen als das Vergleichsprodukt des Wettbewerbs.

Die relative Beurteilung zum Wettbewerbsprodukt ist leichter, als eine (absolute) ‚Notenskala' zu verwenden. Außerdem wird die gesamte Leistung in Teilaspekte zerlegt. Nehmen wir an, das Potenzialprofil würde für die Dienstleistung »Reifenwechsel« – z. B. von Sommerreifen auf Winterreifen – ausgefüllt. Eine einzelne Leistungskomponente, wie z. B. die Wartezeit zu beurteilen, ist ebenfalls einfacher als die Beurteilung des Reifenwechsels insgesamt. Das bedeutet nicht, dass weniger Informationen benötigt werden – im Gegenteil. Aber die Einschätzung fällt leichter und wird genauer.

Wie man sieht, wird mit dem Potenzialprofil eine rechnerische Annäherung an den Kundennutzen angestrebt. Allein die Tatsache, in der Firma eine einheitliche Vorstellung von den Wünschen des Kunden zu erarbeiten, ist ein Erfolg. Daraus eine Relation, d. h. einen Faktor ggb. dem Wettbewerber zu ermitteln, ist noch schwieriger. Trotzdem ist es wichtig, denn ein höherer Nutzen berechtigt zu einem entsprechend höheren Preis. Es handelt sich um eine näherungsweise Bestimmung der »Preisobergrenze«. Mit dem Potenzialprofil wird nicht der Verkaufspreis festgelegt, sondern eine Obergrenze bestimmt, die man nicht überschreiten sollte! Aus den verschiedensten Überlegungen, z. B. auch strategischer Art, kann eine völlig andere Preisfestlegung getroffen werden. Das Potenzialprofil liefert damit keine Lösung für die Preisfindung, sondern eine Teilinformation: die vermutliche Preisbereitschaft des Kunden.

Gerade weil der Aufbau überaus einfach ist, verleitet das zu Fehlern bei der Arbeit mit dem Instrument. Ein erster Fehler kann bei der Identifizierung der Kundenwünsche auftreten. »Welches Problem löst unser Produkt für den Kunden?« Dabei dürfen keine Selbstverständlichkeiten aufgeführt werden. Wenn als Kriterium z. B. »Qualität« genannt wird, dann ist das missverständlich, denn leicht assoziiert man daraus einen ‚fest' montierten Reifen. Das ist aber kein Auswahl-, sondern ein Ausschlusskriterium für den Kunden. Werkstätten, die die Sicherheit gefährden, kommen grundsätzlich nicht in Frage. Das Kriterium »Qualität« muss eine andere Bedeutung haben. Es könnte heißen, dass auch die Felgen gewaschen werden. Dann aber ist es eindeutiger, direkt von »begleitenden Services« zu sprechen. Allgemein gilt: alle gesetzlichen Anforderungen und alle Basisanforderungen im Sinne des »Kano-Modells«, dürfen im Potenzialprofil nicht als Kriterium aufgeführt werden. Auch sind »Preis« oder »Preis-Leistungs-Verhältnis« keine zulässige Nennung. Es gibt drei Begründungen, warum beide definitiv nicht zu den Kriterien gehören können:

1. Der Preis ist keine Problemlösung für den Kunden. Es ist nichts, was der Kunde von uns bekommt, sondern das, was wir vom Kunden bekommen.

2. Mit dem Instrument Potenzialprofil soll eine Obergrenze für den Verkaufspreis ermittelt werden. Der Preis ist das Ergebnis der Analyse und kann darum zu Beginn auch nicht eingetragen werden.

3. Würde man den Preis nicht nur als Ergebnisvariable, sondern auch als Eingangsvariable verwenden, dann ergäbe sich ein Zirkelschluss: Ein guter Preis führt zu einem hohen Gesamtnutzen im Potenzialprofil. Hoher Nutzen rechtfertigt einen höheren Preis. Wenn man dem folgen würde, würde der höhere Preis zu einer schlechteren Beurteilung führen und damit zu einem geringeren Gesamtnutzen, so dass der Preis wieder gesenkt werden müsste. Womit wir am Anfang der Überlegung angekommen wären.

Der Preis und die daraus abgeleiteten Größen haben im Potenzialprofil darum nichts verloren. Noch ein weiterer Gedanke soll das Gesagte ergänzen. Hätten wir die exakt gleiche Leistung wie unser Wettbewerber, dann wäre die Sache einfach. Dann würden wir seinen Preis »abschreiben« und hätten das gleiche Preis-Leistungs-Verhältnis. Aber abschreiben ist auch in der Kalkulation keine gute Idee: falls der Wettbewerber mit seinem Preis »Pleite geht«, wollen wir dann »mitgehen«?

Möglicherweise hat mancher Leser jetzt noch eine Testzeitschrift vor Augen, in der sehr wohl vom Preis-Leistungs-Verhältnis die Rede ist. Damit nimmt die Zeitschrift dem Leser einen komplexen Bewertungsprozess ab. Sie spricht eine Empfehlung aus und setzt dabei den Nutzen (Leistung) mit dem Preis ins Verhältnis. Die Zeitschrift betrachtet gegebene Produkte mit gegebenen Preisen. Mit dem Potenzialprofil versuchen wir dagegen, eine Preisobergrenze zu bestimmen. Der Preis ist noch nicht bekannt. Dazu wollen wir Maßnahmen identifizieren, um auch den Nutzen für den Kunden so zu verbessern, dass der Kunde einen höheren Preis akzeptiert. Das ist eine andere Zielstellung als in der Testzeitschrift.

Idealerweise nennt uns der Kunde seine Entscheidungskriterien, aber auch Vertrieb bzw. Marketing können die erste Spalte ausfüllen. Die Anzahl der Kriterien sollte aber begrenzt werden. Jeder Leser mag sich fragen, nach wie vielen Kriterien er seine Kaufentscheidungen trifft. Da das Potenzialprofil für einen konkreten Kundentyp und ein konkretes Produkt im Vergleich zu einem konkreten Wettbewerbsprodukt erstellt wird, sind zehn Kriterien i.d.R. mehr als ausreichend. Schon dann fällt die Differenzierung der Gewichte sehr schwer.

Wichtig ist auch darauf zu achten, dass die Beurteilung ggb. dem Wettbewerb nicht zu gut ausfällt. Wir ermitteln eine Preisobergrenze und die Überschreitung der Obergrenze ist gefährlicher als die Unterschreitung. Sind wir nämlich zu teuer, könnte es passieren, dass kein Kunde mehr kommt. Sind wir dagegen zu günstig, dann verschenken wir zwar Marge, aber das kann teilweise dadurch kompensiert werden, dass mehr abgesetzt wird. Zudem verhindert die in der Kalkulation ermittelte Preisuntergrenze, dass unser Preis zu gering ausfällt. Die Überschreitung der Preisuntergrenze ist damit gefährlicher als die Unterschreitung.

Kann man sich nicht auf die Gewichtung einigen, gerät man schnell in Versuchung, einen Durchschnitt zu bilden – »damit es halt weitergeht«. Der Controller sollte sich und alle anderen Beteiligten daran erinnern, dass ein Ergebnis nicht schon deshalb weiterhilft, nur weil es schnell erreicht wurde. Zieht sich die Diskussion in die Länge, dann kann es daran liegen, dass Kriterien unterschiedlich interpretiert werden. So kann das Kriterium »Wartezeit« bei einem Reifenwechsel Verschiedenes bedeuten:

- bis man einen Termin bekommt (erst in 8 Tagen…)
- bis man mal »drankommt« (Termin war 11:00 Uhr…)
- der Wechsel dauert 40 Minuten (nur ein Monteur…)

Der Durchschnitt hilft nicht – schon gar nicht bei der Identifizierung von Maßnahmen.

Die Aussage »der Kunde kauft nur nach dem Preis« ist vor dem Hintergrund des Potenzialprofils sehr erhellend. Der Kunde erkennt keinen Unterschied zur Konkurrenz. Und wir sind auch nicht in der Lage, es ihm zu erklären. Da kann man den Kunden verstehen: bei identisch wahrgenommener Leistung entscheidet er sich für das billigste Angebot. Genau das zeigt das Potenzialprofil. Wenn wir uns insgesamt (gleiche Punktsumme = gleicher Kundennutzen) nicht von der Konkurrenz abheben, wenn wir ebenfalls 300 Gesamtpunkte haben, dann beträgt der Faktor exakt 1,0 und es lässt sich kein höherer Preis erzielen. Die vollständige Interpretation lautet darum: Wir haben ein Produkt von nur durchschnittlicher Marktqualität, so dass die Kunden auch nur den Durchschnittspreis bezahlen. Diese Formulierung ist nicht populär. Es wundert also nicht, wenn man allenthalben hört »der Kunde kauft nur nach dem Preis«. Das klingt viel besser als das Eingeständnis, dass es in fast jeder Branche einen Anbieter gibt, der seine Produkte überdurchschnittlich teuer verkauft, nur dass man eben selber dazu nicht in der Lage ist.

Die Produktauswahl des Kunden ist ein bewusster Akt und genau so bewusst erfolgt die Steuerung auf Firmenseite. Welcher Kunde ist strategisch gewünscht? Die Frage hat viele Facetten, die weit über das Potenzialprofil hinausgehen. Jedoch muss ein Wettbewerbsvorteil verteidigt werden. Wir sind damit bei der letzten Spalte des Potenzialprofils – den Maßnahmen. Sie werden häufig dort ergriffen, wo die eigene Leistung eher schlechter ausfällt. Das erinnert an den Satz, man solle an seinen Schwächen arbeiten. Die Einstellung ist ehrenwert; für unser Leistungsangebot sollte aber noch ein Gedanke beachtet werden. Würden wir nur an unseren Schwächen arbeiten, und nehmen wir einmal an, der Wettbewerber würde das auch tun, wohin würde das führen? Nach einiger Zeit wären unsere bisherigen Schwächen behoben. Leider hätte der Wettbewerb die gleiche Entwicklung vollzogen. Beide Produkte wären gleich gut. Wir wären austauschbar geworden, so dass wir mittelfristig in den Preiskampf geraten. Genau das wollten wir doch vermeiden.

Der folgende Satz mag zum Nachdenken anregen: der Kunde kommt zu uns wegen unserer Stärken und trotz unserer Schwächen. Es braucht daher auch Maßnahmen, die unseren Vorsprung gegenüber dem Wettbewerbsprodukt halten oder sogar ausbauen. Leider ist es meist so, dass ein überdurchschnittlicher Kundennutzen auch zu überdurchschnittlichen Kosten führt. Trotzdem kann das lukrativ sein, falls der Kunde eine noch größere Zahlungsbereitschaft aufweist. Diejenigen Kunden, denen unsere Stärken wichtiger als unsere Schwächen sind, werden unser Produkt kaufen. Die übrigen Kunden wird man mit diesem Produkt verlieren. Erforderlich ist die Bereitschaft, auch auf Kunden zu verzichten. Nur weil wir uns nicht entscheiden, für welchen Kunden das Produkt gedacht ist, heißt das noch lange nicht, dass der Kunde nicht weiß, welches Produkt er will. Wer jedem Kunden alles sein will, könnte am Ende des Tages für alle Kunden nichts sein.

Das Potenzialprofil kann mit geringem Aufwand erarbeitet werden. Im Vergleich zu ausgefeilten Kundenbefragungen und Testmärkten ist es wesentlich einfacher aufgebaut. Damit stellt es eine preisgünstige Alternative dar, sich plausibel an die Preisobergrenze heranzutasten. Zudem erfüllt es zwei wichtige Anforderungen: Einerseits schafft es Transparenz, weil es die Bearbeitung der strategischen Kernfrage »warum soll der Kunde bei uns kaufen?« erzwingt. Damit ist der Einstieg in ein verkürztes Wettbewerbsprofil gemacht. Andererseits ergibt sich dadurch auf fast natürliche Weise die Frage nach den Maßnahmen. Den erforderlichen Indikator, ob sich die Maßnahmen lohnen könnten, liefert das Potenzialprofil ebenfalls: wie verändert sich die Preisbereitschaft des Kunden, d. h. welchen Preis wird er vermutlich noch akzeptieren?

Zusammenfassung

Drei Prinzipien sind es, die die Kalkulation bestimmen:

1) Verursachung
2) Inanspruchnahme
3) Tragfähigkeit

Über das Verursachungsprinzip wird oft gesagt, es sei »beweisbar«. Aus Arbeitsplan und Stückliste folgt eindeutig, was das Produkt (synonym die Dienstleistung) braucht, was erforderlich ist, um eine Leistung gegenüber dem Kunden wieder erbringen zu können. Es kann keine Schraube und kein Handgriff entfallen, sonst entsteht das Produkt nicht neu bzw. wäre das Produkt nicht effizient konstruiert. Im letzteren Fall wäre ein neuer Standard zu definieren. Denn schließlich beschreibt der Standard, was »eine Einheit mehr« braucht. Das Verursachungsprinzip kann darum ausschließlich auf das Produkt angewandt werden.

Das Prinzip der Inanspruchnahme wird dagegen als »begründbar« beschrieben. Gemeint ist damit alles, was um das Produkt herum geschieht, aber nicht seine Existenz ausmacht. Die Formulierung dafür lautet auch: »was dem Produkt nützt«. Die Abgrenzung ist deutlich weniger trennscharf als das Verursachungsprinzip. Das beginnt mit der internen Logistik und endet bei Marketing/Vertrieb. Einige Positionen sind zwar Einzelkosten, z.B. direkt gewidmete Werbung, im Bereich der Gemeinkosten dagegen hilft nur die Prozesskostenrechnung weiter.

Das dritte Prinzip »Tragfähigkeit« bereitet seit jeher die größten Schwierigkeiten. Dieser Teil des Preises sei »verhandelbar« heißt es. Was ist der Kunde bereit zu zahlen? Hoffentlich bleibt dieses Wissen nicht auf den »genialen Riecher« des Außendienstlers beschränkt. Wenn der Mitarbeiter geht, nimmt er dieses Wissen um den Kunden mit? Das Wissen sollte mitteilbar, nachvollziehbar, hinterfragbar und beeinflussbar gemacht werden, sonst ist es für die Organisation nicht nutzbar. Je nach Branche kann das ein einzelner Kunde oder auch die Kundengruppe sein. Transparenz – z. B. über die wichtigsten Einflussfaktoren auf den Nutzen und damit auf die Zahlungsbereitschaft des Kunden – zu schaffen, ist unser controllerisches Selbstverständnis und damit ebenfalls eine Teilaufgabe der Kalkulation.

Lediglich die Kosten zu senken oder im entgegen gesetzten Fall alleine die Kundenzufriedenheit steigern, führt selten zum bestmöglichen Ergebnis. Die Kunst der Kalkulation ist es, die verschiedenen Sichtweisen sinnvoll zu integrieren und zum Ausgleich zu führen. Damit geht einher, mit den unterschiedlichsten Abteilungen und Mitarbeitern zusammen zu arbeiten und die verschiedenen Interessen harmonisch zu verbinden. Der legendäre Begründer der Unternehmensberatungsgruppe »Plaut« hat deshalb schon vor vielen Jahren auf dem Controller Congress verlangt, »eine Firma solle die besten Controller in die Kalkulation schicken«.

4 ▬▬▬▬▬▬▬▬▬▬▬▬▬▬▬▬▬▬▬▬▬

Verrechnungspreise – Interne Leistungsverrechnung (ILV) und Service Center Prinzip

▬▬▬▬▬▬▬▬▬▬▬▬▬▬▬▬▬▬▬▬▬

Verrechnungspreise – nicht nur ein Steuerproblem

Zurzeit scheint das Thema der Verrechnungspreise von Steuerabteilungen und Wirtschaftsprüfern dominiert zu sein. In manchen Firmen geht es sogar nur um steuerliche Fragen. Grund dafür sind die fiskalischen Sanktionen bei Verstößen gegen gesetzliche Normen und Vorgaben. Angesichts der zu beobachtenden engeren Zusammenarbeit mit anderen Bereichen des Rechnungswesens kümmern sich Sparten- und Beteiligungs-, Werks- und Vertriebs-Controller zunehmend um eine ganzheitliche Beurteilung auch bei Verrechnungspreisen. Abb. 4.1 zeigt wichtige Aspekte.

Bei der Wahl interner Verrechnungspreise besteht erheblicher Spielraum. Sowohl die Art als auch die Höhe des Verrechnungspreises können frei gewählt werden. Der Controller ist lediglich seinem »betriebswirtschaftlichen Gewissen« unterworfen. Im

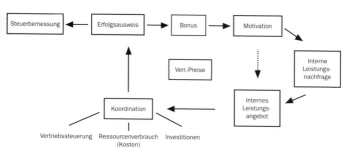

Abb. 4.1: Verrechnungspreisproblematik in der Übersicht

Bereich der steuerlichen Verrechnungspreise sind unzählige Gesetze, Richtlinien, Erlasse, Verordnungen, etc zu berücksichtigen. Viele Länder orientieren sich weitgehend an den Empfehlungen der OECD (z. B. OECD-Musterabkommen), aber verbindlich sind allein die nationalen Vorgaben bzw. die zwischen den Ländern vereinbarten Doppelbesteuerungsabkommen (DBA). Die jeweiligen Gesetzgeber möchten auf diese Weise verhindern, dass Steuereinnahmen im Inland durch geschickte Wahl der Verrechnungspreise gemindert werden. Alle Regeln dienen dazu, das sog. »Steuersubstrat« zwischen den Ländern aufzuteilen bzw. für sich zu sichern. Für Controller, die aus einer internen Geschäftssteuerungslogik kommen, ist dieses enge gesetzliche Korsett oft ungewohnt und fremd. Grund genug, uns auch mit den Grundzügen aus steuerlicher Sicht zu beschäftigen.

Diese basiert auf einer Vorgehensweise, die der innerbetrieblichen Logik zuwider läuft. Das steuerliche Grundprinzip für verbundene Unternehmen lautet »dealing at arm's length«. Das bedeutet, dass ein anderes Konzernunternehmen wie ein »fremder Dritter« zu behandeln ist. Die Überlegung des Steuergesetzgebers beinhaltet, dass ein sog. »ordentlicher Kaufmann« bei einem fremden Unternehmen nur Geschäfte durchführt, die ihm einen angemessenen Gewinn bringen. Ergibt sich bei einem konzerninternen Geschäft ein unangemessener Gewinn, dann vermutet der Fiskus, dass dies zur Ausnützung des Steuergefälles zwischen verschiedenen Ländern geschieht. Ein Teil des Konzerns erleidet einen Nachteil. Der Konzern insgesamt erzielt jedoch einen Steuervorteil. Das ist sicher ein bedeutendes Motiv. Der Gedanke ignoriert aber, dass Konzerne nur aus dem Grund existieren, damit sie im Verbund anders agieren können (müssen?), als wären sie eigenständige Unternehmen. Wo wäre sonst der Vorteil für den Konzern und wo seine Existenzberechtigung? Das Gesamtgebilde funktioniert in sich anders als die Summe seiner Teile und erwirtschaftet dadurch, d. h. kausal, mehr als die Gesamtheit der Einzelunternehmen. Beschaffung, Logistik, Produktion, Absatz und der Bereich der Shared Service Center sind die wichtigsten Stichworte dazu.

Konzerne müssen auch Entscheidungen treffen, die für das einzelne Unternehmen nachteilig sind. Genau das ist steuerlich nicht akzeptiert. Anders gesagt: Was dem Fiskus gefällt, muss für den Konzern nicht sinnvoll sein.

Einige Unternehmen führen darum parallel zwei Verrechnungspreis-Systeme.

- Einen steuerlich zulässigen Verrechnungspreis im Rahmen des Konzernabschlusses. Er dient dazu, fiskalische Sanktionen zu vermeiden bzw. im Rahmen der (oft geringen) gesetzlichen Spielräume die Steuerlast zu senken
- Einen Verrechnungspreis zur Geschäftssteuerung und Bonifizierung der Manager über das interne Rechnungswesen, welcher nicht nach außen kommuniziert wird.

Ob sich parallele Systeme lohnen, ist situationsabhängig. Pauschal lässt es sich leider nicht bestimmen. Beginnen wir daher mit dem, was jede Firma haben sollte, sobald sie über Landesgrenzen hinweg tätig wird. Dann lässt sich eher einschätzen, ob die steuerliche Sicht für die interne Leistungsverrechnung (ILV) übernommen werden kann. Der folgende Abschnitt soll Controllern, die sich erstmals mit der Materie befassen, erste Hinweise geben. Die Darstellung der komplexen Sachverhalte ist daher bewusst vereinfachend gewählt.

Steuerliche Verrechnungspreise

Sofern sog. ‚verbundene Unternehmen' über nationale Grenzen hinweg miteinander wirtschaftlich tätig werden, sind fiskalische Regeln zu beachten. Anders als der Titel Verrechnungspreise vermuten lässt, sind nicht nur die Preise, sondern alle mit einer Transaktion verbundenen Konditionen, wie z. B. das Zahlungsziel, relevant. Der Begriff der Transaktion ist dabei weit gefasst: neben Gütern, Waren und Dienstleistungen gehören z. B. auch Adressüberlassung, IT-Unterstützung, Marketinghilfen, Markennutzung, Lizenzen oder Know-How-Transfer dazu.

Die steuerlichen Methoden der meisten Länder orientieren sich an den Empfehlungen der OECD (Organisation für wirtschaftliche Zusammenarbeit und Entwicklung). Um zu beurteilen, ob eine Methode zulässig für die vorliegende Transaktion ist, werden die ausgeübten Funktionen, die übernommenen Risiken und die eingesetzten materiellen und immateriellen Wirtschaftsgüter der beiden Konzernunternehmen verglichen. Als Ergebnis dieser Funktions- und Risiko-Analyse ergibt sich international üblich die Einteilung in Routineunternehmen und Strategieträger. Der deutsche Fiskus kennt zusätzlich noch den Gesellschaftstyp des Mittelunternehmens.

Aus dem Gesellschaftstyp wird ein Rückschluss auf die wirtschaftliche Lage, wie sie vermutlich bei Geschäften mit »fremden Dritten« auftreten würde, gezogen. Routineunternehmen wird ein geringer, aber relativ stabiler Gewinn zugesprochen. Mittelunternehmen haben höhere Risiken und dem sollen auch höhere Chancen gegenüberstehen. Der Strategieträger erhält den verbleibenden Konzerngewinn, d. h. abzüglich der Anteile für Routine- und Mittelunternehmen. Bei ihm sind Risiken und Chancen am stärksten ausgeprägt und sein Gewinn weist damit potenziell die größten Schwankungen auf. Es ist im wahrsten Sinne des Wortes ein »Residualgewinn«.

Die OECD kennt nun »**Transaktionsbezogene Methoden**«

  a) Preisvergleichsmethode
     Comparable Uncontrolled Price Method (CUP)
  b) Wiederverkaufspreismethode
     Resale Price Method (R- / RPM)
  c) Kostenaufschlagsmethode
     Cost-plus Method (C+)

und »**Gewinnorientierte Methoden**«

  d) Geschäftsvorfallbezogene Nettomargenmethode
     Transactional Net Margin Method (TNMM)
  e) Geschäftsvorfallbezogene Gewinnaufteilungsmethode
     Profit Split Method (PSM)

f) Gewinnsvergleichsmethode
   Comparable Profit Method (CPM)

Anhand der ersten drei Methoden soll beispielhaft der Fremdvergleichsgrundsatz verdeutlicht werden:

- Die Preisvergleichsmethode fragt, welchen Preis zwei fremde Dritte untereinander vereinbart bzw. welchen Preis konzerneigene Unternehmen mit einem fremden Dritten abgeschlossen haben? Ist der Verrechnungspreis – im Vergleich dazu – für eine interne Transaktion angemessen oder nicht?
- Die Wiederverkaufspreismethode stellt darauf ab, dass ein konzernintern beziehendes Unternehmen die Waren zu einem (Verrechnungs)Preis erhält, der ihm eine angemessene Rendite beim Verkauf an seine Kunden ermöglicht. Die Angemessenheit des Verrechnungspreises wird daran erprobt, ob die Rendite unserer Konzerntochter von gleicher Höhe ist, wie sie ein fremder Dritter in vergleichbarer Situation erzielen würde.
- Die Kostenaufschlagsmethode verlangt analog, dass der Erbringer der Leistung aus der konzerninternen Transaktion eine angemessene Marge erzielt.

Bezogen auf jede interne Transaktion ist die Angemessenheit der Verrechnungspreismethode zu begründen. Dabei sollte darauf geachtet werden, dass sie aus Sicht aller beteiligten Länder zulässig sind. Sonst kann es passieren, dass für denselben Sachverhalt in zwei Ländern Steuern gezahlt werden müssen (Doppelbesteuerung). Beispielsweise ist die Gewinnsvergleichsmethode in den USA aber nicht in Deutschland zulässig. Genauso ist darauf zu achten, ob und in welcher Form Doppelbesteuerungsabkommen (DBA) vorliegen. Deutschland hat über 100 solcher Abkommen abgeschlossen. Neben den DBA und dem jeweiligen lokalen Steuerrecht empfiehlt es sich, die OECD-Richtline »Verrechnungspreise« von 1995/99 und das OECD-Musterabkommen (seit 1963) zu beachten.

Länder, die nicht der OECD angehören, fühlen sich naturgemäß nicht an deren Empfehlungen gebunden. Aber auch Mitgliedsländer schlagen teilweise Sonderwege ein. Es kann in Ausnahmefällen vorkommen, dass keine Verrechnungspreisgestaltung möglich ist, die den Steuervorschriften beider betroffenen Länder entspricht. Wenn also in einem Land gegen gesetzliche/steuerliche Regeln verstoßen werden muss, dann kann aber zumindest darauf geachtet werden, dass Strafzahlungen und Steuerlast so gering wie möglich gehalten werden. Sofern man sich entschließt, eine Betriebsstätte oder Tochterunternehmung neu in einem Land zu gründen, sollte insbesondere die Prüfung der lokalen Verrechnungspreisvorschriften erfolgen, deren steuerliche Auswirkungen können die Investitionsrechnung erheblich beeinflussen, weshalb eine Investitionsrechnung vor Steuern nicht ausreicht.

Aufgrund vorangegangener Urteile des Bundesfinanzhofs hat der deutsche Gesetzgeber 2003 eine grundlegende Reform im Bereich der Verrechnungspreise vorgenommen. Mit dem Steuervergünstigungsabbaugesetz (StVergAbG) wurden die Mitwirkungspflichten der Firmen in § 90 der Abgabenordnung (AO) und die Schätzungsbefugnisse der Finanzverwaltung gem. § 162 AO erweitert. In der ebenfalls 2003 verabschiedeten GAufzV (Gewinnabgrenzungsaufzeichnungsverordnung) werden die Aufzeichnungspflichten, d. h. die Dokumentation der tatsächlich realisierten Situation, des Steuerpflichtigen explizit heraus gearbeitet. Danach muss einerseits die Art des Zustandekommens (Sachverhaltsdokumentation) und andererseits die Fremdüblichkeit der angesetzten Verrechnungspreise (Angemessenheitsdokumentation) dokumentiert werden. Die Dokumentation muss dabei erkennbar das ernsthafte Bemühen der Firma widerspiegeln, einem sachkundigen Dritten in angemessener Zeit einen Einblick zu verschaffen. Andernfalls kann der Betriebsprüfer eine im Wesentlichen unverwertbare Dokumentation als insgesamt unverwertbar verwerfen. Damit wird die Dokumentation so behandelt, als sei sie überhaupt nicht erstellt worden. Die daraus resultierenden finanziellen Konsequenzen sind gravierend. Neben Strafzuschlägen kann sogar die Schätzung der aus diesen Geschäften erzielten Einkünfte zu Lasten des Steuerpflichtigen erfolgen. Aber nicht nur das Fehlen bzw. die Unverwertbarkeit einer Dokumentation werden bestraft. Bereits die verspätete Vorlage (in Ausnahmefällen sogar die verspätete Erstellung) wird mit Bußgeld belegt. Daraus folgt, dass insbesondere der Beteiligungs-Controller auf eine vollständige und aktuelle Dokumentation für alle internen Transaktionen drängen sollte. Das sollte nie ohne engen Kontakt zur Steuerabteilung geschehen!

Angesichts dieser Strafen verwundert es nicht, dass gegenwärtig der Fokus vieler Unternehmen auf dem steuerlichen Aspekt der Verrechnungspreise liegt. Das sollte aber nicht darüber hinweg täuschen, dass Strafen zwar das Ergebnis schmälern, aber die Vermeidung von Strafen noch keines schafft. Anders ausgedrückt: Die Vermeidung von Strafen, d. h. die Einhaltung steuerlicher Verrechnungspreisvorschriften, ist nur eine Teilaufgabe, um gute Renditen zu erzielen.

Ebenfalls wichtig ist es, dass Verrechnungspreise die Effektivität und Effizienz unterstützen. In Anlehnung an das Wortspiel von Peter Drucker könnte man hier die beiden Fragen »was tut bzw. lässt man?« und »wie setzt man es um?« nennen. Die Koordinationsfunktion von Verrechnungspreisen verlangt, dass diese der Zielerreichung dienen und den Ressourceneinsatz auf das nötige Maß begrenzen. Da sich der Fiskus nur dafür interessiert, wie sich das Steuersubstrat auf die beteiligten Länder aufteilt, könnte man die Situation mit ‚Kuchen backen‘ vergleichen. Steuerliche Verrechnungspreise teilen einen gebackenen Kuchen auf die verschiedenen Länder auf. Interne Verrechnungspreise haben dagegen das Ziel, mit den vorhandenen Ressourcen beim nächsten Mal einen größeren Kuchen zu backen. Die Unternehmen, die neben den steuerlichen Verrechnungspreisen parallel noch interne Verrechnungspreise zur Bonifizierung der Manager verwenden, machen einen zweiten, schwierigen aber oftmals notwendigen, Schritt. Firmen, deren Geschäft innerhalb nationaler Grenzen bleibt, können sich folglich ganz auf die Frage der Effizienz durch interne Leistungsverrechnung konzentrieren.

Effizienz als Grundproblem der ILV

Wenn wir Controller uns bemühen, die Effizienz zu verbessern, dann besteht eine grundlegende Möglichkeit darin, Prozesse effizienter zu gestalten. Der erste Schritt besteht oft darin, die Durchführung einzelner Prozessschritte oder sogar ganzer Prozesse günstiger zu gestalten. Unnötige Prozessschritte werden eliminiert und bei Bedarf wird sogar ein Business oder Process Reengineering durchgeführt. Automatisierung, Kompetenzbündelung an ausgesuchten Standorten bis hin zur Standortverlagerung waren große Themen der vergangenen Jahre. Die beiden gerade genannten Ansätze haben zur Einrichtung von so genannten Shared Service Centern geführt. Economies of scale lassen den Vorgang der einzelnen Leistungserbringung günstiger werden. All das ist in vielen Unternehmen bereits weitgehend erfolgreich umgesetzt worden. Damit werden weitere Effizienzgewinne mit gegebenen Mitteln immer schwieriger. Als konsequente Weiterentwicklung des Themas fragen Unternehmen zunehmend, wie häufig und in welcher Qualität die verschiedenen internen Leistungen benötigt werden. Die Intention ist klar: Wenn weniger (aufwändige) interne Leistungen benötigt und damit erstellt werden, dann sinken die Kosten.

Zentral lässt sich schlecht beurteilen, wie die konkreten Bedürfnisse einzelner dezentraler Abteilungen beschaffen sind. Weder die benötigte Menge einer Leistung noch deren Ausgestaltung lässt sich exakt ermitteln. Der Informationsbedarf wäre extrem. Vielfach würden dezentrale Abteilungen ihren Informationsvorsprung nutzen, so dass die Zentrale auf Basis von unzureichenden und falschen Informationen entscheiden müsste. Allenfalls könnte zentral festgelegt werden, dass bestimmte Leistungen nicht mehr (oder nur reduziert) nachgefragt werden dürfen. Ohne die Kenntnis über die verbundenen Auswirkungen, ist die Entscheidung aber sehr schwierig. Das hat schon Schmalenbach erkannt, als er im Jahr 1903 den Begriff »Verrechnungspreis« prägte:

> *»Selbst wenn es möglich wäre, jedem Unterbetrieb, jeder Werkstätte nur ganz zuverlässige Betriebsführer zuzuteilen, so würde*

*doch das Zusammenarbeiten an dem Mangel leiden, dass dem
Leiter des Unterbetriebes die Übersicht über das Ganze, dem
Leiter des Gesamten dagegen die Einsicht in das Einzelne fehlt.
Und hier gibt es nur einen Ausweg: die einzelnen Teile des
Betriebes müssen in einen rechnerischen Verkehr treten. Und
diese Rechnung muss sich der Bewertung der gegenseitigen
Leistungen bedienen. Und so entsteht hier ein eigenartiger
Preis: der Verrechnungspreis.«*

Damit kann zugleich ein häufiges Missverständnis über den Begriff «Verrechnungspreis» ausgeräumt werden. Der Begriff wurde
nicht von der OECD geprägt, sondern einige Jahrzehnte früher
von Schmalenbach. Darum ist der Begriff Verrechnungspreis auch
nicht auf ‚grenzüberschreitende Lieferungen und Leistungen innerhalb verbundener Unternehmen' begrenzt, wie mancherorts
zu lesen ist. Mit mindestens dem gleichen Recht dürfen wir Controller den Begriff ebenfalls für uns in Anspruch nehmen. Angesichts der Begriffsvielfalt in Unternehmen und in der Fachliteratur
(Transferpreise, Knappheitspreise, usw.) kann von ‚richtig oder
falsch' vermutlich nicht mehr geredet werden. Wichtiger ist, den
Begriff innerhalb der Firma einheitlich zu verwenden.

Die steuerliche Sicht der OECD ist nicht nur deutlich jünger, sondern behandelt auch nur einen Teil des gesamten Problems; nämlich grenzüberschreitende Leistungen. Damit soll der steuerliche
Aspekt angesichts der möglichen Strafen nicht klein geredet werden. Die Strafvermeidung beeinflusst jedoch nur das Nach-Steu-
er-Ergebnis. Die Beeinflussung der Steuerhöhe, ist mittlerweile
zudem weit schwieriger als noch vor einigen Jahren. Bei weitgehend unveränderter Steuerhöhe wird in den meisten Fällen **das
operative Ergebnis (EBIT) entscheidend für den späteren Jahresüberschuss sein**. Die Aussage, die sogar in manchen Büchern zu
finden ist, dass Verrechnungspreise die Steuerlast beeinflussen
ist immer noch richtig, wenn auch in der Bedeutung stark abneh-
mend. Die weitere Aussage, dass Verrechnungspreise die Gewinn-
höhe nicht beeinflussen, ist schlicht falsch. Es geht nicht nur darum, an welcher Stelle Gewinne ausgewiesen werden, es ist keine

Verteilung eines gegebenen Gewinns. Verrechnungspreise beeinflussen die Nachfrage nach internen Leistungen, das verändert die Kosten. Verrechnungspreise können Vertriebsverhalten beeinflussen, das verändert den Ertrag. Umso bedauerlicher ist es, wenn Controller Verrechnungspreise allein der Finanz- und Steuerabteilung überlassen.

Es geht also um die Frage, wie selbstständige Einheiten innerhalb eines größeren Ganzen gesteuert werden können. Schmalenbach nannte das die »pretiale Lenkung«. Der Name ist nicht mehr üblich – das Ziel aber ist gleich geblieben: knappe Ressourcen effizient einzusetzen. Darum lautet die Hauptaufgabe, Leistungen im Konzern durch die Nachfrage zu steuern (»controllen«), d.h. anzubieten oder zu begrenzen. Indem dies über einen Preis geschieht, werden hierarchische Entscheidungen reduziert und der Markt als Koordinationsinstrument in die Firma eingeführt. Nur wenn der Nutzen größer ist als die Kosten in Form des Verrechnungspreises, wird die Leistung nachgefragt. Mit steigendem Preis sinkt die Nachfrage, weil bei immer weniger Abteilungen der Nutzen überwiegt. Der Verrechnungspreis steuert damit wirksam die Nachfrage der Leistungsnehmer.

Schmalenbachs Idee scheint damit bestechend einfach: mangels »Allwissenheit« der Zentrale, soll die Koordination einzelner Bereiche dezentral und damit eigenverantwortlich durchgeführt werden. Die Weiterführung dieses Gedankens wird heute mit Center Organisation bezeichnet und das passende Schlagwort lautet »all business is local« Jeder Manager maximiert seinem Nutzen/Bonus und dazu handelt er gemäß den Erfordernissen vor Ort. Erfahrene Controller wissen jedoch, dass vorhandene Spielräume von den Abteilungen schnell zur Durchsetzung eigener Interessen genutzt werden. Das Konzept funktioniert darum nur, wenn der Bereichsegoismus zum maximalen operativen Gewinn des Gesamtunternehmens führt. Die Verbesserung des Bereichserfolgs muss zugleich der gesamten Firma nutzen und darf nicht zu Lasten anderer Bereiche gehen. Es braucht flankierend passende Zielmaßstäbe und Verrechnungspreise.

Umlagen – Sünde der Betriebswirtschaft

Die Einführung eines internen Marktes verursacht selber Kosten. Ein Teil der erwarteten Effizienz wird damit ‚wieder aufgefressen'. Darum muss zunächst gefragt werden, welcher Nutzen aus der Kostenzuordnung erwartet wird und ob es nicht Alternativen gibt, die den gleichen Nutzen mit weniger Aufwand erbringen können. In der Praxis wird dazu häufig die Umlage genannt. »Einer muss die Kosten ja tragen«, heißt es nicht selten. Die wichtigste Aufgabe dieses Kapitels ist es daher, zu zeigen, dass die Umlage für die Zwecke der internen Steuerung nicht nur völlig wirkungslos ist, sondern im Gegenteil erhebliche Fehlinformationen und Fehlanreize produzieren kann.

Angenommen sei ein Bereich, der mit dem Verkauf zweier Produkte/Dienstleistungen einen DB II von 1.000 Euro erzielt. Jeder der beiden Artikel erbringt einen positiven DB I (vgl. Abb. 4.2). Würde man eine Umlage der Vertriebskosten nach einem Umsatzschlüssel berechnen, so würde bei beiden Artikeln ein positives Artikelergebnis (kein echter DB II) von 143 bzw. 857 ausgewiesen.

Wie wirkt sich eine Verschlechterung des Verkaufspreises aus? Nehmen wir an, dass der am Markt schlechter positionierte Arti-

Basisdaten	A	B	Summe
Verkaufspreis	80	50	
Wareneinstand	50	30	
DB I/Stück	30	20	
Absatz	100	400	500
Umsatz	8.000	20.000	28.000
– Proko d. Abs.	5.000	12.000	17.000
= DB I	3.000	8.000	11.000
– Vertrieb			10.000
= DB II			1.000

Abb. 4.2: Umlage-Beispiel – Basisdaten

kel B unter Preisdruck gerät. Zur Vereinfachung sei mit 10 % gerechnet. Damit wird die Marge von B schlechter, während Artikel A unverändert am Markt verkauft wird. Da sich die Marge um 2.000 Euro verringert, weist der Gesamtbereich nun einen Verlust von 1.000 Euro aus. Jeder einzelne Artikel erbringt weiterhin einen positiven DB I.

Doch welches Bild zeigt eine Umlage? Das schlechter gewordene Ergebnis des Artikels B ist auch bei der Umlage erkennbar. Der Effekt für Artikel B beträgt aber nicht 2.000 Euro.

Umlage nach Umsatz	A	B	Summe
Verkaufspreis	80	45	
Wareneinstand	50	30	
DB I/Stück	30	15	
Absatz	100	400	500
Umsatz	8.000	18.000	26.000
– Proko d. Abs.	5.000	12.000	17.000
= DB I	3.000	6.000	9.000
– Vertrieb	3.077	6.923	10.000
= Artikelergebnis/DB II	–77	–923	–1.000

Abb. 4.3: Umlage-Beispiel – Informationsverschleierung auf Artikelebene

Der Gesamteffekt zeigt, was passiert ist. Der DB I sinkt insgesamt zwar um 2.000 Euro, nämlich für 400 Stück à 5 Euro. Das Artikelergebnis von B sinkt jedoch nur von 857 auf –923 Euro, also um 1.780 Euro. Denn auch das bei Artikel A ausgewiesene Ergebnis verschlechtert sich; und zwar um 220 Euro. Die fehlenden 220 Euro wurden damit fälschlich dem Artikel A zugewiesen. Die Umlage erzeugt damit zwei falsche Informationen: Sie verharmlost das Problem bei Artikel B und lenkt zugleich einen Teil der Aufmerksamkeit auf Artikel A. Was bei diesem einfachen Beispiel für den geübten Leser absehbar war, wird in der eigenen Praxis schnell undurchschaubar: Materialpreise, Materialmengen und Abfallraten ändern sich genauso wie Sortimentsmix, Seriengrößen und Rüstzeiten; von Verkaufspreisen und Erlösschmälerungen nicht zu reden. Und dann umfasst das Sortiment meist mehr als zwei Artikel.

Bei einer Umlage werden schnell auch Verhaltensanreize zerstört. Ein Beispiel wäre der IT-Helpdesk. Eine Verrechnung würde auf Basis z. B. der getätigten Anrufe erfolgen, so dass »Vieltelefonierer« mit mehr Kosten belastet werden. Die Umlage der IT-Hotline z. B. klassisch nach »Anzahl Köpfe« bedeutet, die Kostensteigerung gemäß dem Anteil der Köpfe auf alle Abteilungen zu streuen. Es trifft jeden, ob man nun angerufen hat oder nicht. Wer überproportional viel telefoniert, profitiert davon, nur einen Teil dieser Kosten tragen zu müssen. Anstelle einen Mitarbeitern zur EDV-Schulung zu schicken, deren Kosten allein die eigene Abteilungs-KSt belasten, lässt man den Mitarbeiter lieber weiter ungeniert beim Helpdesk anrufen. Die Kosten dafür zahlen ja teilweise die übrigen Abteilungen. Es ist ein klassisches Trittbrettfahrer-Problem. Was bei einem Mitarbeiter noch harmlos mit »Anreizproblem« bezeichnet wird, wächst sich über ein großes Unternehmen schnell zu einem ordentlichen Kostenproblem aus. »Schließlich sind die anderen Abteilungen auch nicht blöd«. Das ist vermutlich der Grund, warum viele IT-Services über sog. »Tickets« abrechnen, d.h. eine echte Verrechnung nach Vorgängen vornehmen. Und wenn auch damit noch nicht alle Nachteile der Umlagen genannt sind, sollte es eindringlich genug gewesen sein, auf sie zu verzichten.

Grenzen der Internen Leistungsverrechnung (ILV)

Verrechnungspreise simulieren einen »Markt in der Firma«, weil höhere Preise die Nachfrage nach internen Leistungen begrenzen sollen. Es muss vorab klar sein, dass dies nur einer von mehreren Wegen ist, um eine effiziente Steuerung der Organisation zu erreichen. Viele Probleme können nicht über einen Marktmechanismus gelöst werden. So sollen manche Leistungen gar nicht über Nachfrage gesteuert werden. Dazu zählen

beispielsweise die Innenrevision oder der Werksschutz. Weiter
wäre zu prüfen, ob ein höherer Preis wirklich zu weniger Nachfrage führt. Das Sekretariat benötigt einen PC-Arbeitsplatz. Daran würde auch eine Preiserhöhung durch die EDV nichts ändern. Mit diesen beiden Überlegungen scheiden eine ganze
Reihe interner Leistungen bereits als Anwendungsfall für Verrechnungspreise aus. Letztlich stellen Verrechnungspreise ein
System dar, in dem der Nutzer nach dem Prinzip der Inanspruchnahme bezahlen muss. Es will also überlegt sein, welche
Abteilungen »der Art nach« geeignet sind, ihre Leistungen über
Verrechnungspreise den internen Kunden in Rechnung zu stellen und wo zugleich die Höhe des Verrechnungspreises wirksam ist. Nur der Vollständigkeit halber: Es ist trotzdem sinnvoll,
die anfallenden PC-Kosten zu verrechnen. Die Kostenzuordnung wird genauer und damit die Basis der Kalkulation. Es geht
nicht immer nur um Effizienz.

Darüber hinaus sollte eine Leistung »der Höhe nach« zur Verrechnung geeignet sein. Die Kostenpositionen müssen bedeut-
sam genug sein, dass eine angemessene Kosteneinsparung erwartet werden kann; schließlich verursacht die Einführung
eines Verrechnungspreis-Systems Mühe. So wurde in einem Unternehmen darüber diskutiert, »warum der Preis für den Locher
bei der Büromaterial-Ausgabe so hoch sei?« Zwei Vertreter der
Sparte als Kunden und zwei Mitarbeiter des Service Centers
konnten darüber fast eine halbe Stunde diskutieren. Das ist ein
typisches Erlebnis bei der erstmaligen Einführung von Verrechnungspreisen. Weil das große Ganze so schwer überschaubar
und damit schwer nachprüfbar ist, klammert man sich schnell
an Details. Dort fühlt man sich kundig. Hätte man sich streng an
die beiden Kriterien »der Art und der Höhe nach« gehalten, dann
wäre die Diskussion wohl unterblieben. Erstens soll die Nachfrage nach Lochern nicht eingeschränkt werden, denn sonst müsste
man wohl »Abteilungs-Locher« einführen. Schon hier merkt
man, dass die Diskussion widersinnig ist. Zweitens wird immer
dann ein Locher nachgeordert, wenn ein neuer Mitarbeiter kommt.

Darauf hat die Höhe des Verrechnungspreises nun einmal keinen Einfluss. Drittens hätte man sich fragen können, wie viele Locher in der Sparte in einem Jahr neu von der Materialausgabe bezogen werden? Selbst wenn man als Kunde einen besseren Preis bei der Materialausgabe verhandelt hätte, dann wären die Kosten für die Verhandlung vermutlich höher ausgefallen als die Ersparnis. Ganz abgesehen davon, dass diese Ersparnis nur aus Abteilungssicht existiert. Für das Gesamtunternehmen ist es ein Nullsummen-Spiel. Auch der Verweis auf externe Marktpreise wie z. B. einen Bürofachmarkt ist letztlich ein gedanklicher Irrweg. Bereits die Vorstellung, jeder Mitarbeiter würde sich seine Locher, Bleistifte, Radiergummis und so weiter selber während der Arbeitszeit beschaffen, die Rechnung einreichen und auf seine Kostenstelle kontieren lassen, ist so pervers, dass man es kaum aufschreiben mag. Trotzdem findet man in vielen Unternehmen nicht nur solche Diskussionen, sondern auch die Verbuchung einer einzelnen Packung Stifte. Als Beobachter fragt man sich unwillkürlich, ob die Firma bereits in allen anderen Fragen derart effizient geworden ist, dass sie sich nun solchen Kleinigkeiten zuwendet oder ob es ihr immer noch so gut geht, dass der enorme Aufwand nicht hinterfragt wird. Das hat mit sinnvoller Verrechnung nichts zu tun.

In ganz kleinen, oft noch Eigentümer geführten, Unternehmen hat der Chef noch die nötige Übersicht. Er kann anordnen, welche internen Leistungen in welchem Umfang erbracht werden müssen. Eine interne Leistungsverrechnung bringt dort keinen Nutzen, verursacht aber erheblichen Aufwand. Unter dem Aspekt »Effizienz in eigener Sache« sollte die ILV dort unterbleiben. Mit steigender Größe und Komplexität der Organisation, insbesondere bei einer Matrix-Organisation (vgl. Kapitel 5) mit mehreren Sparten, überwiegt der Schmalenbach'sche Gedanke, dass die »Bewertung der gegenseitigen Leistungen« zur Koordination erforderlich wird.

Grundprinzipien der ILV

Wenn entschieden wurde, dass die Verrechnung grundsätzlich sinnvoll ist, dann muss festgelegt werden, wovon die Höhe der verrechneten Kosten abhängt. Die Motivationsfunktion der Kostenverrechnung resultiert aus der Anbindung an den Zielmaßstab. Im Sinne des Management by Objectives sollte der Zielmaßstab (allein) durch die Handlungen des Manager beeinflussbar sein. Während eines Budgetjahres gilt deshalb:

Verrechnete Kosten =
Ist-Leistungsmenge * Standard-Verrechnungspreis

Die folgende Tabelle Abb. 4.4 gibt einige Beispiele, wie Firmen dieses Prinzip umgesetzt haben:

Leistung	Leistungsmenge (im Ist gemessen)
Projektarbeit	Geleistete Stunden
PC-Arbeitsplätze	Eingerichtete Plätze
Datensicherung	In Anspruch genommene Megabyte
Raumkosten	Genutzte Quadratmeter
Lagerlogistik	Lager-Picks, Palettenbewegungen
Transportlogistik	Gefahrene (Tonnen-)km
Personalabteilung	Lohn-/Gehaltsabrechnungen
Inhouse-Consulting	(halbe) Beratungstage
Buchhaltung	Durchgeführte Buchungen
Instandhaltung	Geleistete Reparaturstunden
Kantinenzuschuss	Ausgegebene Essen
usw.	

Abb. 4.4: Beispiele für Leistungsmengen in der Verrechnung

Es fällt auf, dass sich gerade im Bereich der Service Center die durchgeführte Aktivität geradezu als Leistungseinheit anbietet. Die Nähe zur Prozesssicht drängt sich auf. Das ist nicht mit der Prozesskostenrechnung gleichzusetzen. Für viele Services ist sie jedoch nützlich, wenn sie für andere Zwecke bereits vorhanden ist. Falls nicht, sollten möglichst solche Größen verwendet werden, die wenig Erhebungsaufwand bedeuten. Am besten verwendet man Größen, die für andere Zwecke bereits im EDV-System verfügbar sind. Es wäre doch Ironie, ein System zur Effizienzsteigerung aufzubauen, das extreme Ressourcen zur Selbststeuerung verschlingt.

Veränderungen in den Kosten des Service Centers haben dann keine Auswirkung auf den Leistungsabnehmer. Die Preisliste des Service Centers wird analog der Speisekarte im Restaurant gehandhabt: der ausgewiesene Preis gilt und kann nachträglich nicht geändert werden. Wie würden Sie es denn als Restaurantbesucher privat finden, wenn Essen und Getränke nicht gemäß einer festen Preisliste in Rechnung gestellt würden? Ich stelle mir den Oberkellner eines unserer Seminarhotels vor, der Ihnen mitteilt, dass Sie als Gast heute leider etwas mehr zahlen müssen, weil die Kosten der Küche auf die (leider wenigen) anwesenden Gäste umgelegt worden seien. Er könnte sein Verhalten sogar begründen: Das machen viele der Controller, die bei ihm die Seminarwoche verbringen in ihrer Firma ganz genauso. Wenn Sie, lieber Leser, das gerade nicht logisch finden, dann gilt das nicht nur im Privatleben. Schließlich ist das Restaurant selber ein Unternehmen. Dann sollte die Erkenntnis künftig Konsequenzen für die eigene Firma haben.

Die Neuverhandlung von Preisen findet im Regelfall erst mit dem nächsten Budget statt. Der Nachfrager steuert seine Kosten dann ausschließlich über die nachgefragte Menge. Aber was wäre, wenn die nachgefragte Leistungsmenge geringer ausfällt als erwartet und nicht alle Kosten weiterbelastet werden? Die Differenz hat beim Service Center zu verbleiben. Das Service-Center wird dagegen verlangen, dass es sich im Rahmen der Verrechnung »auf Null entlasten« darf. Als erste Begründung hört man manchmal, dass alle Kosten wieder herein verdient werden müssen. Das stimmt, ist aber Aufgabe der Kalkulation und also ein komplettes Missverständnis in der Argumentation. Als zweite Begründung wird oft angeführt, die Kosten könnten ja nicht auf der Kostenstelle verbleiben. Das ist nur scheinbar richtig. Selbstverständlich müssen alle Kosten in der Ergebnisrechnung auftauchen. Das ist aber keine Begründung dafür, dass die Kosten den Umweg über eine andere Kostenstelle nehmen müssen. Es macht weniger Arbeit, verbleibende Kosten des Service Centers direkt in der Ergebnisrechnung abzubilden.

Die Ergebnisrechnung beinhaltet damit Posten, die direkt von einer Kostenstelle in die Ergebnisrechnung gebracht werden: das sind alle Kosten von Cost Centern. Außerdem zeigt sie Posten, die mittels einer internen Leistungsverrechnung als sekundäre Kosten von einer Kostenstelle zu einer anderen weiter belastet wurden und darum nicht beim Leistungsersteller der Leistung sondern beim Leistungsnehmer ausgewiesen werden. Das umfasst einerseits die Fertigung und andererseits alle Service Center. Die bisherigen Überlegungen sind in der folgenden Darstellung zusammengefasst.

Abb. 4.5 verdeutlicht nicht nur die bisherige Diskussion, sondern beantwortet zugleich die noch offene Frage, wie in der klassischen Sicht der »interne Preis« für die am Markt zu verkaufenden Produkte und Dienstleistungen festgelegt wird: nämlich mit Standard-Produktkosten. Der Zusatz »Standard« setzt die im Kapitel 2 beschriebenen Überlegungen fairer Zielmaßstäbe um und passt zum obigen Restaurant-Beispiel. So bleiben die verschiedenen Rechnungswesen-Elemente zueinander konsistent! Deshalb sollte die interne Leistungsverrechnung hiervon möglichst nicht abweichen. Konsistenz ist wichtiger als Harmonisierung des Rechnungswesens. Das bedeutet zugleich einen Bruch mit dem Steuerrecht. Dort sind Produktkosten kein zulässiger Verrechnungspreis. Methodisch wäre die cost-plus-Methode noch am dichtesten dran. Die Differenz zwischen Produkt- und Herstellungskosten, d.h. die anteiligen Gemeinkosten im Fixkostenbereich zzgl. eines Gewinnzuschlags, kann bei der Vertriebssteuerung jedoch schon einen erheblichen Unterschied bedeuten. Sind die Vertriebsanstrengungen dann noch auf das rentabelste Produkt gerichtet?

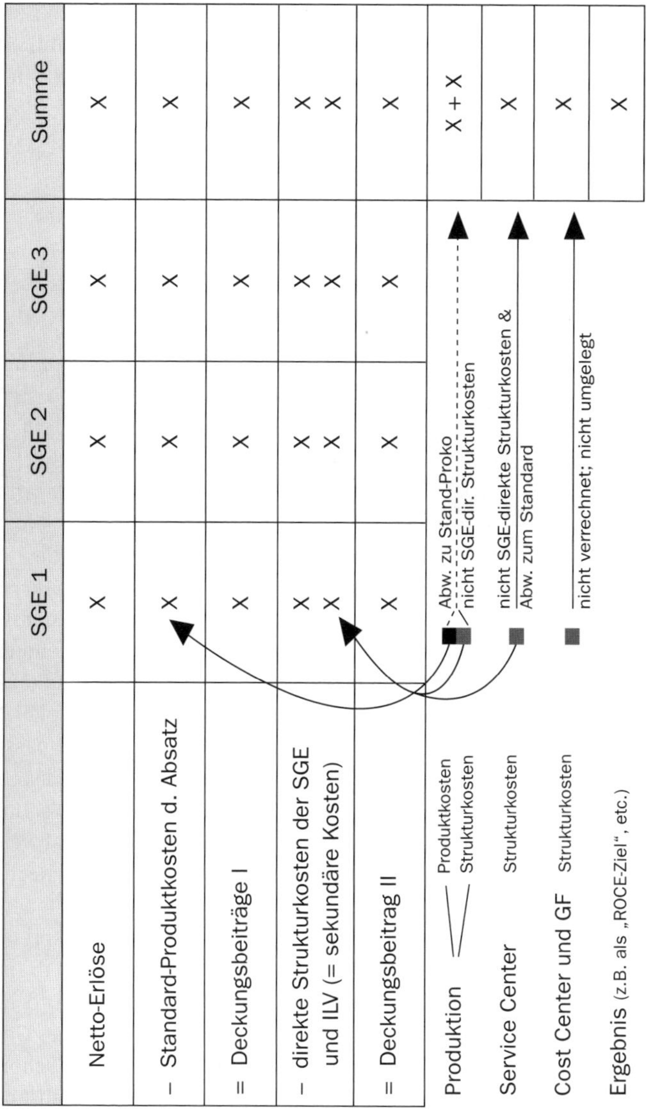

	SGE 1	SGE 2	SGE 3	Summe
Netto-Erlöse	X	X	X	X
– Standard-Produktkosten d. Absatz	X	X	X	X
= Deckungsbeiträge I	X	X	X	X
– direkte Strukturkosten der SGE und ILV (= sekundäre Kosten)	X X	X X	X X	X X
= Deckungsbeitrag II	X	X	X	X + X
Produktion	Produktkosten / Strukturkosten			X
Service Center	Strukturkosten			X
Cost Center und GF	Strukturkosten			X

Abw. zu Stand-Proko nicht SGE-dir. Strukturkosten

nicht SGE-direkte Strukturkosten & Abw. zum Standard

nicht verrechnet; nicht umgelegt

Ergebnis (z.B. als „ROCE-Ziel", etc.)

Abb. 4.5: Spartenergebnisrechnung mit Verrechnung – State of the Art

Manchmal ist diese Verschleierung des DB I ggb. dem einzelnen AD-Mitarbeiter aber auch gewünscht. Was er nicht weiß, kann er seinem nächsten Arbeitgeber auch nicht mitteilen. Diesen Gedanken müssen wir zum Ende von Kapitel 5 wieder herholen.

Diese kurze Überlegung zeigt bereits, dass die Abwägung, nach welcher Methode der jeweilige Verrechnungspreis bestimmt werden soll, nicht einfach ist. Es gibt so viele verschiedene Methoden, wie es Zwecke oder Abteilungen gibt. Im Folgenden eine Übersicht über wichtige Varianten der internen Leistungsverrechnung.

Man darf fragen, ob Produktkosten überhaupt zur Verrechnung gehören. Sie sind, wie bereits mehrfach im Buch beschrieben, der klassische Fall der Ergebnisrechnung. Angesichts der Tatsache, dass es mittlerweile Firmen gibt, die einen ‚Profit' für ihre Produktion ausweisen, ist es vielleicht wichtig, einmal eine Gegenposition zu beziehen und ja, die Verrechnung erzeugt sekundäre Kosten – eben auch Proko. Zwei weitere häufig in der Praxis zu findende Varianten sind die Orientierung an Marktpreisen (»korrigierte Marktpreise«) und so genannte Service-Level-Agreements (SLAs) – eine Verhandlungslösung. Letztere sollen im Folgenden etwas näher betrachtet werden.

Kostenorientiert	Marktpreisorientiert	Sonstige
Produktkosten	Unkorrigierte Marktpreise	Service-Level-Agreements (SLA)
Produktkosten plus getrennte anteilige Strukturkosten je Monat	Marktpreise korrigiert bzgl.: Beschaffungsnebenkosten, Vertriebs- und Marketingkosten, Sonderkonditionen	Knappheitspreise (inkl. Opportunitätskosten)
Voll- bzw. Selbstkosten	Unkorrigierte Listenpreise	Duale (‚doppelte') Verrechnungspreise
Selbstkosten plus Gewinnanteil	Listenpreise korrigiert bzgl. …	Gewinnpooling

Abb. 4.6: Wichtige Varianten der internen Leistungsverrechnung in Anlehnung an Coenenberg, A. G. (2003)

Service-Level-Agreements

Wenn der Markt vom Prinzip her geeignet ist, wirtschaftliche Vorgänge effizient zu koordinieren, dann ist die Übertragung von Marktmechanismen in die Firma eine Prüfung wert. Wie am externen Markt auch, gibt es auch in der Firma unterschiedliche Anforderungen an die Qualität interner Services. Interne Leistungsvereinbarungen erlauben den dezentralen Bereichen, die von ihnen benötigten Eigenschaften der internen Leistung bzw. des internen Produkts mit dem Service Center auszuhandeln. Manche Unternehmen haben Sorge vor langen Verhandlungen und erheblichem Streitpotenzial. Das muss aber nicht sein. Aus der praktischen Übung heraus gibt es eine ganze Reihe Empfehlungen, um Service-Level-Agreements (SLA's) zielgerichtet und effizient einzusetzen. Der Verband der Chemischen Industrie hat bereits Ende der 90er Jahre Empfehlungen zu Leistungsvereinbarungen veröffentlicht. Ungezügelte interne Märkte sind genauso wenig wünschenswert wie das bei externen Märkten gilt. Die wichtigsten Regeln lauten in Kurzform:

- Verhandlungshäufigkeit
  Regelmäßig wiederkehrende Leistungen werden im Rahmen der Planung (Budgetjahr) vom Abnehmer angefragt. Projekte und einmalig benötigte Leistungen werden bei Bedarf angefragt. Innerhalb des Budgetjahres findet keine Nachverhandlung über den Leistungskatalog statt.

- »Last Call«-Regel
  Es dürfen externe Angebote vom Markt eingeholt werden (nicht bei Unterauslastung!). Diese sind dem internen Anbieter vorzulegen, damit er ein Angebot abgeben kann. Bietet er den gleichen Preis, dann muss der Leistungsabnehmer intern beziehen (Abnahmezwang).

- Unterauslastungs-Regel
  Im Falle freier internen Kapazitäten ist die abnehmende Einheit verpflichtet, die Leistung intern zu beziehen (Abnahmezwang). Der Bezugspreis ist dann maximal der Marktpreis.

Sofern kein Marktpreis existiert, sind es (mindestens) die Produktkosten.

- Einheitspreis-Regel
  Der Anbieter darf preislich nicht zwischen verschiedenen internen Abnehmern unterscheiden. Eine Leistungsart kostet für alle internen Abnehmer gleich viel (»Meistbegünstigung«). Eine Preissenkung wird automatisch auf alle Abnehmer übertragen. Lediglich Preise, die aus take-or-pay-Verträgen stammen, werden nicht übertragen.

- Schlichtungs-Regel (Eskalations-Regel)
  Kommt es zwischen Leistungserbringer und –abnehmer zu Streitpunkten, muss die nächsthöhere Hierarchieebene das Problem lösen. Alternativ kann eine neutrale Instanz, z.B. die Controlling-Abteilung, als Schlichter eingesetzt werden.

- Interne Priorität
  Bietet der Leistungserbringer auch am externen Markt an, so ist er verpflichtet, interne Leistungsabnehmer in den Dimensionen Preis, Qualität und Zeit mindestens so gut wie externe Nachfrager zu behandeln.

- Leistungskatalog (Verhandlungsgegenstand)
  Der Katalog enthält verschiedene Leistungsarten, deren Qualitäten (wie z.B. zeitliche und inhaltliche Toleranzen) die Preise je Leistungsart und eine Orientierung zur geplanten Menge. Sofern der Abnehmer eine feste Mengenzusage macht, ist er auch daran gebunden. Er zahlt in diesem spezifischen Fall auch bei Nicht-Abnahme (»take-or-pay«). Im Gegenzug kann er Sonderkonditionen aushandeln.

- Vollständigkeit und Wesentlichkeit
  Bei Verhandlungen ist die Relation von Aufwand und Nutzen zu beachten. Es sind nur solche Leistungsarten aufzunehmen, die für mindestens eine der beiden Seiten wesentlich sind. Die für eine der beiden Seiten relevanten Eigenschaften (z.B. Qualität, Service, etc.) der Leistung sind vollständig zu erfassen.

Bereits mit diesen wenigen Regeln lässt sich der Vereinbarungs-prozess sehr effizient gestalten. Da außerdem beide Seiten nur Sachverhalte vereinbaren, mit denen sie »leben können«, d. h. ggb. den eigenen internen und externen Kunden vertreten kön-nen, wird auch die Leistungsqualität und die Leistungsmenge beeinflusst. Die Veränderung der Leistungsqualität ist sogar ein Schritt über die reine Effizienz hinaus. Es geht nicht mehr nur um den minimalen Ressourceneinsatz zur Erbringung einer definier-ten Leistung, vielmehr wird damit deren Effektivität berührt, d. h. die Ausprägung der Leistung wird verändert. Die erweiterte Frage lautet daher, welche Art Leistung ist erforderlich, um die vereinbarten Ziele zu erreichen. Darum wundert es nicht, dass es eine Reihe ergänzender Empfehlungen, z. B. zur Strategiekonfor-mität, gibt, die den Vereinbarungsprozess der SLA's sinnvoll ab-runden. Aber das ist ein Thema für Unternehmen, die bereits er-folgreich SLA's etabliert haben.

Meist werden sich in diesem Prozess auch Strukturen verändern, was nicht als Nachteil aufgefasst werden darf. Ein prominentes Beispiel ist die bei vielen Konzernen eingeführte Variante, die IT-Leistungen mittels sogenannter »Tickets« zu erfassen, zu bearbei-ten und auch in Rechnung zu stellen. Die organisatorische Ände-rung schafft zunächst einmal Mehraufwand, insbesondere verlangt sie nach geeigneter Software-Unterstützung. Sie basiert auf einem vordefinierten Leistungskatalog, der die absolut über-wiegende Anzahl der internen IT-Services abdeckt. Aus diesem können die Abteilungen wählen. Nur besondere Wünsche müssen noch angefragt und aufwändig verhandelt werden. Das hält den Prozess einfach und hilft ihn zu automatisieren. Erst durch die Verwendung von Leistungskatalogen lässt sich die Verrechnung jeder einzelnen Leistung mit der Ist-Menge rechtfertigen und durchführen. Im Verlauf mehrerer Jahre bleiben die allermeisten Leistungen konstant. Nur der Preis muss bzw. kann einmal jähr-lich im Rahmen der Budgetplanung neu angepasst werden.

Das Beispiel der IT-Tickets zeigt zugleich ein wichtiges Grund-prinzip aller Verrechnung: es sollte sich um regelmäßig wiederkehrende Leistungen / Prozesse / Produkte handeln. Der Verhandlungsaufwand hält sich darum nach der Einführungsphase in sehr engen Grenzen.

Marktpreise

Schwieriger als zu vermuten wäre

Zum Abschluss dieser Einführung in das Thema Verrechnungspreise sollen noch die Marktpreise betrachtet werden. Wegen der Nähe zur steuerlichen »Resale minus«-Methode (»Marktpreis minus«) erfreut sich dieses Verfahren in der Praxis ebenfalls größerer Beliebtheit. Die betriebswirtschaftliche Logik, die den »korrigierten Marktpreisen« zu Grunde liegt, ist mit der steuerlichen Logik eng verwandt. Zunächst soll aber diskutiert werden, warum es problematisch ist, wenn ein Marktpreis unkorrigiert auf die Firma übertragen wird. Auf den ersten Blick scheint es natürlich, den/einen Marktpreis als Verrechnungspreis zu verwenden, weil doch ein »interner Markt« angestrebt wird. Anhand eines Beispiels sollen aber auch die nötigen Voraussetzungen diskutiert werden, damit Marktpreise zu den – oft behaupteten – optimalen Ergebnissen führen.

Unter der Voraussetzung der nachfolgenden fünf Bedingungen führen Marktpreise zum maximalen Konzernergebnis, weil Bereichsinteresse und Konzerninteresse gleichgerichtet sind. Sie lauten kurz gefasst (vgl. ausführlich Coenenberg, 2003, S. 527).

1. Interner Kunde und interner Lieferant haben (unbeschränkten) Zugang zum Markt.
2. Externe und interne Leistung sind äquivalent und es existiert ein einheitlicher Marktpreis.
3. Die interne Leistung kann auf dem externen Markt unbeschränkt abgesetzt oder zugekauft werden.
4. Der Verrechnungspreis bildet alle internen Verbundvorteile (-nachteile) als Korrektur zum Marktpreis rechnerisch ab. Nicht rechnerisch abbildbare Verbundeffekte gibt es nicht.

5. Der Verrechnungspreis wird schwankenden Marktpreisen auf dem externen Markt angepasst. Ausnahme sind kurzfristige Kampfpreise auf dem externen Markt.

Wenn diese fünf Voraussetzungen erfüllt sind, führt der Marktpreis (als Verrechnungspreisvariante) zum optimalen Konzernergebnis. Bevor wir die »wilden« Annahmen kommentieren, ist zu zeigen, dass der Marktpreis dann tatsächlich die Koordination dezentraler Einheiten übernehmen kann und das Ergebnis, d.h. den »Kuchen vor Steuern«, maximiert.

Angenommen sei ein von Sparte A hergestelltes Vorprodukt, das einerseits eigenständig vertrieben und andererseits auch an Sparte B konzernintern zum Marktpreis geliefert würde. Dort wird es veredelt und extern weiter verkauft.

Unter obigen fünf Annahmen ist es der Sparte A egal, ob sie an den Markt oder an die Konzernschwester Sparte B liefert. Sie realisiert immer einen DB I von 10. Gleichermaßen ist es für die Sparte B gleichgültig, ob sie das Vorprodukt aus dem Konzern oder vom Markt bezieht. Auch ihr Ergebnisbeitrag von 20 wird davon nicht berührt. Mit dieser Ausgangssituation führt ein Verrechnungspreis des Vorprodukts in Höhe des Marktpreises nicht nur zum optimalen Konzernergebnis, sondern zugleich auch zum optimalen Bereichsergebnis. Zwei Beispiele zeigen stellvertretend, dass diese Aussage auch für Abweichungen von der Ausgangssituation gilt.

	Vorprodukt	Endprodukt	Konzern (konsolidiert)
Marktpreis	100	200	200
− Verrechnungspreis des Vorprodukts	–	100	–
− Produktkosten der Stufe	90	80	170
= Quasi-DB I / echter DB I	10	20	30

Abb. 4.7: Der Marktpreis als interner Verrechnungspreis des Vorprodukts

In **Variante 1** sei ein einmaliger Zusatzauftrag für Sparte B zum Preis von 170 angenommen. Sparte B nimmt den Zusatzauftrag nicht an, da der Stückdeckungsbeitrags »–10« beträgt. Am Innenverhältnis ändert sich dadurch nichts. Sparte B benötigt eine unveränderte Menge des Vorprodukts. Für Sparte A ändert sich damit ebenfalls nichts.

Würde der Zusatzauftrag dagegen angenommen, so würde aus Konzernsicht kein Deckungsbeitrag erwirtschaftet. Der negative Ergebnisbeitrag der Stufe B und der gleich hohe, aber positive Ergebnisbeitrag der Stufe A kompensieren sich. Anders ausgedrückt: die Konzernproduktkosten entsprechen genau dem erzielbaren Verkaufspreis. Auf Grund der unbeschränkten Aufnahmefähigkeit (Vorraussetzung 3) des Marktes ist es für den Konzern besser, zusätzliche Vorprodukte an den externen Markt zu liefern. Dort wird ein DB erwirtschaftet. Eine Unterauslastungsproblematik kann wegen der fünf Annahmen bei keiner der beiden Stufen auftreten. Der Marktpreis als Verrechnungspreis erbringt den maximalen Ergebnisbeitrag für den Konzern.

In **Variante 2** ändere sich der Marktpreis für das von Sparte A erstellte Vorprodukt dauerhaft auf 140. Sparte A übernimmt den Marktpreis als neuen Verrechnungspreis. Sie erzielt nun mit 50 einen höheren Ergebnisbeitrag. Sparte B sieht sich erheblichem Sparzwang ausgesetzt. Da sich der Marktpreis für das Endprodukt mit 200 nicht verändert hat, ergibt sich für Sparte B ein negativer Stückdeckungsbeitrags von –20. Zumindest kurzfristig wird die Sparte dieses veredelte Produkt nicht mehr anbieten, sofern von weiteren Problemen (z. B. Unterauslastung, strategische Fragen, Kundenanforderungen, etc.) abgesehen wird. Sparte A kann ihr Vorprodukt deshalb nur noch extern anbieten. Diese Entscheidung der beiden Sparten ist für den Konzern zugleich das bestmögliche Ergebnis. Der Konzern erzielt einen DB I von 50 aus der Lieferung des Vorprodukts an den externen Markt. Jede interne Lieferung würde auf Grund des negativen DB I der Sparte B das Ergebnis verschlechtern. Wiederum erbringt der gewählte Verrechnungspreis das maximale Ergebnis. Und, wie eingangs gefordert, braucht es keine zentralen Vorgaben wie z. B. einen Liefer- oder Abnahmenzwang.

Das könnte man für weitere Konstellationen durchdenken. Aber das wäre eine akademische Übung und ginge am Problem vorbei: Wann sind diese fünf Voraussetzungen erfüllt? Fast nie! Daher besteht zu Recht die Befürchtung, dass der Marktpreis auch nicht das optimale Konzernergebnis sicher stellen kann. Zumindest nicht in der obigen Form.

Diese Erkenntnis ist der Grund dafür, dass in manchen Konzernen der Zwang zur internen Lieferung oder zum internen Bezug gilt. Bei optimalen Voraussetzungen wäre das nicht nötig. In der ersten Variante schadet ein interner Bezugszwang zwar nicht, aber er bringt auch keinen Nutzen. In der zweiten Variante taucht das Problem des Bezugszwangs gar nicht erst auf, denn Sparte B hat keinen Bedarf mehr am Vorprodukt. Spiegelbildlich verhält es sich mit dem Lieferzwang. Der Zwang zum internen Bezug bzw. der internen Lieferung der Leistung wäre bei Gültigkeit der fünf Voraussetzungen sinnlos. Aber weil die Vorraussetzungen in der Praxis nicht optimal sind, ist ein interner Liefer- oder Bezugszwang kurzfristig meist sinnvoll. Die Beschneidung dezentraler Kompetenzen kommt jedoch zugleich dem Vorurteil durch die Zentrale entgegen, dass der interne Bezug grundsätzlich, d. h. immer vorteilhaft sei. Der Gedanke mag zutreffend sein (z. B. bei Unterauslastung). Mittelfristig werden damit Kapazitätsanpassung und Vermarktung außerhalb des Konzerns ignoriert.

Besonders interessant wird die Problematik dadurch, dass ein Unternehmen eine effizientere Lösung als der Markt erzeugen muss. Das ist die Existenzbegründung eines Konzerns. Wo Zwang ausgeübt werden muss, da scheint es um den Vorteil schlecht bestellt zu sein! Die Vorteile müssten sich doch in einer Korrekturrechnung zum Marktpreis darstellen lassen. Andernfalls wäre es mittelfristig vielleicht doch besser, die Leistung extern zu beziehen, weil die Tätigkeit weder Kernaufgabe noch Kernkompetenz des Konzerns ist. Das spräche für Outsourcing. Leider sind Verrechnungspreise dafür nur Indikator. Einiges bliebe zu prüfen, um es in eine Investitionsrechnung einfließen zu lassen. Das ist nicht frei von Tücken. Angenommen z. B. ein Pharma-Unternehmen setzt für die Paletten-Bewegungen im Lager den gleichen Preis wie ein externer Dienstleister an: Nach einiger Zeit stellt man fest, dass das eigene Lager nicht mithalten kann und vergibt die Leistung tatsächlich fremd. Dann kann es sein, dass unser Beispielunternehmen eine böse Überraschung erlebt. Die bisher intern nachgefragten Leistungen werden nicht hinreichend beschrieben, d. h. das Lastenheft der Ausschreibung ist unvollständig. Die Kostenvorteile fallen erheblich geringer aus als erhofft. Einige Firmen haben nach einem solchen Schritt höhere Kosten und eine schlechtere Performance als zuvor. Auch kann der externe Anbieter bei der Angebotserstellung einen Kampfpreis machen und einige Zeit später die Preise anheben. Ein Verrechnungspreis ist eine komprimierte Information. Für eine Outsourcing-Entscheidung müsste eine viel feinere Detaillierung vorliegen. Für solche Fragen ist es geschickt, wenn intern nicht nur ein Pauschalpreis für »Lager und Logistik-Dienstleistungen« vereinbart wurde, sondern in Anlehnung an Abb. 4.6 zwischen Picks, Kommissionierung, Palettierung, (Tonnen-)Kilometer, etc. unterschieden wurde. Diese für eine fundierte Entscheidung jetzt nötige Information hätte man dann schon lange Zeit nutzbringend verwenden können, z. B. im Rahmen einer Kundenergebnisrechnung (vgl. Kap. 5, Abb. 5.7).

Ist das Service Center dagegen wettbewerbsfähig, lautet die Aufgabe, den Vorteil aufzuzeigen, den die interne Kunden-Lieferanten-Beziehung bietet (Transparenz) und dann einen Anreiz zu setzen, diesen Vorteil zu nutzen (Motivation). Dann wäre kein Abnahmezwang mehr nötig, weil jeder Manager so handelt, wie es seinen Bonus erhöht. Aber jetzt ergibt sich bei unkorrigierten Marktpreisen ein Dilemma: Gerade weil der Marktpreis gleich dem internen Verrechnungspreis ist, setzt der Marktpreis keinen Anreiz, die Leistung intern zu beziehen.

Es zeigt sich nun, warum Schmalenbach im eingangs zitierten Text (siehe oben) den Verrechnungspreis als einen »eigenartigen

Preis« bezeichnete. Kaum meint man, ihn gefasst zu haben, schon entgleitet er einem. Daraus entsteht in der Praxis ein Problem. Die Mühe einer Diskussion wird gescheut. »Es lässt sich ja alles und jedes diskutieren«, heißt es schnell. Aber eines mag der Leser bedenken.

- Eindeutige Dinge müssen nicht diskutiert werden,
- Nicht-eindeutige Dinge sind uns oft zu mühsam zu diskutieren
- Was wollen wir dann noch diskutieren?

Die Beschränkung auf steuerliche Fragen ist bequem.

Marktpreis – nicht Rechnung sondern Grundsatzfrage

Bezüglich der Verwendung von Marktpreisen ließe sich eine Reihe weiterer Fragen diskutieren. Marktpreise sind nicht immer existent, sie werden durch Marktmacht beeinflusst, sie geben nicht nur den Preis sondern auch ein Qualitätsniveau der Leistung vor, usw. Insbesondere der letztgenannte Punkt spiegelt das genaue Gegenteil der vorher diskutierten SLAs. Durch die Einschränkung des Verhandlungsspielraums auf Null wird der Prozess der Internen Leistungsverrechnung auf die Rechnung reduziert. Die zentrale Vorgabe des Marktleistungsniveaus ist immer dann gerechtfertigt, wenn die Effizienz des internen Prozesses stärkere Bedeutung hat, als die individuelle Entscheidung der Abteilung über die Ausprägung des Produkts oder der Dienstleistung. Die zentrale Entscheidung für einen Markt-Standard ist tendenziell umso eher gerechtfertigt,

- je standardisierter das Zwischenprodukt bzw. die Serviceleistung intern nachgefragt wird
- je größer die Kosten für den Prozess der internen Abstimmung sind
- je geringer die Bedeutung des Zwischenprodukts oder der Serviceleistung für das Marktprodukt ist
- (in Bezug auf Zwischenprodukte) je mehr unsere Marktleistung (Endprodukt) dem typischen Endprodukt am Markt entspricht.

Damit ist klar, dass unveränderte Marktpreise keine gute Lösung darstellen. Zudem wäre es ein Zeichen von Ineffizienz, wenn die Leistung intern so teuer erstellt würde, wie sie extern zu bezahlen wäre. Es gilt leider nicht einmal, dass ein Produkt oder eine Dienstleistung effizient erbracht wird, wenn der Marktpreis unterboten wird. Schließlich ist es die Aufgabe eines jeden Markt-/Verkaufspreises Strukturkostendeckung und Gewinn sicher zu stellen.

Nun möchte man schnell fordern, dass der interne »Quasi-DB« so hoch ausfallen solle wie der echte DB des externen Anbieters. Allerdings ist das weder richtig noch praktikabel. Nicht praktikabel, weil der DB des Marktanbieters im Regelfall unbekannt ist (Ausnahme z.B. open-book-Kalkulation). Nicht richtig, weil die Kosten des Externen sich anders zusammensetzen als bei unserem Service Center. Lohnkosten, Raumkosten, Abschreibungen, etc. werden nicht identisch sein. Insofern würde man »Äpfel mit Birnen« vergleichen. Die Effizienz der Leistungserbringung kann mit der Flexiblen Plankostenrechnung (auch Grenzplankostenrechnung genannt) verbessert werden. Zeichen für effiziente Leistungserbringung ist die Einhaltung des Kostenbudgets. Aber uns geht es ja auch darum, die nachgefragte Leistungsmenge zu beeinflussen, indem der interne Verrechnungspreis die Nachfrage begrenzt. Es sollen nur solche Leistungen nachgefragt werden, die man von seinen Kunden wiederum honoriert bekommt.

Die manchmal zu hörende Aussage »Die internen Kosten für das Produkt sind genauso hoch wie der Preis am Markt, dann kann ich auch intern kaufen« ist zunächst eine wichtige Erkenntnis über den Nutzen des Leistungsempfängers: Es lohnt sogar zum Marktpreis. Aus Gesamtunternehmenssicht aber stimmt die Aussage weiterhin nicht. Das haben wir vorher im Rahmen der Outsourcing-Frage bereits thematisiert. Da Verrechnung nur als Indikator für Grundsatzentscheidungen dienen kann (lohnt der Einstieg in die Investitionsrechnung?), muss immer im Rahmen gegebener Kapazitäten gearbeitet werden. Die Verrechnung zeigt zunächst für jeden positiven Quasi-DB, dass dies prinzipiell das

Konzernergebnis verbessert, ohne das damit eine Aussage über eventuell vorhandene (noch bessere) Alternativen getroffen ist. Das würde kurzfristig für einen Verrechnungspreis auf Produktkosten sprechen – also weit entfernt von Marktpreisen. Das wäre aber nur in ausgeprägten Wirtschaftskrisen mit extremer Unterauslastung richtig.

Mittelfristig ist die Anforderung höher. Die Proko der internen Leistung müssen niedriger ausfallen als der Angebotspreis eines externen Dritten, sofern es sich nicht um Kampfpreise handelt. Das ist eine Grundvoraussetzung effizienter Eigenerstellung und lässt sich leicht überprüfen. Darüber hinaus sind die anteiligen Strukturkosten und damit zumindest teilweise die Auslastung entscheidend im direkten Effizienz-, d. h. Kostenvergleich. Die Kalkulation eines internen Verkaufspreisziels auf Kostenbasis ist eine sinnvolle Ergänzung der Analyse. Es darf gerechnet werden, als ob das eigene Service-Center ebenfalls an den freien Markt liefern wollte. Diese »als-ob«-Kalkulation muss dann Selbstkosten einschließlich eines Gewinnziels beinhalten, sonst könnte sie mangels Ergebniserzielung außerhalb des Konzerns nicht bestehen. Hier lassen sich die Kosten herausrechnen, die intern nicht anfallen. Ironischerweise sind wir bei Marktpreisen gestartet und die Überlegungen haben uns zu Kosten geführt.

Marktpreis – was sich pragmatisch umsetzen lässt

Das Ziel lautet damit, dass der Kostenvorteil des internen Bezugs (sofern vorhanden) in einen korrigierten Marktpreis übersetzt wird. Dann besteht ein Anreiz, die Leistungen intern zu beziehen, d. h. beim Service Center oder im Fall von Zwischenprodukten bei der Produktion einer anderen Sparte. Alle Kosten, die intern nicht anfallen, sind dann vom Marktpreis abzuziehen, Mehrkosten wären hinzuzurechnen. Das fängt mit anteiligen Promotion- und Vertriebskosten an. Sie treten beim externen Anbieter auf, vermutlich aber nicht bei unserem Service Center, zumindest aber in geringerer Höhe. Auch die Deckung anteiliger

Strukturkosten für zentrale Cost Center (z.B. Revision, GF) kann heraus gerechnet werden. Außerdem wird meist der anteilige Gewinn, der im Preis externer Service-Anbieter enthalten ist, heraus gerechnet. Schließlich erzeugt Intercompany-Aktivität kein Ergebnis und soll daher auch keines künstlich ausweisen. Vereinfachend kann man sich an der Umsatzrendite orientieren. Die Positionen der Rechnung sind wie folgt:

Marktpreis
– entfallende Vertriebskosten der Vorstufe
– entfallende Marketingaufwändungen der Vorstufe
– entfallende Beschaffungskosten (inkl. Nebenkosten)
+ hinzukommende Beschaffungskosten (dto.)
(– anteiliges Gewinnziel)
= „korrigierter Marktpreis"

Abb. 4.8: Marktpreiskorrektur der ILV

Die Produktion ist für den Ansatz korrigierter Marktpreise sogar besser geeignet als das Service-Center, weil der Vorteil des internen Leistungsbezugs stärker ist. Meist wird ein intern verwendetes Produkt geringeren Aufwand verursachen als die Verkaufsprodukte. Es durchläuft auf Grund seiner Natur, Vorprodukt zu sein, oft weniger Arbeitsschritte. Auf Transportverpackung und Umverpackung kann meist ebenso verzichtet werden wie auf Begleitdokumentation oder Chargenrückverfolgung. Der geringere Aufwand wirkt sich direkt, z.B. in der Maschinenbelegung und im Material, aber auch indirekt, z.B. der Arbeitsvorbereitung, aus. Weitere Beispiele lassen sich in den Bereichen Lager, Logistik, Rechnungsstellung, Auftragsbearbeitung, usw. finden, wo ebenfalls Aufgaben entfallen. Das ist nicht identisch zur Funktionsanalyse der steuerlichen Sicht, aber eine gewisse gedankliche Nähe lässt sich nicht leugnen.

Sind die relevanten, d.h. kostenträchtigen Unterschiede identifiziert, dann startet die Rechnung beim Marktpreis. Die eigene

Kostensituation wird ignoriert. Die Kalkulation und damit die Kostensituation des externen Anbieters werden pauschal übernommen. Zum Vergleich kann die Rechnung auch auf Basis der intern anfallenden Kosten (inkl. anteiliger Strukturkosten) aufgebaut werden, also über eine Kalkulation der internen Dienstleistung oder des internen Zwischenprodukts. Im Idealfall sollte eine solche »interne Verkaufspreisfindung« zur gleichen Größenordnung führen, wie die Korrekturrechnung des Marktpreises. Die exakt gleiche Höhe wird man selbstverständlich nicht treffen. Der korrigierte Marktpreis entspricht also dem internen Verkaufspreis. Man könnte auch von modifizierten Selbstkosten (mit/ohne Marge) sprechen.

Unabhängig von der Kostensituation: Für die beziehende Einheit folgt – selbst aus nicht korrigierten Marktpreisen – nie ein Nachteil, denn sie zahlt intern genauso viel, wie sie außerhalb des Konzerns auch zahlen müsste. Der Konzern jedoch erzielt auf der Vorstufe einen Quasi-Deckungsbeitrag. Daraus folgt fast automatisch die Frage, ob eine Vorstufe im Konzern einen eigenen «Ergebnisbeitrag» ausweisen muss/kann/darf? Aus Motivationsgründen ist schnell gefordert, dass jede Stufe einen eigenen «Ergebnisbeitrag» ausweisen sollte. Für den Vorgesetzten macht es zugleich das Leben leichter, kann er daran doch eine Zielvereinbarung und ein Bonussystem anknüpfen. Zunächst einmal ist daran zu erinnern, dass die Fertigung auch an dem Zielmaßstab »Kosteneinhaltung« gemessen werden kann. So halten es viele Firmen im Rahmen des Soll-Ist-Vergleichs (SIV). Soll dennoch künstlich ein ‚Ergebnis der Produktion' ausgewiesen werden, dann ist zumindest darauf zu achten, dass Schwankungen des Marktpreises keinen Einfluss auf den Bonus der Fertigung haben. Rein aus steuerlichen Erwägungen heraus sollte es jedenfalls nicht erfolgen.

Für den Fall, dass die Vorstufe sowohl intern als auch extern ihre Leistung anbietet, lassen sich diese nicht addieren. Intern wäre ein flexibles Kostenbudget einzuhalten. Gleichzeitig ist der Zielmaßstab für eine Marktleistung immer eine Ergebnisgröße, also i.d.R.

eine Deckungsbeitragsstufe. Einmal kommt tatsächlich Geld in die Firma und das andere Mal nicht. Trotzdem sollte man sich nur für einen Zielmaßstab entscheiden. Abhängig von der Bedeutung der externen Lieferungen (absolute Höhe, Relation zwischen interner und externer Lieferung, Entwicklung des Geschäfts und strategischer Bedeutung) wird man wohl zu unterschiedlichen Empfehlungen gelangen. In der Praxis gibt es einen deutlichen Trend zur grau unterlegten Variante, der DB-Sicht:

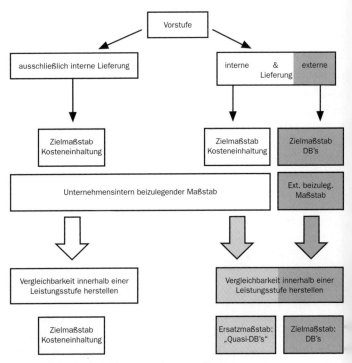

Abb. 4.9: Zielmaßstäbe bei internen und externen Kunden

Sofern die Vergleichbarkeit der Leistung im Vordergrund steht, »passt« auch der »korrigierte Marktpreis« als interner Verrechnungspreis (ohne Korrektur des Gewinnziels).

Bei mehrstufiger Leistungserstellung (Arbeitsteilung) folgt insbesondere in der <u>Produktion</u> ein neues Problem, wenn jede Stufe einen eigenen Quasi-Gewinn ausweist. Das eigentliche Marktprodukt kann auf diese Weise schnell zu teuer werden. Gerade bei der Betrachtung von »Zusatzaufträgen« muss man als Controller sehr aufpassen, nicht methodisch falsch zu rechnen. Hier hilft ein konsolidierter Konzern-DB I auf Basis von sogenannten ‚Gruppengrenzkosten' weiter. Anfallende Steuern und Zölle sollten wegen der Liquiditätswirkung nicht vergessen werden.

Die Kostenstelle, die eine interne Leistung erbringt, ist ihrer Art nach ein Service Center und darum sollte dort prinzipiell kein Ergebnisbeitrag ausgewiesen werden. Mittelzufluss (Liquidität) erfolgt nur von außerhalb des Konzerns, also bei Profit Centern. Der Versuch, über den Marktpreis – letztlich nachträglich und zurückrechnend – einen Ergebnisbeitrag für die Vorstufe zu ermitteln, bleibt ein Umweg. Der Versuch, den externen Markt mittels eines »(korrigierten) Marktpreises« in die Unternehmung zu holen, ist also nicht ganz einfach. Als Orientierung dienen immer die Empfehlungen im Kapitel 2. Sie stellen sicher, dass sich Verrechnungspreise nicht vom übrigen internen Rechnungswesen entkoppeln.

Zusammenfassung

Verrechnungspreise gehen weit über die bloße Zuordnung von Kosten hinaus. Sie koordinieren und steuern die Zusammenarbeit zwischen Abteilungen. Es wird nicht eine konkrete Maßnahme, sondern der Weg der Entscheidungsfindung festgelegt. Mit anderen Worten: Teilweise sollten Art und Umfang der von den Service Centern erbrachten Leistungen nicht zentral sondern dezentral bestimmt werden. Der Bonus dient als Anreiz, die Entscheidung der Manager zu beeinflussen. Bzgl. interner Serviceleistungen ist damit i.d.R. eine Begrenzung der Nachfrage über den Preis gemeint.

Fälschlich werden Marktpreise automatisch mit optimalem Ressourceneinsatz gleichgesetzt. Begründet wird das mit der »Effizienz von Märkten«. Das ist kritisch, denn es vernachlässigt die Frage, ob das Produkt für den Zweck des Abnehmers (bestmöglich) geeignet ist. Damit wird die Beziehung aus Kosten und Nutzen ignoriert und durch die alleinige Betrachtung der Kosten ersetzt. Vor der Frage, ob die Höhe der eingesetzten Ressourcen angemessen ist, muss aber gefragt werden, ob der Ressourceneinsatz den beabsichtigten Zweck erfüllt. Das ist die Stärke der SLA's. Wenn die Effektivität sicher gestellt ist, darf auf die Effizienz geschaut werden. Die dazu nötige Rechnung ist dann vergleichsweise simpel aufgebaut.

Insgesamt stellen sich Verrechnungspreise, selbst in dieser Einführung, schnell als hochkomplexe Materie dar. Ein einfaches Kochrezept à la »man nehme«, bei dem hinterher der Erfolg garantiert ist, das gibt es leider nicht. Zu viele Anforderungen, zum Teil widersprüchlich, sollen mit einer einzigen Zahl gelöst werden. Insofern wundert es nicht, dass auch mehr als 100 Jahre nach Schmalenbach, das Thema nicht annähernd umfassend gelöst ist, mit diesem Anspruch wahrscheinlich auch gar nicht lösbar sein kann. Innerhalb nationaler Grenzen ist Effizienz die Hauptaufgabe der Verrechnung. Bei international tätigen Unternehmen ist in den letzten Jahren die Steuerproblematik in den Vordergrund der Diskussion getreten. Aber das eine Zahl beiden Anforderungen gerecht wird, ist der Ausnahmefall. So zeigen sich in der Praxis zwei Aufgaben: das Bemühen, steuerliche Sanktionen zu vermeiden, ohne das oft bereits vorhandene System der Internen Leistungsverrechnung zu beschädigen. Das lässt sich teilweise leider nur um den Preis parallel geführter Systeme erreichen.

Controlling-Werkzeuge
für den Verkaufsleiter

Die GuV genügt nicht

Nachdem in der Anfangszeit der Betriebswirtschaft der Fokus auf der Produktion lag, hat sich das Problem mittlerweile in vielen Firmen gewandelt. Nicht mehr die Leistungserstellung, sondern der Absatz ist das größte Problem geworden. Das potenzielle Leistungsangebot übersteigt die Nachfrage. Der Vertrieb ist damit zum Engpass in der heutigen Zeit geworden. Auch moderne Finanzinstrumente, wie z. B. Shareholder Value, unterstreichen die Bedeutung des profitablen Wachstums für die Steigerung des Unternehmenswertes. Das führt nicht nur zu einer höheren Bedeutung des Vertriebs. Es führt zugleich zu höheren Erwartungen an den Verkaufsleiter. Der Nachweis einer erfolgreichen Steuerung des Vertriebs geht über Neukundengewinnung und Umsatzwachstum hinaus. Als Profit Center Leiter wird der Verkaufsleiter an seinem Ergebnisbeitrag gemessen.

»Am Markt zeigt sich der Erfolg« lautet eine Binsenweisheit. Wo sonst – möchte man fragen? Schaut man z. B. in das externe Rechnungswesen, dann wird man beim Gesamtkostenverfahren fündig. In handels- und steuerrechtlicher Sicht zählen Bestandserhöhungen bei fertigen und unfertigen Erzeugnissen genauso zum Erfolg wie aktivierte Eigenleistungen. Die GuV geht damit von einem anderen Erfolgsbegriff als die DB-Rechnung aus. Es handelt sich darum eher um einen »Produktionserfolg« als um einen Markterfolg. Im Rahmen des Vertriebs-Controllings bringt uns diese Sicht nicht weiter. Hier interessiert nur die verkaufte Einheit von Produkt oder Dienstleistung. Um den Markterfolg steuern zu können, braucht es andere Instrumente. Vertriebs-Controlling ist die Kunst, sowohl spezifischere als auch detailliertere Analysen bereit zu stellen, als sie die GuV liefert.

Ziel ist die bestmögliche Steuerung der Vertriebsaktivitäten. Hiervon ausgehend stellt sich die Frage, welche Art von Zielmaßstab für den jeweiligen Verantwortlichen geeignet ist. Vor allem muss der Zielmaßstab vom Manager als fair empfunden werden, sonst wird er sich nicht dauerhaft damit identifizieren. Die Kunst wäre es, jeden Manager nur an Zahlen zu messen, die er vollständig und eigenverantwortlich beeinflussen kann. Das wäre eine echte Verantwortungsrechnung gemäß der Empfehlung für Profit Center. Für den Produktmanager ergibt sich deshalb ein anderer Zielmaßstab als für den Key-Accounter oder den Außendienstmitarbeiter. Das entspricht dem Prinzip der Segmentberichterstattung.

Unterschiedliche Ergebnisrechnungen bedeuten unterschiedliche Sichten, so dass neue Erkenntnisse möglich werden. Umlagen haben darin keinen Platz. Andernfalls beeinflussen fremde Entscheidungen doch wieder den Zielmaßstab des Managers. Man könnte auch vom »Kneipen-Prinzip« sprechen: Wer bestellt, der bezahlt auch. Bestellungen, die man nicht (vollständig) bezahlen muss, gibt man halt leichter auf. So wird das Verantwortungsprinzip ausgehebelt. Controllerisch würde man natürlich von der Einhaltung des Einzelkosten-Prinzips sprechen. Aus dem Gesagten wird zugleich klar, dass die Steuerung i.d.R. über eine Ergebnisgröße erfolgen muss und nicht über den Umsatz. Der Umsatz repräsentiert nur den Nutzen und nicht das dazu gehörige Bemühen, das sich in den Kosten niederschlägt.

Dieser Ansatz passt gut zu den Bestrebungen in den International Financial Reporting Standards (IFRS), den Management-Approach zu stärken. Seit 2009 gilt der neue IFRS 8 »Operative Segmente«. Danach ist eine intern genutzte Rechnung verpflichtend [!] als Basis für die Segmentberichterstattung im Geschäftsbericht zu verwenden, selbst wenn sie ansonsten nicht IFRS-konform ist. Das betrifft auch Ergebnisrechnungen, die auf die künstliche Verteilung der Kosten mittels Umlagen verzichten. Die IFRS erkennen damit erstmals an, dass es Rechnungen gibt, die den IFRS überlegen sind. Insofern können wir Controller die Überlegenheit einer mehrstufigen Deckungsbeitragsrechnung in Richtung des Managements nun leichter kommunizieren. Zugleich ist es schade, dass wir dazu die geänderten Regeln im IFRS benötigen. Anscheinend tun wir Controller uns schwer, unsere Instrumente zu erklären und zu vermarkten.

Wo Zielmaßstäbe eingeführt sind, muss zugleich überlegt werden, wodurch die Zielerreichung verbessert werden kann. Operativ ist das die Frage, welche Kosten zu welchem Nutzen führen? Entscheiden wird das zwar letztlich der verantwortliche Manager, aber der Controller muss ihm die Daten entscheidungsgeeignet aufbereiten. Die Rechnung sollte darum die Logik der Marktbearbeitung abbilden. Das geht über Segmentberichte hinaus. Die Zwischensummen werden nach Marktnähe sortiert und spiegeln die Entscheidungsprobleme und -kompetenzen des Managers wieder. Darüber hinaus hilft die Analyse nach Kunden(-gruppen) weiter. In der Kundenergebnisrechnung lassen sich in vereinfachter Form auch die mit dem Verkauf verbundenen Prozesse in Buchhaltung, Lager, Logistik, ... differenziert abbilden. Erst so lassen sich gezielt Beeinflussungsmöglichkeiten identifizieren. Und im Rückschluss auf viele Kunden zeigt sich, ob die strategisch ausgewählte Kundengruppe auch operativ tragfähig ist. Die anstehenden Fragen sollen im Rahmen eines kleinen Fallbeispiels erörtert werden.

Der Fall der Brauerei

Eine Brauerei mit einem Jahresumsatz von rund 200 Mio. Euro hat einen angestellten Außendienst von 100 Verkäufern, die, in acht Verkaufsdirektionen gegliedert, verschiedene Abnehmer bearbeiten. An die Gastronomie wird Fassbier verkauft. Diese verkauft ausschließlich an Endkunden weiter. An den (stationären) Großhandel und an Bierverleger, wird Fass- und Flaschenbier verkauft. Die Bierverleger sind ebenfalls Großhändler. Der Kunde kann jedoch nicht bei Ihnen im Ladenlokal kaufen, sondern die Ware wird dem Kunden angeliefert. Bierverleger können auch als »fahrender Großhandel« – im Gegensatz zum (stationären) Großhandel – bezeichnet werden. Obwohl es kaum bundesweit tätige Bierverleger gibt, haben sie im Markt eine starke Stellung inne. Ihr guter Kontakt zum Kunden rührt vor allem daher, dass sie als Dienstleister die komplette Getränkeversorgung inkl. der Anlieferung übernehmen. Sie sind i.d.R. Voll-Sortimenter, d.h. neben den Biermarken verschiedener Brauereien führen sie auch Wasser, Säfte, Weine und Spirituosen. Bierverleger verkaufen überwiegend an die Gastronomie, zunehmend an Endverbraucher (»Getränke-Heimservice«). Flaschenbier-Großhändler verkaufen an Händler und z.T. an Endverbraucher (gelegentlich auch an Gastronomie). Die letzte Kundengruppe umfasst den klassischen Lebensmitteleinzelhandel (LEH) und die Flaschenbier-Einzelhändler (»Getränkemärkte«), an die beide Flaschenbier verkauft wird. Beide verkaufen sicherlich nur an Endverbraucher. Aufgrund seiner Heterogenität ist der Handelsbereich deutlich stärker ausdifferenziert als die Gastronomie.

Entsprechend stellt sich die Außendienst-Gliederung dar: Die Verkaufsdirektionen (VD) 1–3 mit 50 Verkäufern bearbeiten die Gastronomie-Kunden in räumlicher Aufteilung. Die Verkaufsdirektionen 4–6 mit 40 Verkäufern bearbeiten alle Großhändler (stationärer G. und Bierverleger) in räumlicher Aufteilung, jedoch in Überschneidung mit der Gastronomie-Organisation. Die siebte Verkaufsdirektion mit zehn Verkäufern (Key-Accounter) bearbeitet die bundesweit tätigen Einzelhandelsketten (Abnehmergruppe D). Ein Verkaufsdirektor hat keine Organisation, er ist gewissermaßen Verkaufsförderer für Flaschenbier.

Die Geschäftsleitung wünscht eine echte Zuordnung der Vertriebskosten auf dem Wege der Profit Center Organisation. Mehrere Sichtweisen sollen simultan erfasst werden. Nicht nur die Abnehmer bezogenen Profit Center (A – D), auch die Sorten bezogenen Profit Center über die fünf verschiedenen Biersorten (mit jeweils einem Produktmanager) und die schon jetzt vorhandene geographische Organisation (VD 1–7) der Profit Center sollen auswertbar sein. Zusätzlich ist je eine Fachdirektion Gastronomie und Handel zu schaffen.

Folgende Themen sind aktuell in der Diskussion:

Der Vertriebsleiter möchte seine Vertriebsmannschaft nach Profit Centern organisieren. Der Controller soll ein passendes Organisationskonzept ausarbeiten (Organigramm) und die dazu spezifische Management-Erfolgsrechnung (MER) vorstellen – ohne Zahlen. Umlagen sollen weitestgehend vermieden werden! Er hat auf einem Seminar der Controller Akademie gehört, dass es möglich und vorteilhaft sei, im internen Rechnungswesen ganz auf Umlagen zu verzichten.

Der Controller will eine Kundenergebnisrechnung einführen. Dem Vertriebschef erläutert er Sinn und Zweck eines derartigen Instrumentes und erarbeitet für die unterschiedlichen Kunden der Brauerei ein Modell.

Der Vertriebschef will den Erlösschmälerungen (ES) im weiteren Sinne, d. h. über die gesetzliche Definition hinaus, ein besonderes Augenmerk widmen. Speziell im Einzelhandel nehmen die Erlösschmälerungen zu. Seine Frage an den Controller lautet: „welche Typen von ES kennen Sie, wie kann man diese beherrschbar und planbar machen?"

Der Vertriebschef steuerte seine Außendienstmitarbeiter (ADM) z. Zt. noch über „klassische" Marktziele: Absatz, Umsatz, Preis und Rabattstaffel. Zukünftig sollen die ADM auch nach einem Ergebnis-Ziel in Form des Deckungsbeitrags gesteuert werden. Es stellt sich daher die Frage nach den Vor- bzw. Nachteilen einer DB-Steuerung einerseits und den Vor- und Nachteilen der Bekanntgabe andererseits. Da der Controller glaubt, dass die Entscheidung insgeheim schon gefallen ist, entwirft er direkt ein funktionierendes Steuerungssystem (Bonus) auf Basis des DB I, aber ohne diesen bekannt zu geben.

Im Rahmen verschiedener Workshops werden die Punkte diskutiert. Angeregt durch die Diskussion, ergänzen wir das Brauerei-Beispiel um Punkte aus unseren eigenen Firmen.

Organigramm mit Ergebnisrechnungen

Zwei grundlegend unterschiedliche Organisationsvarianten lassen sich in der Praxis – je nach Branche – beobachten: als Matrix oder hierarchisch. Für welche Organisationsform sich eine Firma entscheidet, hängt meist von dem zu bearbeitenden Markt ab. Aber auch Fragen der Firmenkultur und des Leitbilds gehören dazu. Für uns soll die Diskussion darum an dieser Stelle nicht vertieft werden. Schließlich sind wir Controller und keine Organisationsexperten. Die Entscheidung über die Aufbauorganisation wird an anderer Stelle getroffen. Zu jeder gegebenen Organisation eine passende, d. h. eine spezifisch abgestimmte Ergebnisrechnung aufstellen zu können, ist vielmehr die Kunst.

Ist die Organisation zweidimensional (sehr selten: mehrdimensional) aufgebaut, dann wird der Markt gleichberechtigt vom Produktmanager, von der Regionalorganisation (Niederlassungen) bzw. von der Vertriebswege-Organisation (Gastronomie und Han-

		Gastro			Handel		
		A			B bzw. C		D
Marketing	VD_1	VD_2	VD_3	VD_4	VD_5	VD_6	VD_7
PM1							
PM2							
PM3							
PM4							
PM5							
PM6							

Abb. 5.1: Zweidimensionale Organisation (Matrix)

del) bearbeitet. Für die Brauerei ist das die typischer Weise gewählte Organisationsform. Dazu gehört das »Organigramm« in Abb. 5.1.

Da die Beteiligten einander bei dieser Organisationsform auf gleicher Augenhöhe begegnen, keiner dem Anderen gegenüber weisungsbefugt ist, müssen für die verschiedenen Entscheidungen zahlreiche Absprachen getroffen werden. Im Gegensatz zur zweiten Variante scheidet hier eine Koordination durch Anordnung aus. Das hat Konsequenzen für faire Zielmaßstäbe und ist controllerisch anspruchsvoll.

Da bei einer Matrix-Organisation zwei Verantwortliche gleichzeitig den Erfolg beeinflussen, sind zwei Ergebnisrechnungen erforderlich. Die Kunst besteht darin, diese auf die individuellen Entscheidungskompetenzen der Verantwortlichen »zuzuschneiden«. Ein strenges Einzelkostenprinzip lässt sich nicht nur umsetzen, sondern hilft sogar dabei, faire Zielmaßstäbe zu erhalten.

In der Rechnung sind durch das Einzelkostenprinzip nur direkt vom Produktmanager bzw. vom Abteilungsleiter verantwortete Kosten enthalten. Alles was nicht Teil seiner Entscheidungskompetenz ist, beeinflusst nicht den Zielmaßstab. Hier wird streng

	PM_1	PM_2	PM...	Σ
Absatzmenge	x	x	x	x
Umsatz (brutto)	x	x	x	x
– (Standard) Erlösschmälerung	x	x	x	x
= Nettoerlös	x	x	x	x
– Proko Abs. (im Stand.)	x	x	x	x
= DB I$_{Pm}$	x	x	x	x
– Promotion des PM	x	x	x	x
= DB II$_{Pm}$	x	x	x	x
= dir. Struko des PM	x	x	x	x
= DB III$_{Pm}$ **(Ziel PM)**	x	x	x	x
dir. Struko Abtlg. Marketing				x
= DB IV$_{Pm}$ –> **Ziel Ltr. Marketing**				x

Abb. 5.2: Spezifische Ergebnisrechnung für das Produktmanagement

nach den Empfehlungen im Kapitel 2 gearbeitet. Entsprechend wird dann die zweite Rechnung für den Außendienst aufgebaut. Damit wird zugleich klar, dass die verschiedenen Zwischensummen der ersten Rechnung mit den Zwischensummen der nun folgenden Rechnung nicht mehr vergleichbar sind.

	AD_1	AD_2	...	Σ Abtlg.
Absatzmenge				
Umsatz (brutto)				
– SEK Vertrieb (Ist)				
– ES (Ist, Forecast)				
= Umsatz (netto/netto)				
– Proko des Abs (Standard)				
= DB I	x	x	...	x
– Promotion des AD	x	x	...	x
= DB II_{AD}	x	x	...	x
= dir. Struko des AD	x	x	...	x
= DB III_{AD} **(Ziel AD)**			...	x
dir. Struko Abtlg. Vertrieb				x
= DB IV –> **Ziel Ltr. Außendienst**				x

Abb. 5.3: Spezifische Ergebnisrechnung für den Außendienst

Manchem Controller kommt angesichts der beiden Rechnungen vielleicht die Frage, wie viel Aufwand für die Pflege dieser beiden Rechnungen erforderlich ist. Ist nicht bereits die Trennung »Promotion des AD« vs »Promotion des PM« mühsam? Die Antwort lautet glücklicher Weise, dass diese Position gar keinen Aufwand macht. Die Daten stehen sogar »automatisch« und tagesaktuell zur Verfügung. Schließlich sind bei der Verbuchung bereits alle relevanten Daten erfasst worden. In der Buchhaltung werden Kostenart und Kostenstelle eingegeben. Darum hat der Controller keine Mühe mehr. Arbeit macht nur der Neuaufbau dieser Ergebnisrechnung. Aber das ist ein einmaliger Aufwand. Entsprechend verhält es sich mit den direkten Strukturkosten des Außendienstes bzw. des Produktmanagers. Auch hier macht die monatliche Berichtserstellung keine Arbeit. Gerade weil auf Umlagen verzichtet wurde, die kontierten Werte also direkt die berichteten Werte darstellen, ist das echtes »Lean-Controlling«.

Allenfalls die Position »Bonusstaffel« innerhalb der Erlösschmälerungen macht in der »Spezifischen Ergebnisrechnung des Außendienstes« einen manuellen Eingriff nötig – wohlgemerkt: je Forecast und nicht je Monatsbericht. Falls in diesem Fall unterjährig nur auf Basis der bereits erreichten Werte gerechnet würde, sähen die ersten Monate des Jahres zu gut und die letzten Monate zu schlecht aus. Dazu ein kleines Beispiel mit folgenden Zahlen:

Staffelgrenze	Bonussatz
5,0 Mio €	4 %
5,5 Mio €	5 %
6,0 Mio €	7 %

Abb. 5.4: Bonusstaffel

Bis Ende September betrage der Umsatz 4,50 Mio. Euro. Der erreichte Anspruch ist Null Euro. Nehmen wir zur Vereinfachung einen Kunden mit einem gleichmäßigen Einkaufsverhalten über das Jahr an. Ohne weitere Informationen lautet der Forecast auf 6,0 Mio. Euro Umsatz und 7 % Bonus, also 420 T Euro. Wird auf Basis erreichter Ist-Werte gerechnet, dann kommen Ende Oktober 200 T Euro, Ende November 75 T Euro und im Dezember noch ein »Nachschlag« von 145 T Euro Kosten für Bonus. Unabhängig von juristischen oder buchhalterischen Fragen ist das aus controllerischer Sicht nicht sachgerecht. In der Kostenrechnung sollten die nachträglichen Erlösschmälerungen auf der Datenbasis des Forecast eingestellt werden. Das sind monatlich 35 T Euro. Die interne Ergebnisrechnung per September weist dann 315 T Euro aus.

Der Aufwand hängt auch hier von der Datendetaillierung im Rahmen der Planung bzw. des Vertriebsinformationssystems ab. Der Forecast muss ohnehin erstellt werden. Mehraufwand entsteht durch die Änderung des Bonussatzes in der Ergebnisrechnung für den Außendienst. Die in der Praxis einfachste Art auch diese

Arbeit zu automatisieren, ist die Hinterlegung der vertraglich vereinbarten Bonusstaffeln im Rahmen der Planung. Manche Branchen haben allerdings so komplizierte Bonusvereinbarungen, dass die manuelle Berechnung der Automatisierung vorzuziehen ist. Sofern aber die Verknüpfung von Forecast-Daten und Bonusstaffel in der EDV eingerichtet werden kann, entsteht Arbeit nur im Rahmen der Forecast-Ermittlung. Und das sollte ohnehin zum Aufgabengebiet der Controller-Abteilung gehören.

Schauen wir uns darum die zweite Variante, die rein hierarchische Organisation, an. Kurz gesagt besteht der Vorteil dieser Variante darin, immer eine eindeutige Kompetenzzuweisung zu haben.

Im Sinne der verantwortlichen Marktbearbeitung sind in der Matrix-Organisation sowohl die Produktmanager, als auch die Regionalverantwortlichen, als auch die Absatzwege-Verantwortlichen als Leiter eines Profit Centers zu betrachten. In der rein hierarchischen Organisation sind dagegen nur die Vertriebsmitarbeiter bzw. die jeweiligen Vorgesetzten auch Profit Center Leiter. Das liegt daran, dass es im hierarchischen Organigramm immer eine klare Weisungsbefugnis gibt. Ein Nebeneinander gleichberechtigter Kompetenzen verschiedener Funktionen tritt nicht auf. Da es immer genau einen (und nur einen) verantwortlichen Manager gibt, kann auch jede Kostenposition gemäß einem echten Einzelkostenprinzip genau einer Person zugeordnet werden. Dadurch ergibt sich die Ergebnisrechnung in Abb. 5.6 auf S. 146.

Bei der Ermittlung von Zielmaßstäben auf der Komponente »Ergebnisbeitrag« gilt grundsätzlich: Die jeweiligen Kosten für Lohn und Nebenkosten (z.B. Wagen, Raumkosten, etc.) sind Teil des Zielmaßstabes. Das folgt der Überlegung, dass jeder Mitarbeiter seine eigenen Kosten erwirtschaften muss. Zudem gilt, dass jede verhandelte Lohnerhöhung durch mehr Leistung begründet sein sollte. Den gleichen Bonus wie bisher erreicht man also nach einer Gehaltserhöhung erst wieder auf einem höheren Leistungsniveau. Eine Lohnerhöhung wirkt damit wie ein vorweg genommener Bonus. Folgerichtig ist die richtige Bezugsgröße für den Bonus

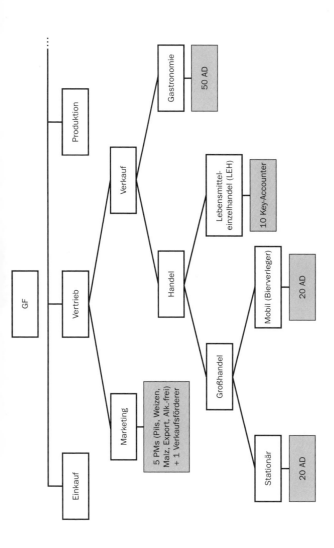

Abb. 5.5: hierarchische Organisationsstruktur

Vertrieb

	stat. Großhandel AD_1	AD_2	…	AD_{20}	Σ	mob. Großhandel AD_{21}	AD_{22}	…	AD_{40}	Σ	Großhandel Σ	Großhd. Σ	LEH KAM_1	KAM_2	…	KAM_{10}	Σ	Handel Σ	Gastro. AD_1	AD_2	…	AD_{50}	Σ	Gastron. Σ	Vertrieb Σ
Umsatz (brutto)	X	X	X	X	X	X	X	X	X	X	X	X	X	X	X	X	X	X	X	X	X	X	X	X	X
– Erlösschmälerungen (Ist bzw. Forecast)	X	X	X	X	X	X	X	X	X	X	X	X	X	X	X	X	X	X	X	X	X	X	X	X	X
– SEK Vertrieb (Ist)	X	X	X	X	X	X	X	X	X	X	X	X	X	X	X	X	X	X	X	X	X	X	X	X	X
= Umsatz (netto/netto)	X	X	X	X	X	X	X	X	X	X	X	X	X	X	X	X	X	X	X	X	X	X	X	X	X
– Proko des Absatzes	X	X	X	X	X	X	X	X	X	X	X	X	X	X	X	X	X	X	X	X	X	X	X	X	X
= DB I	X	X	X	X	X	X	X	X	X	X	X	X	X	X	X	X	X	X	X	X	X	X	X	X	X
– Promotion des AD'lers	X	X	X	X	X	X	X	X	X	X	X	X	X	X	X	X	X	X	X	X	X	X	X	X	X
= DB II	X	X	X	X	X	X	X	X	X	X	X	X	X	X	X	X	X	X	X	X	X	X	X	X	X
– direkte Struko des AD	X	X	X	X	X	X	X	X	X	X	X	X	X	X	X	X	X	X	X	X	X	X	X	X	X
= DB III	X	X	X	X	X	X	X	X	X	X	X	X	X	X	X	X	X	X	X	X	X	X	X	X	X
– dir. Struko des AD-Teams (inkl. Leiter)					X					X	X	X					X	X					X	X	X
= DB IV					X					X	X	X					X	X					X	X	X
– dir. Struko des Bereichs												X					X	X						X	X
= DB V												X					X	X						X	X
– direkte Struko Vertriebsweg																		X						X	X
= DB VI																		X						X	X
– direkte Struko des Vertriebs (Leiter, Sekretariat und **Marketing-Abteilung!**)																									X
= DB VII																									X

Abb. 5.6: Spezifische Ergebnisrechnung für die hierarchische Organisation

des einzelnen Außendienstmitarbeiters der DB III. Der Leiter des AD-Teams wird am DB IV gemessen, während es für die Verantwortlichen »Großhandel« bzw. »LEH« der DB V ist. Die Leiter der Fachdirektionen HANDEL und GASTRONOMIE bekommen ein DB VI – Ziel und der Vertriebsleiter ist für das Gesamtgeschäft in Form des DB VII verantwortlich. Viele Firmen haben darüber hinaus weitere Zielkomponenten (z. B. Mitarbeit in Projekten), was an dieser Stelle nicht weiter vertieft werden soll.

Es zeigt sich, dass es möglich ist, auf Umlagen zu verzichten. Das gilt unabhängig von der Organisationsform der Firma. So werden in der zuletzt gesehenen Variante die allgemeinen, nicht direkt zurechenbaren Kosten des AD-Teams nicht künstlich auf die einzelnen AD'ler verteilt, sondern als eine Summe vor dem DB IV abgezogen. Das reflektiert die Erkenntnis, dass nicht jeder den gleichen (Deckungs-)Beitrag zum Erfolg leisten kann; und es auch gar nicht muss! Die Verkaufsgebiete und Kunden bieten ein unterschiedliches Potenzial. Deshalb sind unterschiedliche Beiträge der AD-Mitarbeiter fair. Und andererseits ist es letztlich nur wichtig, dass alle Kosten gedeckt sind, aber nicht, von wem sie gedeckt wurden. Jegliche Form der Verteilung ist willkürlich und führt zu unnötigen Diskussionen. Sie zu vermeiden senkt den Aufwand im Controlling. Man könnte auch von »Lean Controlling« sprechen. Einen Nutzen haben die internen Umlagen, wie in Kapitel zwei und vier erläutert, ohnehin nicht. Im Gegenteil: Der Verzicht auf Umlagen erhöht die Datenqualität und senkt den Aufwand.

Wie sind nun abschließend beide Organisationsformen zu beurteilen? Dem Controller fällt sofort auf, dass in der mehrdimensionalen Organisation »weniger Köpfe« benötigt werden. Ein verantwortlicher Produktmanager, z. B. für die Biersorte »Alt« verantwortet den bundesweiten Markenauftritt alleine. In einer hierarchischen Organisation wären mehrere Produktmanager, nämlich für jede Region einer, erforderlich gewesen. Dann hätte ein AD-Mitarbeiter mehrere Produktmanager unterstellt bekommen bzw. umgekehrt wären einem Produktmanager immer mehrere Vertriebler unterstellt gewesen. Beides ist für die meisten Markenartikel-Unternehmen eine unhaltbare Vorstellung. Weniger Personen bedeuten nicht nur weniger Personalkosten sondern vor allem einen einheitlicheren Marktauftritt (Stichwort: Markenführung und Image). Insofern scheint eine mehrdimensionale Organisation für höhere Effektivität und auch für Kosteneffizienz zu sorgen. Andererseits steigt in der Matrix der Koordinationsaufwand deutlich an. Der Aufwand für Sitzungen und Besprechungen kostet (zumindest einen Teil der) Effizienz. In der Praxis wird es schwer festzustellen sein, ob die Organisation in der einen oder anderen Form weniger kostet. Aber diese Frage ist ohnehin nachrangig. Denn wichtiger ist es, nach dem Nutzen zu fragen. Besser ausgedrückt: Sind die Kosten der Organisation angemessen für deren (Mehr-) Leistung?

Das Ziel war es, spezifische Ergebnisrechnungen ohne Umlagen zu »bauen«. Wie gerade gesehen, ist das prinzipiell gut möglich. Im Fall der Matrixorganisation sind die beiden dargestellten Rechnungen zugleich der Einstieg in die Segmentberichterstattung. Eine Rechnung, die – wie schon ausgeführt – auch konform zu den seit Anfang 2009 geltenden Regeln des IFRS 8 »Operative Segmente« ist. Oft lautet das Problem eher, die erforderlichen Anpassungen in der EDV umzusetzen. Weil Einführung und Customizing der Software so teuer waren, ist die Versuchung groß, die geänderte Organisation nicht in der EDV-Landschaft nachzuziehen.

Kundenergebnisrechnung

Verursachungsgerechte Zuordnung

Nur wenn dem Kunden seine individuellen Kosten zugerechnet werden, wird ein echtes, d. h. individuelles Kundenergebnis ermittelt. Die Schlüsselung von Kosten ist eine »Gießkannen-Betrachtung«. Dabei wird jeder Kunde wie ein durchschnittlicher Kunde betrachtet und behandelt. Nur wenn Unterschiede im Verhalten erfasst werden, lassen sie sich auch gezielt zum Vorteil der Firma nutzen und beeinflussen. Die Darstellung auf der nächsten Seite zeigt den prinzipiellen Aufbau der Kundenergebnisrechnung.

Die Reihenfolge der Kosten ist gemäß der Logik der Marktbearbeitung vorzunehmen. Das ist weitgehend zugleich eine Logik der Beeinflussung. Schließlich soll für den einzelnen Kunden und

Umsatz (brutto)
– SEK Vertrieb (Fracht, Verpackung, Zoll)
– Erlösschmälerungen (Rabatte, Boni, Skonti; ggfs. Preisnachlässe)
= Umsatz (netto/netto)
– Standard-Proko des Absatzes
= DB I
– kundenspezifische Promotion (z. B. Werbung, WKZ, Zuschuss zum Betriebsausflug, Geschäftsessen)
= DB II
– kundenspezifische Prozess-Kosten der Auftragsabwicklung (z. B. Angebotserstellung, Auftragsbearbeitung, Kommissionierung, Fakturastellung)
= DB III
– kundenspezifische Prozess-Kosten der Auftragsnachverfolgung (z. B. Forderungsmanagement, Mahnwesen, Retouren- und Reklamationsmanagement)
= DB IV
– kundenspezifische Prozess-Kosten der Kundenbetreuung (z. B. telefonische Betreuungskosten, Besuchkosten des AD, Rack-Jobbing)
= DB V
– kalk. Zinsen des direkt beim Kunden gebundenen Kapitals (z. B. für Lieferantenkredit, Konsignationslager, geliehene Einrichtungsgegenstände oder Forderungen aus Lieferungen und Leistungen) ggfs. inkl. der Prüfkosten auf »Kreditwürdigkeit« für derartige Vorfinanzierungen
= DB VI

Abb. 5.7: Grundmodell der Kundenergebnisrechnung

dann zusammenfassend für die Kundengruppe erkennbar sein, welche Einflussmöglichkeiten bestehen. Bis zum DB I ist die Rechnung damit prinzipiell für alle Firmen und Branchen identisch. Wobei es in einigen Branchen keine SEK des Vertriebs gibt; in anderen Branchen gibt es keine Erlösschmälerungen, usw. Insofern wird dann die jeweilige Zeile entfallen und die Darstellung wäre für die eigene Situation anzupassen.

Die Anpassung der Rechnung auf die eigenen Marktgegebenheiten könnte auch bedeuten, die Kosten der kundenspezifischen Promotion als artverwandt zu den Kosten der Kundenbetreuung zu sehen und dort (z.B. nach dem DB V) auszuweisen. Schließlich sind Geschäftsessen und AD-Besuch auch inhaltlich einander sehr nahestehende Sachverhalte. Das Gleiche könnte für die Kosten der Kreditwürdigkeitsprüfung gelten. Bei entsprechender Auftragshöhe wird die Prüfung, z.B. in Form einer SCHUFA-Auskunft, sogar vor jedem Auftrag durchgeführt. Dann wäre es auch denkbar, sie zu den Kosten der Auftragsabwicklung zu zählen. Analog zu den bisherigen Beispielen wären Besonderheiten der eigenen Branche zu berücksichtigen.

Alle Zahlen sind IST-Werte bzw. ergeben sich für die in Anspruch genommenen Prozesse als STANDARD-Prozesskosten * IST-Häufigkeit der Prozessdurchführung. Zur Vereinfachung wird in Firmen mit sehr vielen Kunden die IST-Häufigkeit der Prozessdurchführung oft durch einen Vorgabewert ersetzt. So ist es für den Anfang eine gute Näherung die Anzahl der Kundenbesuche nicht aufwändig im IST zu erfassen, sondern den Sollwert für den AD'ler, der sich aus der Kundenklassifizierung (A-, B- und C-Kunden) ergibt, auch in der Kundenergebnisrechnung zu verwenden.

Auch lösen viele Prozesse einen Vorgang in der EDV aus, so dass die Häufigkeit im EDV-System ermittelt werden kann. Beispielsweise führt jeder Auftrag zu einer Auftragsnummer. Schwierig ist dagegen die Ermittlung der kundenspezifischen Promotion. Diese lässt sich nur dann systemseitig auswerten, wenn die Kontierung in der Buchhaltung erweitert wird. Es genügt dann nicht mehr, Kostenart und Kostenstelle des Außendienstlers zu buchen. Zusätzlich müsste auch die Kundennummer vermerkt sein. Sollte das organisatorisch zu aufwändig sein, bietet es sich an, diese Position aus der Kundenergebnisrechnung zu streichen. Das ist besser als eine Umlage. Auch eine reduzierte Rechnung bietet noch zahlreiche Analyse- und Verbesserungsmöglichkeiten.

Interpretation der Kunden-Deckungsbeiträge

Ein negativer DB I bedeutet eine direkte Ergebnisverschlechterung aufgrund des Verkaufsvorgangs und verlangt sofortige Korrekturmaßnahmen seitens des Vertriebs. Ein positiver DB I verbunden mit einem negativen Wert auf den höheren DB-Stufen bedeutet dagegen, dass ein Beitrag zur Deckung der Strukturkosten geleistet wird. Dieser ist jedoch nicht hoch genug, um alle direkt dem Kunden gewidmeten Kosten zu decken. Kurzfristig darf der Kunde nicht als »Verlustkunde« interpretiert werden, so dass keine weiteren Geschäfte mit ihm gemacht werden. Der positive DB I kann meist schneller abgebaut werden, als Strukturkosten eingespart werden können. Das Gesamtergebnis der Firma würde sich zumindest kurzfristig verschlechtern. Mittelfristig sollten auch alle höheren DB-Stufen einen positiven Wert aufweisen. Neben der Ertragsseite, also einer Erhöhung des DB I, kann die Verringerung der direkt zurechenbaren Kosten geprüft werden. Dazu gehören insbes. Prozessvereinfachung oder seltenere Durchführung der Prozesse. Der Abbau der Strukturkosten muss dabei in einer gesonderten Rechnung erfolgen. Wenn der einzelne Kunde nur einen geringen Teil der Prozessauslastung verursacht, dann wird nur über die Kundengruppe eine Kostenveränderung erreichbar sein. Die Höhe des Anreizes für den Kunden lässt sich Dank der Kundenergebnisrechnung nun auch berechnen.

Ein Beispiel, wie sich Prozesskosten verringern lassen, soll kurz für Mengenrabatte gezeigt werden. Das Ziel lautet, dass Rabatte nicht allein vom Verhandlungsgeschick des Kunden bzw. des eigenen Außendienstmitarbeiters abhängen sollen. Vielmehr soll durch den Mengenrabatt eine Einsparung bei Kommissionierung und Rechnungserstellung erfolgen. Der Kunde soll nicht mehr jede Woche einen Karton bestellen, sondern alle 2 Monate eine Palette. Die Zahl der Rechnungen verringert sich von 52 auf 6 Stück und der Kommissionieraufwand sinkt noch stärker, weil die Palette künftig vollautomatisch mit Schrumpffolie transportfertig umwickelt wird. Jetzt wird eine größere Anzahl Kunden benötigt, die ihr Bestellverhalten ändern, um auch mit weniger Mitarbeitern in den beiden Abteilungen auszukommen und so eine echte Ersparnis zu realisieren. Damit die Kunden durch verändertes Bestellverhalten zur Senkung der Auftragsabwicklungskosten beitragen, wird ihnen ein Anreiz geboten werden müssen – meist eben als Mengenrabatt. Ebenfalls gebräuchlich sind Rabatte bei Abnahme ganzer Paletten oder Rabatte bei Abnahme sortenreiner Paletten. Die Rabatthöhe ist dabei auf die eingesparten Prozesskosten für Kommissionierung, Rechnungsstellung und Palettierung begrenzt.

Solche Kundenanreize setzen nicht nur die genaue Kenntnis der möglichen Einsparungen voraus, sie verlangen auch deren Kontrolle. Mit dem Aufbau einer Kundenergebnisrechnung wird dafür die Datenbasis geschaffen. Die errechnete Obergrenze für die Rabattgewährung wird wirksam in den Zielmaßstab des AD übersetzt. Die Begründung erhöht zudem die interne Akzeptanz einer solchen Vorgabe und senkt beim Vertrieb die Motivation, dem Kunden »einfach nur entgegen zukommen«, um einen Auftrag zu erhalten. Es gilt das Prinzip von Leistung und Gegenleistung. Das Bauchgefühl des Vertriebsmitarbeiters wird durch die Kundenergebnisrechnung messbar.

Darüber hinaus bietet die Kundenergebnisrechnung weiter gehende Steuerungsmöglichkeiten:

- Transparenz über den Betreuungsaufwand in Form direkter Kosten und gewidmeter Prozesse und damit Transparenz über die Cost Driver auf der Ebene des einzelnen Kunden
- Vergleich von Kunden und Zusammenfassung zu homogenen

Kundengruppen nicht nur nach klassischen Kriterien (Branche, Größe, Vertriebsweg, etc.), sondern auch nach Kaufverhalten und Kosten: ermöglicht die Ableitung von normierten Bearbeitungsstrategien für den Außendienst.

So könnte das Bild auf Basis des DB III den Einstieg in die Bearbeitung mittelgroßer Kunden verdeutlichen, weil diese vielleicht die günstigste Relation von Erlösen (z. B. Listenpreise bei geringen Rabatten) und wenig Kosten (kaum Promotion und große Bestellmengen je Auftrag) aufweisen.

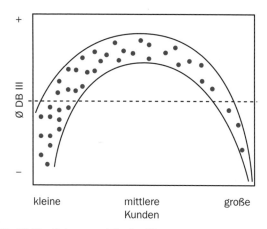

Abb. 5.8: Klassifizierung nach Kunden-DB

- Plan/Ist-Vergleich über den Kunden und dessen Entwicklung im Zeitablauf; ggfs. gleichzeitig als Zielmaßstab für den Außendienstmitarbeiter nutzbar;
- Hilfestellung im Rahmen der Budgetierung: wie wirkt sich das geplante Umsatzwachstum auf die Anzahl Neukunden und damit auf die Prozesse aus? Was bedeutet das für Ressourcen und Kosten?
- Durch gezielte Steuerung lassen sich die Kosten der nachgelagerten Betreuungsprozesse beeinflussen.
- Evtl. kann daraus abgeleitet eine Neustrukturierung der

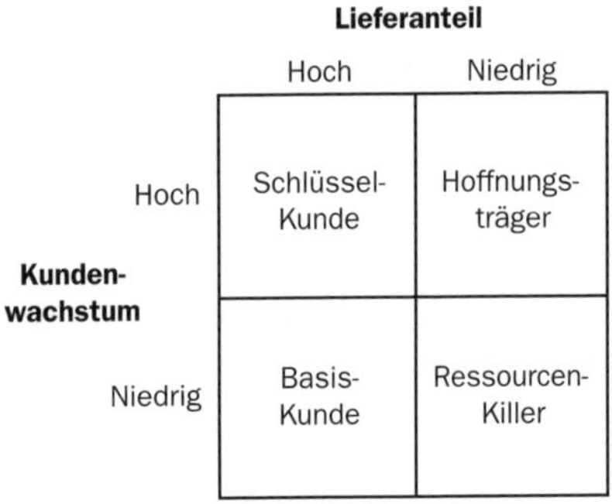

Lieferanteil

	Hoch	Niedrig
Hoch	Schlüssel-Kunde	Hoffnungs-träger
Niedrig	Basis-Kunde	Ressourcen-Killer

Kunden-wachstum

Abb. 5.9: Strategisches Kundenportfolio

AD-Bezirke (z. B. Besuchsaufwand oder ausgeschöpftes Ergebnispotenzial) erfolgen.

■ Strategische Überlegungen bzgl. Kundengruppen mit operativen Daten kombinieren können, mit dem Ziel, bessere Entscheidungen über Kunden zu treffen. So wäre es im folgenden Kundenportfolio fatal, wenn die Schlüsselkunden, von denen unsere Zukunft abhängt, nicht rentabel wären.

Erlösschmälerungen

Erlösschmälerungen im (engeren) gesetzlichen Sinne

Die Erlösschmälerungen sind bereits kurz diskutiert worden. Gerade im Handelsbereich haben sie eine hohe Bedeutung. Der erste Schritt muss darin bestehen, sich einen Überblick über die vorhandenen Erlösschmälerungstypen zu verschaffen. In einigen Branchen wird »mehrstufig« verhandelt. Das bedeutet, dass auf jeder Hierarchieebene (Außendienst mit Handelsniederlassung, Key-Accounter mit Regionalleitung, usw.) separat und erneut über zusätzliche Konditionen verhandelt wird. Die Gesamtheit aller zentral und dezentral vereinbarten Vergütungen ist häufig überhaupt nicht bekannt; weder der Art noch der Summe nach. Hinzu kommt eine nicht unerhebliche Kreativität, die seitens der Handelsunternehmen an den Tag gelegt wird, wenn es darum geht, zusätzliche Einnahmen von den Lieferanten zu erwirtschaften. In manchen Bereichen des Handels gilt die Faustregel, dass die Hälfte aller verhandelten Konditionen das Jahresergebnis bilden. Auch wenn das nicht für alle Branchen gilt, so hat der Handel trotzdem ein massives Interesse an immer neuen Konditionen. Aber auch die Einkäufer hängen in ihrer Bezahlung davon ab, wie viele Vergütungen (nachträgliche oder auch sofort fällig als Nettopreis) sie jedes Jahr bei der Industrie verhandeln.

Bei der Sammlung der Erlösschmälerungstypen ist zu fragen, was einbezogen werden soll. Die gesetzliche Definition der Erlösschmälerungen beinhaltet lediglich Rabatte, Boni und Skonti. Aus der Sicht des Controllers gilt es doch, mehr Erlösschmälerungstypen in die Überlegung mit einzubeziehen, denn vielfach wird auch von anderen Abteilungen im Hause mehr oder minder ungesteuert Geld in Richtung Kunde gegeben. Ungesteuert bedeutet dabei nicht automatisch wirkungslos, sondern zunächst einmal nur, dass die Ausgaben oft ungeplant bzw. ohne Erfolgskontrolle getätigt werden. Insofern werden im Folgenden Erlösschmälerungen im weiteren Sinne betrachtet, über die gesetzliche Definition hinausgehend. Eine wesentliche Gruppe der Erlösschmälerungen bilden die Rabatte. Beispiele sind Gruppen-, Jubiläums-, Aktions-, Messe-, Natural-, Staffel-, Mitarbeiter-, Mengen-, Treue-, Frühbucher-, Last-Minute-, Einführungs-, Rechnungs-, Distributions-, LKW-, Grund-, Zielpreis-, Sortiments-, Regional-, Logistik-, Zentrallager-, Sonder-, Erstkunden-, Saisonal-, Selbstabholer-, Barzahler-, Wiederverkäufer-, Auslauf-, Senioren-, Studenten-, Kinder-, Großhändler- und Einzelhändler-, Mitglieds-Rabatte, usw. Allein die große Zahl zeigt die Bedeutung in der Praxis.

Der Rabatt ist ein Preisnachlass, der einen generell einheitlichen Angebotspreis differenziert. Damit soll verändertes Kundenverhalten hervorgerufen und belohnt werden. Den Rabatten ähnlich ist die Zugabe. Allerdings wird sie mit dem Bezug der Hauptware ohne besondere Berechnung gegeben. Für den Controller wichtig:

Die Zugabe darf gesetzlich gesehen nicht auf der Rechnung (Faktura) erscheinen, was ihre Erfassung schwierig macht.

Zu den Erlösschmälerungen gemäß gesetzlicher Definition zählt auch noch der Sonderfall des Preisnachlasses auf Grund einer Mängelrüge oder zur Erfüllung von Gewährleistungsansprüchen (Garantie). Wird ein Preisnachlass gewährt, so wird dieser direkt auf einem Unterkonto des Erlöskontos gebucht.

Die Kosten einer nachträglichen Garantieverpflichtung, das heißt die Reparatur z. B. in einem eigenen Werk, sind dagegen Kosten der Produktion. Sie können auch als Sondereinzelkosten des Vertriebs verbucht werden. Hierdurch zeigt sich die Nähe zu den Erlösschmälerungen: beide zusammen bilden die Differenz zwischen Bruttoumsatz (Faktura) und dem Umsatz, den der Controller im internen Rechnungswesen ausweist (Umsatz netto/netto). Unabhängig von der buchhalterischen Kontierung ist es für den Controller jedoch sinnvoll, die Sachverhalte Nacharbeit bzw. Preisnachlass in einem Zusammenhang zu sehen und auch zu steuern, weil sie denselben Ursprung haben.

Die Boni müssen unterschieden werden in Grundbonus und Staffelbonus. Ersterer wird in der Regel unabhängig von Menge oder Umsatz gezahlt. Der Staffelbonus dagegen ist abhängig vom Erreichen festgelegter Schwellen und erhöht sich bei Erreichen eines Schwellenwertes. Deshalb steht die Höhe erst am Jahresende fest (vgl. Abb. 5.4). Davon unabhängig sind alle Boni eine nachträgliche Verkaufserlösschmälerung (beim Kunden: Anschaffungskostenminderung) weil sie erst nach Ende des Geschäftsjahres gewährt, d. h. fällig werden.

Als letzte Position ist noch das Skonto zu erwähnen. Skonto ist ein prozentualer Wert, der direkt von der Rechnung abgezogen werden kann, sofern innerhalb von einer bestimmten Frist gezahlt wird. Skonto wird zeitlich differenziert gewährt, z. B. innerhalb von drei Monaten netto oder z. B. innerhalb von einem Monat 2 % und innerhalb von 10 Tagen 3 %. Es ist damit eine Preiskomponente, die der Lieferant für seine Vorfinanzierung dem Kunden in Rechnung stellt. Bei korrekter Kalkulation enthält das Skonto also die Zinskosten der Vorfinanzierung, der Verwaltungskosten (für das Skonto), sowie eine Prämie für das Delkredere-Risiko (Ausfallrisiko). Sofern der Kunde Skonto in Anspruch nimmt, so muss er den Betrag vom Wert der gekauften Waren direkt abziehen. Aus Kundensicht stellt Skonto eine Anschaffungspreisminderung dar. Skonti werden damit üblicherweise weder beim Kunden noch beim Lieferanten direkt in der Gewinn- und Verlustrechnung (GUV) sichtbar. Skonto kann nur dann gesondert als Aufwand bzw. Ertrag gebucht werden, sofern er nicht als direkte Aufwandsberichtigung bzw. direkte Erlösberichtigung zurechenbar ist. Sofern das Ausfallrisiko des Kunden nicht in die Berechnung des Skonto eingegangen ist, ist es controllerisch sinnvoll, auch das Delkredere-Risiko wie eine Erlösschmälerung zu behandeln.

... und im weiteren Sinne

Vor diesem Hintergrund wundert es nicht, dass viele Firmen zahlreiche Positionen wie Erlösschmälerungen behandeln:

- Fracht- und Logistikkonditionen als eine Form der Nebenleistung (Zugabe);
- Vernichtungskosten bzw. »No-Return-Bonus« als eine besondere Form der Garantie-Kosten;
- »Kauf drei bezahl zwei«, Proben, Gutscheine oder Gewinnspiele als Formen der Zugabe usw.

Für die Steuerung ist es dabei unerheblich ob die Kosten Marketingkosten sind oder nicht. Die Zugabe ist sicherlich ebenso Marketing getrieben wie die Kosten der Werbung. Möglicher Weise werden sie von derselben Person veranlasst und letztlich dienen sie beide dem Absatz. Der letzte Gedanke ist der Entscheidende: die Differenzierung nach dem Zweck sollte auch die Steuerung der Maßnahmen bestimmen. Darum ist für uns Controller die gesetzliche Definition der falsche Zugang zum Thema. Zugleich schließt sich das Thema nahtlos an die Kundenergebnisrechnung an. Auch die Definition der Rabatte beinhaltet ja gerade »die Differenzierung von einem gegebenen Listenpreis«. Um differenzieren zu können, ist also die Ergebnisrechnung, die den Kunden betrifft zwingende Voraussetzung.

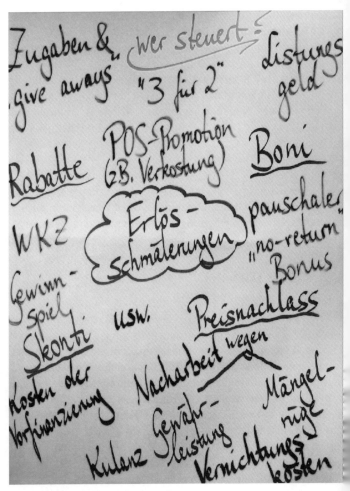

Abb. 5.10: Seminar-Bild »ES im weiteren Sinne«

Die Steuerungsmöglichkeiten sind jedoch in den Branchen höchst unterschiedlich. Ein Automobilzulieferer sieht sich nur einer Hand voll Kunden gegenüber, ein Versandhändler hat dagegen oft mehrere hunderttausend Kunden. Nicht nur der Druck, der vom Kunden ausgeht, ist höchst unterschiedlich, auch der Aufwand, alle Informationen über Kunden zu sammeln und zu strukturieren, unterscheidet sich deutlich.

Steuerung der Erlösschmälerungen

Dementsprechend ist die folgende Liste von Vorschlägen für die eigene Branche und Firmengröße zu prüfen:

- »wenn … dann …«- Beziehungen prüfen. Das bedeutet, dass für jede Erlösschmälerung, die erbracht wird, eine Gegenleistung verlangt wird. Diese kann auch nicht-finanziell sein: z.B. eine bessere Platzierung im Regal, die bevorzugte Entladung der eigenen LKWs oder die Erlaubnis, eine Werbemaßnahme am Point of Sale (POS) ohne weitere Kosten durchführen zu dürfen.
- Iso-DB-Kurve prüfen: Die Iso-Deckungsbeitragskurve ist eine besondere Form der Wenn-Dann-Beziehung. Die Gegenleistung besteht in der Gewährung einer größeren Einkaufsmenge des Kunden. Ist die Mengenausweitung ausreichend, um den DB-Verfall je Stück zu kompensieren? Der absolute DB I sollte mit der Maßnahme höher ausfallen als zuvor.
- Begrenzung der zulässigen Erlösschmälerungsarten: Definition der von der Firma aus zulässigen Varianten, die der Vertrieb dem Kunden zugestehen kann. So findet gleichzeitig die Begrenzung von deren Anzahl statt.
- Die Begrenzung sollte auch der Höhe nach erfolgen, insbesondere in Form einer Budgetierung. An die Budgetierung kann sich dann ein Soll-Ist-Vergleich anschließen und im Idealfalle ist auch der Zielmaßstab des verantwortlichen Produktmanagers oder Außendienstmitarbeiters an die Vergabe der Erlösschmälerung gekoppelt.

■ Zeitliche Begrenzung von Erlösschmälerungen: Jede Erlösschmälerung sollte nach Ablauf der Zeit darauf hin überprüft werden, in wie weit der gewünschte Erfolg eingetreten ist, also die Menge gestiegen ist, neue Kunden gewonnen wurden, usw.

■ Berücksichtigung der budgetierten Höhe in der Kalkulation, d. h. die branchenübliche Erlösschmälerung wird bei der Ermittlung des Listenpreises berücksichtigt.

=	Zielpreis bei Barverkauf	97,00 €
+	Skonto (z. B.: 3% im Hundert)	3,00 €
=	Zielverkaufspreis	100,00 €
+	Rabatt / Bonus (z. B. 10% im Hundert)	11,11 €
=	Listenpreis vor MwSt.	111,11 €

Abb. 5.11: Skonto richtig kalkulieren

■ Ausstieg: Gegebenenfalls muss entschieden werden, wenn der gewünschte Erfolg nicht eintritt, ob die Erlösschmälerung auslaufen soll. Hier droht natürlich sofort Umsatzverlust, weshalb zu prüfen ist, wie sich die Rentabilität dem zu Folge verändern wird. Im Sinne einer ganzheitlichen Analyse ist nach dem Prinzip des ROI-Baumes (dto. ROCE- oder RONA-Baum) vorzugehen. Wichtig ist, dass nicht nur die Effekte auf der Umsatz- und Ertragsseite beachtet werden, sondern auch die mittelfristig eintretenden Effekte auf der Kostenseite. Was wird sich in der Produktion, in den Beständen und beim Einkauf wie auch bei den Verwaltungskosten ändern. Insbesondere Firmen, die viele kleine Kunden haben, können hier, durch den bewussten Verzicht auf Kunden prüfen, ob die Rendite nicht möglicherweise steigt.

■ Strategische Alleinstellung: Oft reden wir davon, dass wir als Firma einen Rabatt »gewähren«, jedoch ist es eher so zu sehen, dass der Kunde einen Rabatt »fordert«. Die Forderung kann aber nur gestellt werden, wenn wir ein Stück weit »erpressbar« sind. Es müsste so sein, dass der Kunde auf uns angewiesen ist und nicht wir auf ihn. Schön wäre es, eine Problemlösungsfähigkeit besitzen, die er benötigt und von anderen nicht bekom men kann. Das Alleinstellungsmerkmal der eigenen Leistung (USP = unique selling proposition) sollte gestärkt werden. Das ist selbstverständlich ein Prozess, der sehr langfristig wirksam wird. Gleichwohl bleibt das Ziel lohnend, denn gerade im Konsumgüterbereich lässt sich gut zeigen, dass Hersteller mit einem starken Markennamen ihre Artikel deutlich teurer verkaufen können als Ihre Mitbewerber.

Steuerung von AD-Mitarbeitern nach DB

Sind DB's zur Außendienststeuerung geeignet?

Die Erlösschmälerungen sind damit als eine beispielhafte und zugleich sehr wichtige Komponente der Kundenergebnisrechnung näher erläutert worden. Nun kommt es im Folgenden darauf an, die Steuerungsmöglichkeiten der Kundenergebnisrechnung zu nutzen. Ein zentraler Aspekt dabei ist die Lenkung der AD-Mitarbeiter. Unabhängig von der Frage, ob die AD-Mitarbeiter die DB's kennen sollen (bzw. dürfen) ist zu prüfen, ob die gerade ermittelten Deckungsbeiträge für die Lenkung überhaupt geeignet sind? Unter anderem wären die folgenden Aspekte zu bedenken:

- Zielsystem der Firma und des Außendienstlers werden gleichgerichtet;
- Schwierigkeiten bei der Umstellung des Bonussystems (z. B. Mitbestimmungsrecht des Betriebsrates);
- Orientierung an Rendite statt an Umsatz.
- Der AD beeinflusst mehr als nur Ergebnisse: z. B. Kapitalbindung für FLL, für Vorräte oder überlassene Einrichtung.
- Es ist nur noch eine zentrale Steuerungsgröße (Deckungsbeitrag) erforderlich an Stelle divergierender Größen wie Menge, Preis, Rabattstaffel, Werbebudget, usw.
- Konzentration auf renditestarke Produkte vernachlässigt das Gesamtportfolio;
- Zentrale Steuerung der Vertriebsphilosophie bei Flexibilität in Einzelfragen.

Bekanntgabe des DBs an Außendienstmitarbeiter

Auch wenn die obigen Argumente immer vor dem Hintergrund der eigenen Firma gewichtet werden müssen, so ergibt sich für die meisten Branchen wohl eine deutliche Entscheidung zu Gunsten einer Ergebnis-orientierten Steuerung nach Deckungsbeiträgen; wohl auch, weil einige der Gegenargumente bei sorgfältiger Gestaltung entkräftet werden können. Da nun für die folgenden Überlegungen von einer DB-Steuerung ausgegangen wird, ist die nächste Frage, ob die Höhe der Deckungsbeiträge den AD-Mitarbeitern bekannt gegeben soll?

- Vertrauensbeweis an die Mitarbeiter und das wirkt motivierend;
- Hohe Komplexität der DB-Steuerung: kann das jeder Mitarbeiter umsetzen (z. B. DB ist nicht EBIT)?
- Der AD muss geschult werden (kostet Geld).
- Der AD verhandelt härter, da er die Auswirkung auf seinen Bonus besser einschätzen kann.
- Ein hoher DB weckt Begehrlichkeiten beim AD nach höherer Vergütung.
- Die geschaffene Transparenz ermöglicht dem Außendienst ein »Self-Controlling«, das über die Betrachtung von Menge oder Umsatz hinaus geht.
- Das Kostenbewusstsein des Außendienstlers (z. B. für direkte Kundenpromotion) wird geschärft.
- Schutz der Information bei Kündigung und Firmenwechsel.

Vergütung nach Deckungsbeitrag

Für zahlreiche Branchen dürfte die Geheimhaltung des Deckungsbeitrags das wichtigste Ziel sein. Insofern ist es eine Kunst, die Mitarbeiter nicht nur grundsätzlich nach einer unbekannten Größe zu steuern, sondern sie im Einzelfall auch nach dieser unbekannten Größe Entscheidungen treffen zu lassen. Es gilt also, ein geeignetes (alternatives) Steuerungskonzept zu entwickeln. Am einfachsten dürfte die Steuerung nach dem DB I sein, wobei methodisch eine höhere Stufe in der Ergebnisrechnung vorzuziehen wäre. Zumindest die direkt beeinflussbaren Werbekosten sollten noch einbezogen werden. Da in den meisten Firmen mehrere Komponenten im Bonus berücksichtigt werden, sei aus Gründen der Einfachheit vom DB I ausgegangen. Das Prinzip lässt sich daran gut zeigen.

Bei der Konzeption des Modells muss zuallererst überlegt werden, dass es möglichst einfach sein sollte, damit es die gewünschte Motivationswirkung entfaltet. Das System sollte quasi »selbsterklärend« sein und dem AD beim Kunden sofort eine Handlungsempfehlung geben. Eine längere Rechnung kann in Gegenwart des Kunden ohnehin nicht durchgeführt werden. Erst danach stellt sich die Frage nach der weiteren Ausgestaltung.

Folgende grundlegende Möglichkeiten werden nachfolgend dargestellt:

1. Erlösschmälerungen vom Listenpreis
2. Vorgabe von Zielpreisen
3. Vorgabe einer Relation zwischen den Produkten
4. Verschleierung des DB durch Verrechnungspreise
5. Verfremdung des DB durch Verwendung von Herstellungskosten

Ad Variante 1: ES vom Listenpreis

Diese Variante eignet sich für alle Branchen, die einen festen Listenpreis durch Erlösschmälerungen modifizieren. Das Modell ist

Erlösschmälerung vom Listenpreis in %	Bonus für Produkt(-gruppe)		
	A	B	C
0%	10 €	7 €	4 €
1%	9 €	5 €	3 €
2%	8 €	3 €	2 €
3%	7 €	1 €	1 €
4%	6 €	–	–
5%	5 €	–	–
usw.	usw.	–	–

Abb. 5.12: Erlösschmälerungs-Variante

so einfach, dass der AD seinen Bonus »auf dem Bierdeckel errechnen« kann. Er erkennt sofort die Auswirkung einer höheren Erlösschmälerung auf seinen Bonus. Entsprechend hart wird er verhandeln. Gleichzeitig wird er lieber einen schlechten Bonus realisieren als gar keinen. Darum wird er rentable Geschäfte weiterhin annehmen. Gerade weil das System so leicht überschaubar ist, besitzt es eine hohe Akzeptanz, die für die Motivation wichtig ist.

Ad Variante 2: Vorgabe von Zielpreisen

Sehr ähnlich ist die Arbeit mit Zielpreisen, die den nicht vorhandenen (offiziellen) Listenpreis zumindest intern ersetzen.

Sofern der Preis frei verhandelt wird, ist ein Preis über 100 % (bezogen auf den Plan) möglich. Außerdem zeigt die Grafik, dass beispielhaft ab 70 % des Zielpreises für Produkt B eine negative Provision anfällt. Diese Variante ermöglicht also die Koppelung eines relativ freien Anreizsystems mit festen Mengenvorgaben. Denn unter normalen Umständen würde der Außendienstler ein Geschäft, das für ihn eine Minderung seiner Prämie bedeutet nicht durchführen. Wenn er aber zugleich ein festes Mengenziel

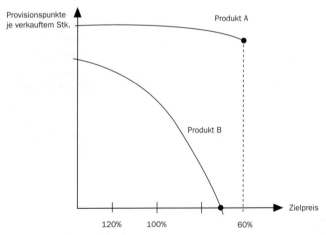

Abb. 5.13: Vorgabe von Zielpreisen

erreichen muss (z. B. typischerweise bei Autohändlern der Neuwagenabsatz), kann er die Zielerreichung verschiedener Teilziele gegeneinander abwägen. Ein ähnliches Problem ergibt sich, wenn der Kunde mehrere Produkte kauft. Es kann vorkommen, dass ein Produkt »als Türöffner« (mit schlechtem Ergebnisbeitrag) fungiert und mit den übrigen Produkten Geld verdient wird. Sofern die Mengenrelation zwischen Produkt A und Produkt B in unserer Grafik stimmt, würde der Außendienstler also auch Produkt B zum schlechten Zielpreis verkaufen, weil er gleichzeitig Produkt A mit einer sehr guten Marge und einem für ihn guten Bonus verkaufen kann.

Ein Punktesystem (das gilt auch für direkte Euro-Beträge) kann auch so gewichtet werden, dass zwischen alten und neuen Kunden, alten und neuen Branchen, etc. unterschieden werden kann. Ebenfalls gut möglich sind Sonderpunkte für Auslaufprodukte oder für die Einführung von neuen Produkten. Bevor jedoch für alle diese Sonderfälle eigene Punkteregelungen (bzw. Euro-Beträge) eingeführt werden, sollte lieber eine Indizierung, d. h. eine allgemeine Gewichtungszahl für eine Branche bzw. ein neues Produkt herausgegeben werden. Das vereinfacht die Bonusermittlung und erhöht die Transparenz.

Gleichzeitig kann ein Punktesystem auch mit weiteren Parametern ergänzt werden, so dass nicht nur der Deckungsbeitrag, sondern auch die klassischen Ziele Absatz, Umsatz, etc. in die Bonusberechnung eingehen können. Der Nachteil daran ist, dass das DB-Ziel dadurch wieder »verwässert« wird. Nicht verwässert wird der DB, wenn die zusätzlichen Ziele in die Kundendeckungsbeitragsrechnung integriert werden. Dazu zählen z. B. veränderte Verhaltensweisen des Kunden, die sich intern in geringeren Prozesskosten niederschlagen. Insbesondere die Bestellhäufigkeit und die Bestellmenge sind hier gemeint.

Ad Variante 3: Vorgabe einer Relation zwischen den Produkten

Nicht zuletzt kann das Bonussystem auch danach aufgebaut werden, wie die Auslastung der Produktion optimiert werden kann.

Schließlich bestehen die Produktkosten aus einer Materialkomponente (Bezug z.B. zur Rabattstaffel im Einkauf) und einer Fertigungskomponente (Bezug z.B. zum Fertigungslos und den Rüstkosten). In einer Brauerei könnte die Auslastung der Fertigung z.B. die optimale Relation von Fass- zu Flaschenbier sein. Angenommen, das optimale Verhältnis beträgt 30 % Fass- und 70 % Flaschenbier, dann sollte das Bonussystem des Außendienstlers das auch widerspiegeln. Am einfachsten lässt sich das durch einen Gewichtungsfaktor erreichen, mit dem die erreichten Bonuspunkte (Euro-Beträge) multipliziert werden. Die folgende Tabelle verdeutlicht das Vorgehen:

Relation		Gewichtungsfaktor
Faß-	Flaschenbier	Bonus
0%	100%	0,9
10%	90%	1,1
20%	80%	1,4
30%	70%	1,5
40%	60%	1,4
50%	50%	1,1

Abb. 5.14: Auslastungs-Variante

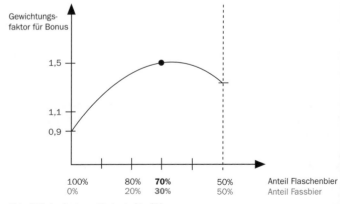

Abb. 5.15: Auslastungs-Variante (Grafik)

Dabei ist zu beachten, dass die Abnahme des Gewichtungsfaktors für den Bonus weder linear erfolgen muss, noch dass die Senkung auf beiden Seiten des optimalen Punktes gleich weit zu erfolgen hat. So könnte beispielsweise die Kapazität für Flaschenbier deutlich größer sein als die Kapazität für Fassbier. Entsprechend größer ist der Auslastungsdruck für die Firma, was sich auch in den Gewichtungsfaktoren niederschlagen muss.

Ad Variante 4: Verschleierung durch Verrechnungspreise

Durch Verwendung eines Verrechnungspreises werden die Produktkosten und damit der DB vor dem Außendienstler verborgen. Er sieht nur noch die Differenz zwischen dem Verkaufspreis an den Kunden und dem Verrechnungspreis. Man könnte von einem »Quasi-DB« sprechen. I.d.R. liegt der Verrechnungspreis über den Proko, so dass es sich beim »Quasi-DB« um einen »gestutzten DB« handelt. So wird erreicht, dass ein Teil des DB gesichert ist, z.B. für die Deckung zentraler Strukturkosten. Diese Deckung bleibt vor dem AD »versteckt«. Auch ist der Spielraum des Außendienstlers begrenzt, weil er durch die (künstlich) erhöhten Kosten dem Kunden nicht mehr so weit entgegenkommen kann. Ansonsten würde er seine eigenen Kosten nicht mehr decken und keinen

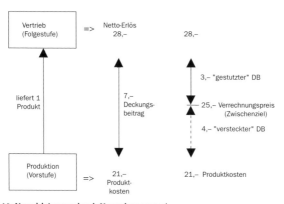

Abb. 5.16: Verschleierung durch Verrechnungspreise

Beitrag zum Ergebnis der Firma leisten. Dies verlangt im Umkehrschluss eine angepasste, d. h. reduzierte »Quasi-DB«-Zielvorgabe für den AD.

Mehr noch als bei den anderen Varianten ist es wichtig, dass für den angestrebten Marktpreis eine klare Mengenerwartung existiert. Nur so können unnötige Diskussionen um die Höhe des Verrechnungspreises unterbunden werden. Jede Änderung des Verrechnungspreises führt zu einer anderen Zielvereinbarung. Wenn bei dem als realistisch eingestuften Preis von 28 Euro angenommen 10.000 Stück absetzbar sind, dann heißt das Deckungsziel, das mit dem Außendienstler vereinbart wird 30.000 Euro, da er einen »gestutzten DB« von 3 Euro je Stück erhält.

Häufig wird seitens der Außendienstleitung versucht, in innerbetrieblichen Verhandlungen den Verrechnungspreis zu »drücken«. So lässt sich das Ziel von 30.000 Euro leichter erreichen. Ein Mal intern erfolgreich verhandeln erspart viele Verhandlungen beim Kunden. Das kann nicht im Interesse der Firma sein und vernünftig ist es ohnehin nicht. Sollte der Verrechnungspreis im obigen Beispiel auf 24 Euro je Stück gesenkt werden, dann erhöht sich der »gestutzte DB« auf 4 Euro/Stück. Konsequenterweise muss auch das Ziel angepasst werden auf 40.000 Euro. Schließlich ist weder der Marktpreis von 28 Euro noch die Menge von 10.000 Stück unrealistisch geworden. Mit dem Verrechnungspreis ist eine Größe geändert worden, die der Kunde überhaupt nicht kennt. Deshalb ist das neue Ziel mit 40.000 Euro in Wirklichkeit nur das »Alte«.

Ad Variante 5: Verfremdung durch Herstellungskosten

Eine besondere Ausprägung des Verrechnungspreises ist die Verwendung von Herstellungskosten. Vorteil dieser Variante ist die einfache Handhabung, da die Herstellungskosten für die Bestandsbewertung ohnehin vorliegen. Sofern die Firma das UKV verwendet, liegt das Brutto-Ergebnis vom Umsatz ebenfalls bereits vor. Dann kann als Zielmaßstab anstelle des DB I das Brutto-

Ergebnis vom Umsatz verwendet werden. Die Verwendung der Herstellungskosten hat den Bonus scheinbarer Objektivität, da diese Bestandteil des Jahresabschlusses sind. In Wirklichkeit ist dies ein Nachteil, weil der Gesetzgeber festgelegt hat, die Herstellungskosten auf Ist-Kosten-Basis zu ermitteln. Sie werden von der Auslastung, von veränderten Einkaufspreisen und Fertigungszeiten, etc. beeinflusst. Insbesondere steigende Unterauslastung hat einen starken Einfluss und treibt die HK in die Höhe. Standardkosten sind nicht zulässig. Das hemmt die Motivation des Vertriebs, weil der Zielmaßstab für seinen Bonus teilweise von den Leistungen anderer Abteilungen beeinflusst wird.

Außerdem führt die Steuerung mit Herstellungskosten nicht immer zum maximalen Gewinn der Firma. Der Grund ist, dass verschiedenen Produkten meist auch unterschiedlich hohe Strukturkostenanteile in den HK zugerechnet worden sind. Damit ist ein Teil der Strukturkosten bereits gedeckt – aber in unterschiedlicher Höhe durch die verschiedenen Produkte. Dem Vertrieb ist nicht bekannt, wie viel Strukturkosten jeweils in den Herstellungskosten enthalten sind. Er sieht nur die restliche Deckung in Form des Brutto-Ergebnisses vom Umsatz und nicht die Gesamtdeckung der Struko in Höhe des DB I. Auch die Brutto-Marge vom Umsatz hilft nicht weiter. Nicht die anteilige Deckung von Strukturkosten sondern die absolute Deckung ist entscheidungsrelevant. Das folgende Beispiel zeigt, dass Artikel A zwar vorzuziehen wäre, dass

	Artikel A	Artikel B
Verkaufspreis	100	105
Produktkosten	30	40
+ anteilige Strukturkosten	30	20
= Herstellungskosten	60	60
DB I	70	65
Brutto-Ergebnis v. Umsatz (gross profit)	40	45

Abb. 5.17: Zweidimensionale Verschleierung durch Herstellungskosten

dies aber ohne Produktkosten und damit ohne DB I nicht zu erkennen ist.

Deutlicher gesagt: der »gross profit« führt im obigen Beispiel zu einer Fehlentscheidung. Würde Artikel B verkauft, dann würden nur 65 Euro DB I erzielt, obwohl 70 Euro möglich wären. Insbesondere bei größeren Unterschieden bzgl. der anteiligen MGK bzw. FGK zwischen den Produkten kann sich dadurch eine systematische Fehlsteuerung ergeben. Ein typischer Fall kann sich ergeben, wenn die Strukturkosten wie z. B. AfA analog zur Maschinenbelegung in einer Zuschlagskalkulation auf die Artikel aufgeschlagen werden.

Auch die Überlegung, sich auf HK-Definition des Handelsrechts an Stelle des Steuerrechts zu stützen, hilft nicht weiter. Durch das BilMoG sind die Pflichtbestandteile des handelsrechtlichen Jahresabschlusses den steuerlichen Pflichtbestandteilen seit 01.01.2010 angeglichen (vgl. Kapitel 3).

Gleiches ergibt sich auch bei unterschiedlichen Fertigungsverfahren für die beiden Artikel. Es hilft nur eine ergänzende Analyse zur exakten Zusammensetzung der HK weiter. Allerdings ist das eine Rechnung, die der Vertrieb nicht leisten kann (und soll). Das Ziel, jeden AD-Mitarbeiter seine Entscheidung über die Preis-/ Mengenkombinationen selbständig treffen zu lassen, kann so nicht erreicht werden. Fast noch schlimmer wiegt, dass der Vertriebs-Controller über die Fertigungsverfahren in der Regel nicht informiert ist. Die Arbeitsteilung in großen Unternehmen führt dazu, dass er gar nicht weiß, ob nach DB I und gross profit derselbe Artikel vorteilhaft ist. Ohne Kenntnis der Produktkosten weiss er nicht, ob auf Basis des »gross profit« entschieden werden darf oder nicht. Es ist ein Problem, wenn der Kunde den vom Ergebnisbeitrag schlechteren Artikel bevorzugt – aber es ist ein noch größeres Problem, gar nicht erst zu wissen, was für das eigene Unternehmen vorteilhaft ist.

Die Schwierigkeiten mit dem gesetzlich definierten Begriff der Herstellungskosten sind bereits im Kapitel 3 ausführlich beschrieben worden. So bleibt hier nur noch anzumerken, dass die anteilige Einbeziehung von Strukturkosten richtig für die Kalkulation (Verkaufspreisfindung) ist. Aber sie ist falsch für die »interne« Ergebnisrechnung (Entscheidungsfindung). Das gilt insbesondere für die Vertriebssteuerung. Nicht nur, dass diese Art der Rechnung irreführend sein kann, sie verwischt zugleich die Grenzen zwischen Buchhaltung (= Abbildung) und Controlling (= Steuerung). Berücksichtigt man das nicht, dann wird die »interne« Ergebnisrechnung von einer steuernden, beeinflussenden Rechung auf die Abbildung des eingetretenen Ergebnisses der letzten Periode reduziert. Ganz abgesehen davon, dass es nicht besonders effizient sein kann, zwei Mal (fast) dasselbe durch zwei verschiedenen Abteilungen tun zu lassen. Genau darum lautet die erste Überschrift dieses Kapitels auch, dass die GuV zur Vertriebssteuerung nicht ausreicht.

Kapitel 5

Strategie Tool Box für den Profit Center Manager

Was bedeutet Strategie?

Die Deutungen des Sachverhalts der Strategie gehen in Theorie und Praxis weit auseinander. Es gibt keine einheitliche Auffassung über das Wesen von Strategien, geschweige denn über den Prozess, wie man zu einer Strategie kommt. Bemerkenswert in diesem Zusammenhang ist die Analyse von H. Mintzberg (»Strategy Safari«), der allein 10 unterschiedliche Strategieschulen identifiziert und beschreibt.

Ursprünge von Strategien finden sich lange bevor es Wirtschaftsliteratur gab. Bereits im 4. Jahrhundert vor Christus hat Sun Tzu sein Buch über die Kunst des Krieges verfasst. Darin ist explizit von Strategie die Rede. So leitet sich der Wortkern aus dem Griechischen ab. »Strategós« bedeutet Heerführer oder Feldherr. Unter Strategie wurde die Kunst der Heerführung, eine geschickte Kampfhandlung oder die Feldherrenkunst verstanden. Strategie bedeutet, jemand durch eine Kriegslist zu erobern. Die klassische Kriegslist war das Trojanische Pferd. Die Festung Troja ist der Kunde, der erobert werden soll. Die Strategie: der Kunde will sich selber erobern lassen, indem das Pferd so lockt. Zu Beginn des 19. Jahrhunderts war es vor allem v. Clausewitz, der als Mitglied des preußischen Generalstabs die Bedeutung von Strategien für das Militär wiederentdeckte. Seit dieser Zeit wird unter Strategie die allgemeine Entwicklungsrichtung eines Heeres verstanden.

Der etymologischen Wortdeutung folgend wird hier und auch in den Seminaren der Controller Akademie Strategie interpretiert als das Bemühen des Unternehmens einen Wettbewerbsvorteil zu schaffen und auszubauen. »How to create a competitive advantage?« Im Mittelpunkt steht demnach die Frage: »Lösen wir die Probleme der Kunden nachhaltig besser als der Wettbewerb? Besondere Aufmerksamkeit verdient das Wort »besser«! Besser kann heißen schneller, kostengünstiger, technologisch überlegen, serviceorientierter… Hierbei geht es häufig darum ein Alleinstellungsmerkmal zu erzeugen, eine so genannte »USP« – Unique Selling Proposition. Ein solches Alleinstellungsmerkmal ist meist dann nachhaltig, d. h. besonders gut ausbaubar und verteidigbar, wenn es auf das Know-how und Know-who der Mitarbeiter aufbaut.

Als Allgemeingut hat sich herausgeschält, dass man in den meisten Unternehmen zwischen strategischer und operativer Planung unterscheidet. Dies geschieht sowohl auf der inhaltlichen, wie auf der prozessualen Ebene. Zwischen strategischer und operativer Planung ist ein Unterschied bezüglich des Planungsstoffs (Inhalt). Da gelten die berühmten Worte von P. Drucker als Richtschnur, dass strategische Planung mit den Worten »Doing the right things« zu umschreiben ist, während das Operative mehr das »Doing the things right« beinhaltet. Da man sich zuerst darum kümmern muss, was die richtigen Dinge sind und dann erst diese Dinge richtig machen kann, befindet sich die strategische Planung auch logisch vor der operativen. So ist es naheliegend, das auch zeitlich so zu arrangieren. Im Planungskalender liegt die strategische vor der operativen Planung. Sie bekommt dadurch einen eigenen, ihrer Bedeutung entsprechenden Stellenwert. Ein eigenes Planungsmodul »Strategieklausur« ist ebenso unerlässlich wie die operative Budgetkonferenz.

Die Abbildung 6.1 zeigt einerseits die Trennung in die unterschiedlichen Denkweisen der strategischen und operativen Planung, verbindet aber andererseits diese beiden Aspekte in einem »Diagonalbild«. In diesem Sinne müsste auch der Schreibtisch unseres Verkaufsleiters »diagonal« sortiert sein. Den primär operativen Werkzeugen aus Kapitel 5 folgt nun die dazu passende Strategie Toolbox. Auf diese Weise ist unser Profit Center Chef ganzheitlich orientiert. Die Erfahrungen der Balanced Scorecard haben gezeigt, wie fundamental wichtig es ist, die operativ Verantwortlichen bei der Strategieentwicklung zu beteiligen. Dabei ist auf den Umstand aufmerksam zu machen, dass uns die Planungsprobleme nicht den Gefallen tun, mit einem Schild herumzulaufen, auf dem entweder

Strategische Denkweise
Vernetzt, eher unstrukturiert
Ganzheitliches Denken
Simultanes, verknüpftes Denken
Alternativentwicklung unter Unsicherheit
Oft anscheinend widersprüchlich
Sensibel für schwache Signale
Das Wort respektive ordinale Aussagen

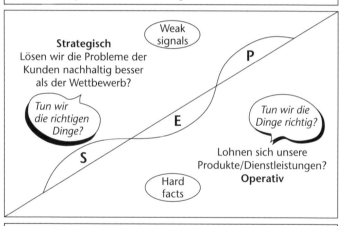

Operative Denkweise
Eher linear und strukturiert
Mehr detailorientiert
Integriertes, vorgehensorientiertes Denken
Alternativen mit rechnerischer Begründung
Koordiniert
Sensibel auf Machbarkeit im Team
Die Zahl respektive kardinale Aussagen

Abb. 6.1: Strategisch-operatives Vexierbild

operativ oder strategisch steht. Es bedarf der Analysefähigkeit der beteiligten Entscheidungsträger, das eine von dem anderen zu trennen. Wenn es dann aber ans Umsetzen der Strategie geht, ist sorgsam darauf zu achten, dass strategisches Denken und operatives Tun miteinander verzahnt sind.

Die Abbildung verhält sich wie ein Vexierbild. Man kann entweder das Eine oder das Andere sehen. Oder man sieht gleichzeitig beides. Schaut man sich das Bild mehr von der linken Seite aus an, dominiert der strategische Aspekt der Planung mit operativem Unterbau. Schaut man von rechts herein, so dominiert die operative Seite mit strategischem Oberbau. Beide Dreiecke verbinden sich über die geschwungene Linie, die mit den drei Buchstaben SEP – Strategische Erfolgsposition – versehen ist. So lässt es sich verbinden: Jede strategische Position muss immer auch eine Erfolgsposition im operativen Sinne beinhalten. Somit ist einmal die Frage zu beantworten, ob wir die Probleme der Kunden nachhaltig besser lösen als der Wettbewerb. Diese Frage ist mehr strategischer Natur und führt den Gedanken weiter, ob wir die richtigen Dinge tun. Aus operativer Sicht ist dann zu prüfen, ob sich unsere Produkte bzw. Dienstleistungen auch lohnen (s. Kap. 3). Das macht sich daran fest, ob wir die Dinge richtig tun. Somit kreisen strategische Gedanken insbesondere um drei Bezugspunkte: Kunde, Wettbewerb und das eigene Unternehmen.

Das Strategische Dreieck

Es war wohl vor allem der Japaner K. Ohmae, der strategisches Planen innerhalb des Dreiecks Kunden, Wettbewerb und Unternehmen ansiedelte. Dieses sogenannte strategische Dreieck ist bestimmt durch seine drei Ecken und durch die Verbindung zwischen diesen Ecken. So ist für fundiertes strategisches Arbeiten nicht nur die tief gehende Kenntnis der Kunden, des Wettbewerbs und des eigenen Unternehmens nötig, sondern auch des Wirkungsgeflechts zwischen diesen drei agierenden Marktpartnern. Wenn die Frage nach den richtigen Dingen vertieft werden soll, dann lässt sich das auch in dieser Form fortsetzen. Eine Sache ist dann richtig, wenn es Kunden gibt, die es wollen. Damit sind wir auf der Spur der Marktattraktivität. Der Markt wächst dann, wenn es immer mehr Kunden gibt, die mein Produkt wollen oder wenn dieselben Kunden immer mehr von meinem Produkt wollen. Aus Wettbewerbssicht braucht es dann die Fähigkeit des Unternehmens, es nachhaltig besser zu können als der Wettbewerb. Unsere Problemlösungsfähigkeit muss der des Wettbewerbs überlegen sein. Wettbewerbsvorteile müssen vom Kunden erkannt werden. M. Porter unterscheidet drei grundsätzliche strategische Stoßrichtungen, um Wettbewerbsvorteile zu erzeugen. »Differenzierung« zielt auf Alleinstellungsmerkmale, z.B. auch das einzigartige Image einer Marke, »Kostenführerschaft« auf günstigere Preise (das ALDI-Prinzip) und »Fokussierung« auf die Konzentration auf eine bestimmte, z.B. regionale Zielgruppe (»Kirchturm«-Strategie).

Das Besondere und für strategisches Arbeiten Kennzeichnende ist, dass das Agieren der Marktpartner nicht losgelöst in einem Vakuum stattfindet, sondern eingebettet ist in ein dynamisch sich veränderndes Umfeld. Auf diese Weise kristallisieren sich für die nötige strategische Analyse vier Felder heraus, innerhalb derer gezielt Informationen zu gewinnen sind. Die vier Sätze mit Aufforderungscharakter im Rahmen der strategischen Planung lauten:

1. Kenne Dein Umfeld!
2. Kenne Deine Kunden!
3. Kenne Deinen Wettbewerb!
4. Kenne Dich selbst!

So ist die strategische Sichtweise viel stärker geprägt durch ein »Outside-In-Denken« als durch ein »Inside-Out-Denken«. Der Anspruch, relevante Veränderungen im Umfeld des Unternehmens zu orten und daraus erwachsende Konsequenzen auf das eigene Unternehmen abzuleiten, kennzeichnet ein Bemühen der strategischen Planung. Dazu gehört einmal die Fähigkeit aller Beteiligten mit offenen Augen und offenen Ohren durch die Welt zu gehen. Das schließt eine Nähe zum Kunden und zum Wettbewerb mit ein. »All business is local« steht gerade auch für die Forderung, relevante Veränderungen dezentral aufzuspüren. Vielleicht braucht es schon allein aus dieser Sicht die strategisch dezentrale Einheit, weil sie eher in der Lage ist auch kleinste Veränderungen wahrzunehmen. Das sind vor allem auch jene »weak signals«, die in ihrer Gesamtheit über einen längeren Zeitraum verdichtet einen Trend ausmachen. Der Zentrale kommt dann die Aufgabe zu, solche Bemühungen zu koordinieren und die daraus resultierenden Kenntnisse zu verdichten. So entstehen im Rahmen von Umfeldanalysen immer wieder vergleichbare Muster. Sie versuchen, das Umfeld zu systematisieren. So sind in Abbildung 6.2 fünf Segmente eingefügt, die für das Agieren der Marktpartner von besonderer Relevanz sein dürften. Das politisch-gesetzliche Umfeld, welches den unmittelbaren Rahmen der geschäftspolitischen Möglichkeiten und Grenzen absteckt, bildet den ersten »Ring« um das Dreieck. Dazu gehören Veränderungen in der Steuergesetzgebung ebenso dazu, wie die sich verändernden Rahmenbedingungen durch die Legislative der europäischen Gemeinschaft. Welche strategischen Fragezeichen entstehen durch den Wegfall des Rabattgesetzes? Wie wirkt die Einführung der Ökosteuer auf das Verhalten der Marktpartner? Solche Fragen systematisch gestellt, sind Gegenstand einer ersten strategischen Analyse. Auch Veränderungen in den angrenzenden Umfeldquadranten der Technologie, der Ökologie, der Sozio-Kultur sowie der Ökonomie sind einzubinden in diesbezügliche Überlegungen. Wie wirkt das Internet auf das Kundenverhalten eines stationären Buchhändlers? Welche Möglichkeiten ergeben sich durch die Biotechnologie für einen Nahrungsmittelhersteller?

Die oben gestellten Fragen lassen alle Antworten zu. Strategische Systeme sind wohl möglichst offen zu halten, um nicht zu schnell zu vorschnellen Antworten zu kommen. Auf der anderen Seite besteht wohl auch die Gefahr eines »Information-Overloading«, welches bei übertriebener Umfeldwachsamkeit zu einem höheren Grad an Verwirrtheit führt. So liegt es in der Natur des Menschen, dass er beginnt, die Komplexität des Umfeldes zu reduzieren. So verhält es sich auch mit unserer beschränkten Fähigkeit, die heute fest gestellte Veränderung einer Umfeldvariablen in ihrer Wirkung auf die künftigen Reaktionsweisen der Marktpartner einzuschätzen. Unsere Prognosemöglichkeiten sind trotz aller Hilfsmittel sehr begrenzt. Das sehen wir an den sich ständig ändernden Konjunkturprognosen oder den nicht selten diametralen Einschätzungen zur Börsenentwicklung. Dass schon einige »edle Häupter« mit Prognosen ziemlich daneben lagen, zeigen die folgenden Zitate:

> *»Die Atomenergie mag in ihrer Wirkung mit unseren heutigen Sprengstoffen vergleichbar sein, aber es ist unwahrscheinlich, dass sie gefährlichere Folgen hat.«* (W. Churchill, 1939)
> *»Ich glaube, dass es einen Weltmarkt für etwa fünf Computer gibt.«* (Th. J. Watson, Präsident von IBM, 1948)
> *»Der Mensch wird auch in tausend Jahren noch nicht fliegen.«* (W. Wright, 1901)

Bezieht man das alles mit ein, so muss man sich nicht wundern, dass sich in der Praxis bei nicht wenigen Unternehmen ein Verhalten durchgesetzt hat, das man mit »muddling through« bezeichnen könnte. Wenn ohnehin alles unsicher und ambivalent ist, dann ist es vielleicht besser man kümmert sich gar nicht um

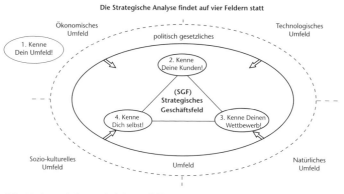

Abb. 6.2: Strategisches Dreieck im Umfeld

das Umfeld und wurstelt sich irgendwie durch. Auch das könnte eine Strategie sein, die sich durch hohe Flexibilität einerseits und Beharrungsvermögen andererseits auszeichnet.

Abgrenzungen:
Was ist eine STRATEGIC BUSINESS UNIT?

Seit A. Gälweiler kennt man in Deutschland den Begriff der Strategischen Geschäftseinheit. Er hat sie als eine Kombination aus Produkt und Markt bezeichnet, die eigenständige unternehmerische Entscheidungen erfordert. In der Praxis war es wohl General Electric, das erstmalig STRATEGIC BUSINESS UNITS als eigenständige Unternehmenseinheiten gekennzeichnet hat. In den Untersuchungen von Chandler hat sich als Gesetzmäßigkeit herausgebildet, dass die jeweilige Unternehmensstruktur der Strategie folgt. Die Leitlinie, »Structure follows Stratgey«, ist dieser Sichtweise entsprungen. Das galt vor allem für die 60er-Jahre, in der strategische Diversifikationsentscheidungen zu divisionalisierten Unternehmen führten. Demnach ist die Bildung einer strategischen Geschäftseinheit das Resultat strategischer Entscheidungen. Diese werden sicherlich zentral vom Top-Management getroffen, sind sie doch ins Leitbild des Unternehmens zu integrieren. Dies gilt um so mehr, wenn man dabei bedenkt, dass Portfolio-Strategien nicht auf der Basis von Produkten oder Produktgruppen realisiert werden, sondern auf der Grundlage von Strategic Business Units. Die Verfasser haben sich im Folgenden für den englischen Begriff entschieden, um die Einheitlichkeit in den Begriffen quer über das Triptychon zu wahren. Dabei ist der Begriff der strategische Geschäftseinheit (SGE) synonym zu verwenden mit dem der Strategic Business Unit (SBU). Es ist auch hin und wieder von strategischen Geschäftsfeldern die Rede. Häufig wird auch dieser Begriff synonym verwendet, manches Mal ist damit aber weniger die Unternehmenseinheit angesprochen als vielmehr das Marktsegment, innerhalb dessen eine eigenständige Strategie verfolgt wird.

Wenn man den Grundüberlegungen von Gälweiler folgt, so sind die Abgrenzungsbemühungen innerhalb des strategischen Dreiecks zu vollziehen. Das Unternehmen selbst als ein Koordinatenpunkt innerhalb strategischer Analysen lässt sich differenzierter betrachten in Bezug auf Produkte, Produktlinien oder Produktgruppen. Nehmen wir das Beispiel eines lokalen Brauereiunternehmens in Niederbayern, das bisher ausschließlich Weißbier im Sortiment hat. Der Kauf eines Mineralwasserbrunnens wäre für dieses Unternehmen sicherlich ein strategischer Entscheid und würde eine zweite Strategic Business Unit entstehen lassen. Zwei Produktlinien entsprechen zwei strategischen Geschäftseinheiten. Innerhalb dieser beiden Einheiten könnte es unterschiedliche Profit Center geben. So etwa wenn die Regionen oder die Vertriebswege eigenständige Marktaufgaben wahrnehmen. Sollte sich dieser lokale Bierbrauer dazu durchringen, in neue Märkte vorzustoßen, indem er z. B. in Schleswig-Holstein eine neue Zweigniederlassung eröffnet, dann könnte diese Region sehr wohl als eigenständige Strategic Business Unit gesehen werden, weil dort andere Kundenverhaltensweisen gelten. In dem Fall entspringen einer Produktlinie zwei strategische Einheiten. Das lässt sich jetzt aber nicht verallgemeinern. Nicht jede neue Zweigniederlassung muss eine eigenständige strategische Einheit darstellen, sondern es hängt ganz maßgeblich von der aktuellen strategischen Position des Unternehmens ab. Wenn McDonalds eine neue Zweigstelle in Starnberg eröffnet, dann würde man das nicht als strategischen Entscheid mit eigenständiger Strategic Business Unit einsortieren, sondern als einen Schritt zu einer weiteren Marktpenetration in Deutschland.

So bedeutet »customer focus« innerhalb des strategischen Dreiecks eine klare Definition der Zielgruppen. Das kann regional oder auf andere Weise geschehen. Auf diese Weise können Strategic Business Units durch unterschiedliche Verknüpfungen von Produkten auf der einen Seite und Kunden auf der anderen Seite gebildet werden. Eine bisher nicht beachtete oder vernachlässigte Zielgruppe soll stärker forciert werden, um ein größeres Marktpotenzial erschließen zu können. Für unseren Weißbierbrauer könnte dies beispielsweise bedeuten, dass man sich der Zielgruppe der Autofahrer, Radfahrer, Frauen, Figurbewussten, Langstreckenläufer usw. durch eine alkoholfreie oder »Light-Variante« nähert. Statt 0,5 l-Flaschen werden auch 0,33 l und entsprechende Gläser in Umlauf gebracht. So könnte eine weitere Strategic Business Unit entstehen.

Neben dem Kunden kann auch der Wettbewerber für die Bildung von strategischen Einheiten eine Rolle spielen. Klar identifizierbare Wettbewerber spielen für die eigenständige Formulierung von Strategien eine maßgebliche Rolle. In welchem Genre bewegt man sich mit der Marke, in welchem Preislevel treten wir gegen welche Wettbewerber an. Dabei können regional unterschiedliche Wettbewerbsstellungen zu unterschiedlichen strategischen Geschäftseinheiten führen.

An der beispielhaften Aufzählung soll deutlich werden, dass es einer Mehrzahl von Kriterien bedarf um Strategic Business Units zu bilden. Diese Kriterien müssten auch flexibel und abhängig von der Situation verwendet werden. Letztlich ist die Bildung strategischer Geschäftseinheiten ein wesentlicher Bestandteil der strategischen Planung selbst. Sie nimmt eine Initiativfunktion für den gesamten Prozess ein. Die Strategic Business Units sind dann die wesentlichen Bezugspunkte der strategischen Analyse sowie der Formulierung der jeweiligen strategischen Stoßrichtungen. Aus der Vielzahl der unterschiedlichen Aspekte kristallisieren sich fünf Kernpunkte heraus, die zur Segmentierung herangezogen werden können:

1. Besondere Marktaufgabe
2. Wettbewerbsposition
3. Ergebniseinheit
4. Zielfindung
5. Strategieformulierung

Die fünf Punkte in ihrer knappen Formulierung kennzeichnen eine Strategic Business Unit als Unternehmen im Unternehmen, wenn vor jeden Punkt das Wort unabhängig, selbständig, eigenständig oder autonom gesetzt wird. Dabei kommt immer wieder die Frage auf, ob eine solche Einheit eine Denkeinheit oder eine echte organisatorische Einheit im Unternehmen darstellt.

Für die organisatorische Einheit spricht die Erfahrungstatsache, dass es einen Kümmerer braucht, will man den selbständigen Anforderungen einer solchen Einheit gerecht werden. Dass dieser Kümmerer im Zweifelsfall zugleich ein Profit Center Leiter oder ein Spartenleiter ist, soll uns dabei nicht stören. Gesellt sich zur Entscheidungsautonomie im Rahmen des durch das Leitbild vorgegebenen Korridors auch noch eine Investitionsautonomie hinzu, so lässt sich eine Strategic Business Unit als Value Center interpretieren. Der Punkt der Denkeinheit ist auch noch von einer anderen Seite aus kritisch zu betrachten. Denken und Handeln müssten im Unternehmen eine Einheit bilden. Wenn es demnach für eine Einheit einen Plan (Denkmuster für die Zukunft) gibt, dann bräuchte es auch jemand, der sich um diesen Plan kümmert. Dazu braucht es die Delegation diesbezüglicher Aufgaben und die dazugehörigen Kompetenzen. Erst dann dürfte auch jemand bereit sein, für sein strategisches Handeln Verantwortung zu tragen. So ist die persönliche Zuständigkeit als Führungsprinzip für eine Strategic Business Unit unverzichtbar.

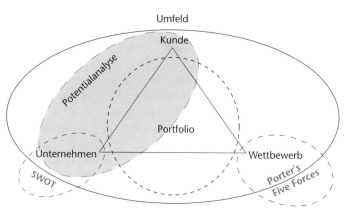

Abb. 6.3: Strategische Werkzeuge im strategischen Dreieck

Die Klassifizierung bzw. Typisierung von Strategic Business Units rührt von der jeweiligen Positionierung im Portfolio her. Die plakativen Begriffe wie Cash Cow, Star, Question Mark und Poor Dog stehen dann auch für unterschiedliche strategische Stoßrichtungen mit unterschiedlichen Zielsetzungen. Auch etwas sanftere Formulierungen wie z. B. Kern- und Spezialgeschäfte, Aufbau-, Pflege- und Auslaufgeschäfte lassen autonome Strategien mit individuellen Zielen vermuten.

Im Folgenden werden nun ausgewählte strategische Werkzeuge betrachtet. Dabei ist zu beachten, dass sämtliche Methoden nur sinnvoll angewendet werden können, wenn der Bezugspunkt der Analyse nicht das ganze Unternehmen, sondern die einzelne Strategic Business Unit ist.

Das Generelle Muster: SWOT

SWOT ist zuerst einmal ein Kunstwort, das entstanden ist durch die vier Anfangsbuchstaben der zu analysierenden Sachverhalte:

- Strengths
- Weaknesses
- Opportunities
- Threats

Dann ist es immer mehr zu einem Denkrahmen der strategischen Planung geworden. Dabei geht es darum, die Umfeldentwicklungen des Unternehmens systematisch zu beobachten. Die sich aus der Veränderung wichtiger Variablen ergebenden Konsequenzen sind in die strategische Planung zu integrieren. Dabei hat sich in der Praxis ein systematisches Vorgehen nach Checklisten bewährt, die unternehmensindividuell Schritt für Schritt weiterentwickelt und verfeinert werden. Abbildung 6.4 auf der nebenstehenden und folgenden Seite zeigt eine Checkliste von A. Gälweiler.
Dabei werden die externen Chancen und Risiken abgegriffen nach fest gelegten Beobachtungsbereichen. Das sind die Schritte 1 bis 5. Dieses Vorgehen entspricht dem in Früherkennungssystemen

1 Analyse der gesamtwirtschaftlichen Entwicklung
- für den Geschäftsbereich maßgebende und wichtige gesamtwirtschaftlich bedingte
- langfristige Trends
- kurzfristige konjunkturelle Gegebenheiten

2 Analyse der Marktverhältnisse und der Markttrends
Wesentliche Trends und Tendenzen in den jetzigen und künftigen Marktgegebenheiten nach Produktgruppen bzw. -bereichen
- Aufteilung des Gesamtmarktes in Teilmärkte (regional und/ oder nach Abnehmergruppen), eigene Marktanteile
- Marktvolumen, Wachstum, Wachstumsschwerpunkte (Produkte / Abnehmergruppen), Wachstumsursachen
- Preistrends (Inland/Export)
- Veränderung in der Abnehmerstruktur und den Kundenbedürfnissen
- Bestehende Vertriebswege und mögliche Änderungen
- Sonstige für den Geschäfts- bzw. Produktbereich wichtige Veränderungen und Trends

3 Analyse der technologischen Trends
Technische Entwicklungstendenzen, die von Bedeutung sind oder es werden können
- in bezug auf die gegenwärtigen Produkte,
- in bezug auf die gegenwärtigen Verfahrenstechniken in Fertigung, Konstruktion etc.

4 Konkurrenzanalyse
- Wichtige Konkurrenten, ihre wesentlichen Stärken und Schwächen
- Fertigungsstätten, Kapazitäten, Kostenvorsprung, Ertragslage, regionale Vor- und Nachteile
- Markt und Produktposition, Marktanteile, Image, Produkttreue der Kunden
- Vorhaben der Konkurrenz (in Entwicklung, Marketing, Produktion)
- Veränderung der Anbieterstruktur (z.B. Konzentrationen)

5 Analyse der Einflüsse durch neue Gesetze und sonstige Vorschriften
Z.B. Sicherheits- und Prüfvorschriften, Normen; im In- und Ausland

---

6 Zusammengefaßte Beurteilung der Geschäfts-Chancen und Risiken

1. aus der Entwicklung auf den Märkten und bei den Abnehmern
2. aus der technologischen Entwicklung
3. aus der Entwicklung bei der Konkurrenz
4. aus Gesetzgebung und sonstigen Vorschriften
5. aus sonstigen Markttrends

Herausarbeitung und Gewichtung der Chancen und Risiken, pro Produkt- und Anlagegruppe

---

7 Identifizierung der internen Stärken und Schwächen des Geschäftsbereichs

– Beurteilung der Marktposition und der Ertragslage, gesamt und nach Produktbereichen, bzw. -gruppen
– Ergebnisse der letzten 2–3 Jahre in % vom Umsatz und Kapital, Wachstum, Marktanteile (nach Produktgruppen)
– Ursachen für den bisherigen positiven und negativen Erfolg nach Produktgruppen und Funktionsbereichen (Marketing, Entwicklung,Produktion, Verwaltung)
– Stärken und Schwächen der Organisationsstruktur, personal-politischer Art, des Informationswesens
– Koppelung an andere Geschäftsbereiche und Konzerngruppen
– Zusammenarbeit mit den Funktionsbereichen der Zentrale

Abb. 6.4: »Chancen/Risiken- und Stärken/Schwächen-Analyse« nach A. Gälweiler

üblichen »environmental scanning«. Hauptzweck ist das möglichst frühzeitige Aufspüren von »schwachen Signalen«.

Beim Orten eines solchen Signals setzt dann das sogenannte »Monitoring« ein. Der zu beobachtende Sachverhalt wird fixiert und permanent berichtet. Das Vorgehen von Gälweiler ist sehr stark auf feste Beobachtungsbereiche ausgerichtet. Eine Anpassung der »Scanning Areas« ist für das jeweilige individuelle Unternehmensumfeld erforderlich. Ein solches System selbst ist zudem einer dynamischen Veränderung unterworfen. Mit neuer strategischer Ausrichtung sind die entsprechenden Bereiche anzupassen. Schritt 6 ist eine Zusammenfassung und Bewertung. Versteht sich der Center Controller als Informationsbeschaffer und -lieferant, dann dürfte es auch seine Aufgabe sein, bei solchen Einschätzungen mitzuwirken. Der letzte Schritt bringt dann die Stärken und Schwächen des Geschäftsbereichs, womit Gälweiler sowohl die ersten sechs Schritte als auch den siebten Schritt logischerweise auf die zu analysierende Strategic Business Unit bezieht. Das Vorgehen ist in der Reihenfolge umgekehrt zum SWOT-Muster. Es kommen zuerst die Opportunities and Threats und danach die Strengths and Weaknesses. Diese Reihenfolge entspricht dem »Outside-In-Denken« der strategischen Analyse.

In Abbildung 6.5 wird deutlich, dass die vier SWOT-Kategorien noch durch eine andere Betrachtung gewonnen werden können. Stärken und Schwächen beziehen sich auf den derzeitigen Zustand und sind einer Bewertung in positiv und negativ unterworfen. Daran könnten sich Fragen anschließen, mit welchen Maßnahmen die Stärken in Zukunft zu sichern und die Schwächen zu beseitigen sind. Chancen und Gefahren sind heute nicht unmittelbar virulent, wirken aber unter Berücksichtigung der zu erarbeitenden Prognosen in der Zukunft. Maßnahmenorientiert stellt sich hier die Frage, wie die sich bietenden Chancen gezielt zu nutzen sind und wie den Gefahren begegnet werden kann. Nicht genutzte Chancen können sich zu Gefahren auswachsen, wenn sie z. B. der Wettbewerb früher erkennt und nutzt.

Sachverhalt	Bewertung als	
	positiv	negativ
Ist-Zustand (gegenwartsbezogen)	Strengths (Stärken)	Weaknesses (Schwächen)
Potenzial (zukunftsbezogen)	Opportunities (Chancen)	Threats (Gefahren)

Abb. 6.5: SWOT-Raster

Portfolio – mehr als eine Matrix

Nicht selten ist in der Planungspraxis die Auffassung zu finden, dass strategische Planung mit Portfolio-Planung gleichzusetzen ist. Dies drückt ein wenig die Tragweite aus, welche das Portfolio für den strategischen Suchprozess vieler Unternehmen einnimmt. Das Portfolio ist mehr als eine Matrix! Die Tatsache, dass es aber in dieser attraktiven Form ins Bild gesetzt wurde, begründet sicher einen nicht unwesentlichen Teil seines Erfolgs. Der Erfinder der Portfolio-Idee ist Bruce D. Henderson (1972), Gründer der Boston Consulting Group. Das Portfolio lässt sich in mehrerlei Hinsicht zur Planung und Steuerung strategischer Einheiten einsetzen. Es kann benutzt werden als

- Moderationswerkzeug
- Analysetool
- Instrument zur Strategieentwicklung
- Verbindung in den Business Plan

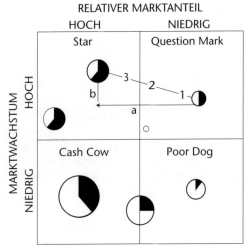

Abb. 6.6: Boston Portfolio

Der erste Aspekt ist vielleicht jener, der am einfachsten zu praktizieren ist. Je nach dem, wie weit der Strategiefindungsprozess fortgeschritten ist, kann das Portfolio zuerst einmal als Katalysator verstanden werden. Das Bewusstsein zu schärfen für die unterschiedlichen strategischen Positionen im Unternehmen, ist dabei erste dringliche Aufgabe. Dann ist es noch nicht entscheidend, wo jetzt genau die einzelnen Strategic Business Units zu positionieren sind, sondern da kommt es mehr darauf an, ein gemeinsames Verständnis zu schaffen, welche Einheiten die Cash Cows und welche die Question Marks sind. Auch der Zusammenhang der Cash Flow-Ströme im Portfolio ist ins Bewusstsein aller zu verankern. Dabei könnte der Controller die Rolle eines Coaches einnehmen, der mit diesem Instrument spielerisch umzugehen versteht.

Der zweite Schritt kann bedeuten, dass man das Portfolio als Analyse-Werkzeug einsetzt. Sollten noch keine Strategic Business Units gebildet sein, so könnte es fürs Erste ausreichen, sich auf die wichtigsten Produktgruppen zu konzentrieren. Vielleicht gibt es Schwierigkeiten bei der Einschätzung des Marktwachstums und der Marktanteile. Das wäre erst einmal durch grobe Einschätzungen zu umschiffen. Später könnte man es dann genauer machen. Liegen die Einschätzungen, die man ja im Team schriftlich einholen könnte, sehr weit auseinander, so ist es eine Art »weak signal«. Keine klaren Vorstellungen über den Wettbewerb oder den Markt sind ein Zeichen dafür, dass es hinsichtlich der Strategie-Transparenz noch mangelt. Eine solche erste Portfolio-Matrix könnte man schrittweise erstellen, indem die in Abbildung 6.7 dargestellte Tabelle (nach E.F. Schröder) ausgefüllt wird.

Bei der Visualisierung der Matrix gibt es unterschiedliche Möglichkeiten, zusätzliche Informationen unterzubringen. So ist es üblich, die jeweilige Strategic Business Unit als Kreis zu zeichnen. Die Größe des Kreisdurchmessers richtet sich entweder nach dem Umsatz oder dem Cash Flow. Letzteres ist informativer, denn so sieht man direkt, ob es sich tatsächlich um eine Cash Cow handelt oder ob es nur der fromme Wunsch war. Zusätzliche Information könnten noch dadurch hinzugefügt werden, dass

Produkt/ Sortiment	Umsatz		Cash-Beitrag		Marktanteil			Marktwachstum	Strategische Positionierung			
	T€	%	T€	%	Eigen	Wettbewerb	relativer Marktanteil		Star	CashCow	Question Mark	Poor Dog
Gesamt	100,0		100,0									

Abb. 6.7: Hilfstabelle zur Portfolio-Erstellung

nach Maßgabe des Deckungsbeitrages in Prozent vom Umsatz der entsprechende Kreisausschnitt schraffiert wird.

Nach Abschluss einer solchen Analyse ist das strategische Fazit zu ziehen. Ist das Portfolio im Gleichgewicht oder gibt es Problemzonen. Wie steht es um die Zukunft des Unternehmens? Besteht ein Cash Flow-Gleichgewicht oder übernehmen wir uns mit unserem derzeitigen Wachstum? Typisch ist in einer solchen Phase, dass man nicht mehr auf Heller und Pfennig rechnen kann. An solche Aussagen muss man sich skalierend herantasten. Das ist typisch für den strategischen Arbeitsstil.

Der nächste Schritt und damit ein weiterer Verwendungszweck des Portfolios ist die Ableitung individueller strategischer Stoßrichtungen für die jeweilige strategische Geschäftseinheit. Dabei geht es einmal darum, die unterschiedlichen Vorhaben zu koordinieren, und zum anderen einzelne Strategien im Hinblick auf ihre Machbarkeit zu prüfen. Dabei werden immer wieder die Standard-Strategien des Boston-Portfolios kritisiert. Es wird gewarnt vor der unreflektierten Übernahme solcher Empfehlungen. Dabei wird allerdings übersehen, dass das Portfolio eine innere Gesetzmäßigkeit in sich birgt. Es hat seine empirisch hohe Gültigkeit im Rahmen der PIMS-Studien mehrfach unter Beweis gestellt. Die Warnungen bezüglich der Reflektion der Strategien sind allerdings nicht in den Wind zu schlagen. Sondern es wird empfohlen, die Stärke des Boston-Portfolios zu nutzen, indem die diskutierten Stoßrichtungen in ganz konkrete Zahlen übersetzt werden. Ein Question Mark ist ein Fragezeichen! So bleibt festzulegen, welche konkrete strategische Zielsetzung mit dem betreffenden Center Manager vereinbart werden soll. Da besteht zweifelsohne erheblicher Erklärungsbedarf. Schnell werden die Kreise durch die Matrix geschoben. Schwieriger ist es dann, konkrete Maßnahmen festzulegen.

So ergibt sich eine letzte Möglichkeit für die Portfolio-Anwendung, indem die verabschiedeten Strategien in konkrete Business Pläne der betreffenden Einheit übersetzt werden. Für das angedeutete Question Mark in Abbildung 6.6 bedeutet dies, dass das

Cash Flow-intensive Vorhaben, einen Star aufzubauen, in konkrete Marktanteils- und Marktwachstumsziele umzuformen ist. Erst dann bekäme die Strategie operativen Halt. Die Frage an den Verkaufsleiter gerichtet: »Was ist es, das den Kunden zu uns kommen lässt und nicht zum Wettbewerb?« führt den Fokus auf den Wettbewerbsvorteil. »Wächst der Markt wirklich um soviel Prozent?« Die unterschiedlichen Beeinflussungsmöglichkeiten auf beiden Achsen der Portfolio-Matrix werden deutlich. Marktwachstum basiert auf Prognosen, Marktanteilsgewinne müssen durch operative Maßnahmen erarbeitet werden. So mündet ein gut durchdachtes Portfolio in einen konsistenten Business Plan, der die zu erreichenden »stretch goals« in messbaren Ziffern ausweist.

Eine weitere Konkretisierung ließe sich mit der Potenzialanalyse vornehmen. Sie diente in Kapitel 3 zur strategischen Preiskalkulation. Hier wurde deutlich, dass sich mit einer klaren Fokussierung auf den Kundennutzen einerseits und mit einem intersubjektiv nachvollziehbaren Vergleich zum stärksten Wettebewerber andererseits die Wettbewerbsposition transparent bestimmen lässt. Das strategische Potenzial einer möglichen Preiserhöhung spiegelt den Wettbewerbsvorteil wieder.

Porter's Five Forces: Kenne Deinen Wettbewerb!

Sofern Strategie mit Kriegslist gleich gesetzt wird, die einen befähigen soll, den Gegner zu überwinden, ist die detaillierte Kenntnis des Wettbewerbers und seiner Strategie hilfreich. Häufig sind in einer Strategie implizite Annahmen über den Wettbewerb enthalten. Treffen diese nicht zu, dann besteht die Gefahr des Scheiterns der eigenen Strategie. Streben wir Kostenführerschaft an und versuchen über Tiefflugpreise den Wettbewerb vom Markt zu verdrängen, liegt die stillschweigende Annahme dahinter, dass wir kostengünstiger produzieren können als der Wettbewerb. Dies erfordert eine entsprechende Kenntnis der Strukturen, Kapazitäten und Prozesse des Wettbewerbers.

M. Porter hat das Wettbewerbsverständnis ganz maßgeblich mit seinen Arbeiten geprägt. Dabei fasst er Wettbewerb in einen wei-

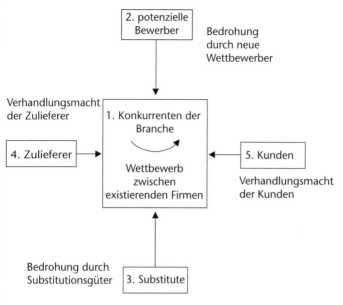

Abb. 6.8: Fünf Wettbewerbskräfte (nach M. Porter)

teren Rahmen. Mit seinem Analyse-Modell der fünf Wettbewerbskräfte fügt er zum Wettbewerb im engeren Sinne, der innerhalb einer Branche zwischen den bestehenden Konkurrenten herrscht, noch vier weitere Wettbewerbsdimensionen hinzu. Potenzielle Wettbewerber, Kunden und Lieferanten sowie Substitutionsgüter bestimmen zudem die Wettbewerbssituation einer Branche. Damit lenkt er die Aufmerksamkeit der Strategen auch auf das weitere Umfeld einer Strategic Business Unit.

Braucht es eine »Strategische Managementerfolgs-rechnung«?

Der Begriff der Managementerfolgsrechnung kommt ja aus dem Sprachgebrauch des operativen Controllings. In der Controller Akademie verwenden wir ihn vorzugsweise für das, was häufig auch als Betriebsergebnisrechnung bezeichnet wird. Bei der dezentralen Steuerung von Profit Centern ist eine Center Erfolgsrechnung unverzichtbar. Der Erfolg des Managements besteht in der Erreichung vereinbarter operativer Ziele. Die Managementerfolgsrechnung als Kern des Berichtswesens hat diesen Erfolg entsprechend abzubilden. Sie besteht in erster Linie aus einer Verkaufserfolgsrechnung, die den Erfolg der Produkte bzw. Produktgruppen am Markt in geeigneter Form darstellt. Dabei hat sie den Anforderungen des Management Accounting hinsichtlich entscheidungs- und zielgerechter Informationen genüge zu leisten (s. Kap. 2). Sie greift dabei auf Informationen anderer Systeme zurück. So fließen die Werte der Kalkulation und der Kostenstellenrechnung in die entsprechenden Zeilen der Erfolgsrechnung.

Wie sieht es mit einem entsprechenden System im Rahmen des strategischen Managements aus? Wir haben bereits festgestellt, dass ein Problem im fehlenden Adressaten bestehen könnte. So lange eine Strategic Business Unit eine Denkeinheit ist und keine Verantwortungseinheit mit einem strategischen Kümmerer ginge eine solche Rechnung ins Leere. Dann fehlt es gegebenenfalls an konkreten Zielvereinbarungen. Wer macht schon ein konkretes Commitment auf einen relativen Marktanteil? Wer legt sich schon auf einen Wettbewerbsvorteil fest, der innerhalb eines mittelfristigen Zeitraums zu erarbeiten ist. Gibt es Markteroberungsziele bezüglich bestimmter Segmente und Zielgruppen? Lassen sich Entwicklungsziele für die Strategic Business Unit definieren, die berichtsfähig sind?

Ungewöhnliche Fragen entstehen für ein ungewöhnliches Ansinnen. An die Beweggründe für ein dezentrales Controlling sei nochmals erinnert. Dezentrale strategische Steuerung ist nötig und sinnvoll. Sie geschieht innerhalb einer Strategic Business Unit. Dafür gibt es eine persönliche Zuständigkeit, den Center Manager. Er hat eine eigenständige Aufgabe und benötigt mindestens einen dazu passenden Zielmaßstab. Zielvereinbarungen sind auch auf der Ebene strategischer Einheiten nötig, folgt man den Prinzipien der Führung durch Ziele. Über die Erreichung der Ziele ist in geeigneter Form zu berichten. Demzufolge benötigen wir eine Strategische Managementerfolgsrechnung (SMER). Der Controller als Methodenarchitekt und »Strategic Business Accountant« ist aufgefordert den entsprechenden Rahmen zu erstellen.

Damit versetzen wir uns in die Rolle des begleitenden Controllers und entwerfen eine architektonische Skizze für das geforderte Strategic Business Accounting. Der Berichtskern ist die Strategische Managementerfolgsrechnung, kurz gesprochen die SMER. Sie ist gegliedert in Spalten und Zeilen. In den Spalten stehen die einzelnen Strategic Business Units. Eine »Summenspalte« könnte einer zeilenspezifischen Gesamteinschätzung dienen. In den Zeilen sind die wesentlichen strategischen Erfolgsparameter unterzubringen. Die Zeilen werden bestückt aus den unterschiedlichen strategischen Vorsystemen. Portfolio-, SWOT-, Potenzial-, Wettbewerbs- und Umfeldanalysen liefern ihre Kernaussagen in die SMER.

Die SMER hat eine Plan- und eine Ist-Variante. Unterschiedliche Planungshorizonte könnten berücksichtigt werden durch die entsprechenden Spalten. Strategic Reviews sind auf dieser verdichteten Ebene möglich. Sind mittelfristige strategische Ziele erreicht? Wurden Ziele revidiert? Gibt es neue Wettbewerbssituationen, die neue Zielsetzungen erforderlich machen? All das müsste mit Hilfe einer SMER beantwortet werden können.

Begibt man sich in die einzelnen Zeilen der SMER, dann ist es empfehlenswert in der obersten Zeile den Chef der Strategic Business Unit namentlich aufzuführen. Die Tatsache, dass sowohl die einzelnen Einheiten als auch die Verantwortlichen in regelmäßigen Berichten wieder zu finden sind, dürfte ein anderes Bewusstsein bei allen Beteiligten hervorrufen.

Dadurch würde die Zielsetzung unterstützt, dass eine Strategic Business Unit ebenso selbstverständlich als »Responsibility Center« anerkannt wird wie ein Profit Center. Danach werden die Zeilen gefüllt mit den Essentials aus den vorgelagerten strategischen Analysetools. Sie könnten dies nach ihrem Gusto bauen. Es gibt keine Zwischensummen, wie bei der operativen Managementerfolgsrechnung.

Die SMER enthält Qualitatives und Quantitatives. So z. B. zu aller oberst die plakative Beschreibung der Kunden und Zielgruppen. Es müsste mehr schlaglichtartig gefüllt werden mit der nötigen

		SBU $_1$	SBU $_2$ . . . . SBU $_N$	Gesamt einschätzung
	verantwortlicher SBU - Chef			
P O R T F O L I O	Customer focus (Wer sind die Zielgruppen)			
	Marktattraktivität (ggf. mit Marktwachstum)			
	Wettbewerbsvorteil (mit Potentialsumme)			
	relativer Marktanteil Portfolio-Position			
S W O T	3 stärksten Wettbewerber			
	3 größten Stärken			
	3 größten Schwächen			
	3 größten Chancen			
	3 größten Bedrohungen			
	Trends/ Prognosen			

Abb. 6.9: Strategische Managementerfolgsrechnung – SMER

Sensibilität. Die Marktattraktivität könnte hinzugefügt werden. Ein Halbsatz müsste es tun. Vielleicht hat man Marktwachstumsziffern. Wettbewerbsvorteile wären zu skizzieren, vielleicht mit einer entsprechenden Potenzialsumme, die man im letzten Strategie-Workshop ermittelt hat. Relative Marktanteilsziffern würden das Bild abrunden. Vielleicht hat man die Strategic Business Unit im Portfolio positioniert. So könnte in der nächsten Zeile Cash Cow oder Star stehen.

In der zweiten Hälfte der SMER könnten dann vermehrt die zentralen Aussagen aus Wettbewerbs- und Umfeldanalysen stehen. Es müsste möglich sein, sich auf die wesentlichen Punkte zu konzentrieren als Erfordernis einer solchen Überblicks-Darstellung. Die Planungsvariante müsste dann stärker auf Behebung der Schwächen oder die Entwicklung von Stärken hinausgehen. Szenarien könnten eingefügt werden, wenn es um Chancen und Risiken des Umfeldes geht. Die letzte Zeile könnte im Sinne einer Zusammenfassung eine Tendenzeinschätzung beinhalten. Vielleicht hat eine solche SMER die Chance, das Bewusstsein für strategische Fragen zu schärfen.

Der strategische Planungsprozess: Eine Wunschvorstellung?

Dem Controller wird im Leitbild der International Group of Controlling die Transparenzverantwortung für Strategien und Prozesse aufgebürdet. Versteht er sich als »Planungsminister«, ist er für den geordneten Aufbau und Ablauf der Planung im Unternehmen zuständig. Für den operativen Teil der Planung hat man dies wohl soweit akzeptiert. Der Controller entwirft den Planungskalender und fühlt sich für das Zustandekommen des Budgets zuständig. Ihm wird allerdings zudem eine Koordinationsfunktion zugesprochen, denn er soll die Teilziele und Teilpläne ganzheitlich koordinieren. Wenn dies so gelten soll, wie es geschrieben steht, dann dürften die Teilziele und Teilpläne strategischer Geschäftseinheiten davon nicht ausgenommen sein. Sonst wäre es auch nicht ganzheitlich.

Die Koordination der Center Teilpläne findet im Zuge der operativen Planung über einen längeren Zeitraum hinweg statt. Diverse Vorbereitungsprozeduren sind notwendig, innerhalb derer Analysen und Detailplanungen stattfinden, die zur Budgetvorbereitung dienen. Der eigentliche Beschluss, die Verabschiedung des Budgets erfolgt nach entsprechender »Knetphase« im Rahmen einer Budgetkonferenz. Danach geht es ans Umsetzen der Pläne begleitet durch einen kontinuierlichen Controlling-Prozess.

Wie sieht es nun bei der Planung und Steuerung von Strategic Business Unit aus? Ein ähnlicher Planungsablauf müsste gegeben sein, um dem Komplexitäts- und Abstraktionsgrad der strategischen Planung gerecht zu werden. Leider ist dies häufig nicht der Fall. Strategie ist nicht selten ein Produkt des Zufalls. Was ja nicht bedeuten muss, dass die Strategie deshalb schlecht ist. Strategie setzt auf Zufall, Irrtum und Intuition, Kreativität, vielleicht sogar Chaos. Dies einem systematischen Prozess zu unterziehen, ist sicherlich ein schwieriges Unterfangen. Abbildung 6.10 zeigt ein mögliches Schema, welches 3 Strategie-Phasen mit jeweils ganz unterschiedlichen Anforderungen unterscheidet.

Im ersten Teilabschnitt, der in Abbildung 6.10 als »Strategische Analyse und Diagnose« bezeichnet ist, ist jener Teil der Informationsgewinnung untergebracht, der im Rahmen der hier aufgezeigten Toolbox erfolgen kann.
Neben der systematischen Analyse mittels der diskutierten und nach Bedarf noch zu ergänzenden Werkzeuge gehen hier auch solche Inputs ein, die über das Jahr hindurch gewonnen werden. Der Verfehlung operativer Teilziele ist hier ebenso Aufmerksamkeit zu schenken wie einer schleichenden Veränderung beim Kundenverhalten. Über das Jahr hinweg müsste sich ein strategischer Themenspeicher füllen mit einer Vielzahl von Informationen, die zum richtigen Zeitpunkt verdichtet und ausgewertet werden. Der Controller als »Jäger und Sammler« von Informationen kann ein Bild sein, welches dem Dienstleistungsanspruch von Controllern gerecht werden soll, die einen solchen Prozess begleiten. Im Ist-Portfolio als dem ins Bild gesetzten Surrogat dieser Analyse- und

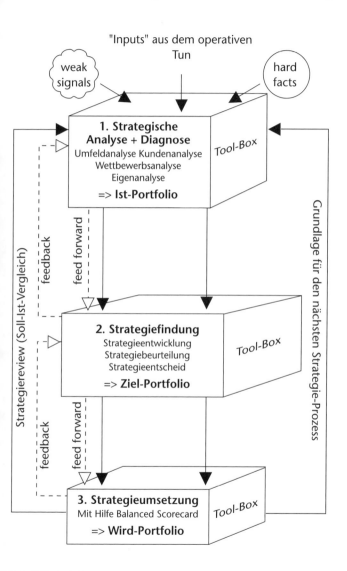

Abb. 6.10: Strategie-Prozess

Diagnosephase findet sich die einzelne Strategic Business Unit wieder. Die mit den Kernaussagen zur strategischen Positionierung gefüllte SMER könnte die Rolle des begleitenden Übersichtspapiers übernehmen.

Die zweite Phase ist der Strategiefindung gewidmet. Dazu gehört die Entwicklung und Beurteilung von Strategien als auch der Strategieentscheid. Zur Beurteilung der Strategien gehört auch deren Quantifizierung im Rahmen einer wertorientierten Betrachtung (s. Kap. 7). Diese beiden Phasen – Analyse und Findung – sind zwar getrennt gezeichnet, die Feedback- und Feedforward-Schleifen weisen allerdings auf die Verzahnung hin. Wenn es dennoch getrennt ist, so entspringt dies der Überlegung, dass die Strategie-»Knetphase« und die Strategie-Beschlüsse einen eigenen Platz brauchen. Dies ist zeitlich im Prozess und auch lokal hinsichtlich des Ortes gemeint. Die Strategieklausur als bindendes und finales Element der Planung einer Strategic Business Unit gewinnt hier ihre Bedeutung. Am Ende könnte ein Ziel-Portfolio stehen welches die beabsichtigten strategischen Stoßrichtungen deutlich macht. Damit wird die Planung zu bindenden Commitments für die verantwortlichen Manager aller Strategic Business Units. Vor allem der Koordination der unterschiedlichen Strategiepfade kommt hier eine besondere Bedeutung zu. Das anzustrebende Portfolio-Gleichgewicht beinhaltet somit unterschiedliche Einzelaufträge für die Center Verantwortlichen. Jede Einheit hat ihren speziellen Platz und ihre besondere Bedeutung. Die gemeinsame Klausur könnte das Zusammengehörigkeitsgefühl stärken und den »Generationenvertrag« der Center untereinander besiegeln.

Zweifelsohne ist die sich anschließende Strategieumsetzung ein fortlaufender Prozess, der sich normalerweise über einen längeren Zeitraum erstreckt. Dennoch ist es hier gedanklich zu trennen. Die Strategieumsetzung findet sich wieder in operativen Teilplänen der beteiligten Center. So gut wie es gelingt, diese Umsetzung strategiekonform zu steuern, so erfolgreich ist letztendlich die Umsetzung der beabsichtigten Strategie. Das allein genügt nicht, denn Strategien sind konzipiert auf der Grundlage von

Annahmen über Kunden- und Wettbewerbsverhalten. Deshalb bedarf es kontinuierlicher Feedbacks zurück in die Strategie-Analysen und -Beurteilungen. So kommt es zum schrittweisen Justieren und Verändern ursprünglich vereinbarter Positionen, um der Dynamik der Umfeldentwicklungen Rechnung zu tragen. Auch für diesen Abschnitt ist eine Toolbox vorgesehen. Die ist allerdings recht spärlich gefüllt, wenn es um ein Strategie-Controlling im engeren Sinne geht. Der Strategische Soll-Ist-Vergleich oder regelmäßige Strategiereviews sind noch nicht so stark verbreitet. Vergleichbar zu den Abweichungsanalysen im operativen Bereich ist hier das Erkennen von strategischen Lücken angesagt. Ein Überdenken einmal gewählter strategischer Positionen kann sich anschließen. Veränderte Umfeldbedingungen zwingen möglicherweise zur Abkehr von ursprünglich gewählten Strategien.

Kapitel 6

Wertorientiertes Controlling

Cash is the King!

Wenn wir uns nochmals das Bild des Triptychons in Abbildung 1.4, Kap. 1, vor Augen führen, so stehen die drei Steuerungsfelder »strategische Potenziale«, »operative Ergebnisse« und »Finanzen« von links nach rechts nebeneinander gereiht. Dabei war eine zentrale Aussage dieses Bildes, dass die Logik des Entscheidens vom linken ins rechte Feld des Triptychons führt. Zuerst ist die Frage zu beantworten, ob wir die richtigen Dinge tun. Dann sind die als richtig erkannten Dinge »richtig zu tun«, d.h. es muss operativ effizient geschehen, so dass das Ergebnis stimmt. Letztendlich ist dafür Sorge zu tragen, dass das Ganze finanziell ausgewogen geschieht. Mittelverwendung und Mittelherkunft müssen auch auf lange Sicht in Übereinstimmung gebracht werden.

Der Begriff des Value Centers ist in der Praxis bisher noch nicht so üblich. Dennoch benötigt eine ganzheitliche Beurteilung von Strategien vor allem die monetäre Bewertung der finanziellen Folgewirkungen auf Basis des Free Cash Flow. Neben die Logik der Deckungsbeiträge innerhalb der Profit Center Steuerung tritt nur die Logik der Zahlungsströme. Pauschal findet eine solche Verknüpfung im Portfolio bereits statt.

Im Mittelpunkt der Portfolio-Analyse steht ein Gleichgewichtsgedanke. Wie die Bezeichnungen vermuten lassen, geht es um einen Ausgleich zwischen Cash erzeugenden und Cash verbrauchenden Einheiten. Oder man könnte es so sagen: Das Portfolio ist so etwas wie ein »Generationenvertrag« der Geschäftseinheiten untereinander. Die angestammten Cash Cows erwirtschaften jenen

Cash Flow, der zur Finanzierung der jungen, wachsenden Question Marks und Stars nötig ist. Das Wachstum von heute ist zu finanzieren, um die Cash Flows von morgen zu sichern. Wobei die finanziellen Konsequenzen der Portfoliokategorien, wie sie in Abbildung 7.1 zu sehen sind, als Tendenzaussagen verstanden werden müssten.

Eine pauschale Bewertung in die oben genannten Cash Kategorien (Cash Cow, Poor Dog etc.) reicht für eine dezentrale Planung und Steuerung der Zahlungsströme sicherlich nicht aus. Deshalb braucht es eine möglichst transparente Planung des Free Cash Flows.

Vor die Aufgabe gestellt, den Free Cash Flow zu ermitteln, hat

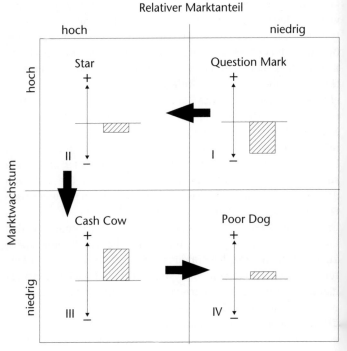

Abb. 7.1: Cash Flow Zyklus im Portfolio

der Controller zwei grundsätzliche Möglichkeiten. Bei der sogenannten direkten Berechnung werden die liquiditätswirksamen Einnahmen den liquiditätswirksamen Ausgaben einer Periode gegenübergestellt. Da diese Daten nicht ohne weiteres dem Rechnungswesen zu entnehmen sind und auch nur in den seltensten Fällen in einer mehrperiodigen Planungsrechnung vorkommen, wird auf die zweite Möglichkeit, auf die sogenannte indirekte Ermittlung des Free Cash Flow zurückgegriffen.

Der Ausgangspunkt zur Ermittlung des Free Cash Flow bildet das Betriebsergebnis oder EBIT (Earning before Interest and Taxes) der in einer Strategic Business Unit zusammen gefassten Profit Center. Handelt es sich bei der zu bewertenden Einheit um eine eigenständige Gesellschaft mit Bilanz und Gewinn- und Verlustrechnung, so können wir uns der Startrampe externes Rechnungswesen bedienen. Handelt es sich um eine organisatorische Einheit im Unternehmen ohne rechtliche Selbständigkeit, ist das Ganze auf der Grundlage einer Managementerfolgsrechnung aufzubauen.

Im letzten Fall kommen wir über die Stufen Umsatz, Produktkosten, Deckungsbeitrag und Strukturkosten zu einem Betriebsergebnis vor Zinsen. Aufgrund der besonderen Stellung der Zinsen in der wertorientierten Rechnung ist das Betriebsergebnis der Managementerfolgsrechnung um kalkulatorische Zinsen zu bereinigen. Gegebenenfalls sind auch weitere Anpassungen bezüglich anderer kalkulatorischer Kosten, wie z. B. Wagniskosten oder kalkulatorischer Unternehmerlohn, vorzunehmen. Dieses Ergebnis entspricht dann der klassischen EBIT (Earnings before Interest and Taxes)-Kennzahl.

Um eine Verzahnung des wertorientierten Controllings mit den korrespondierenden Strategic Business Units und Profit Centern zu gewährleisten, ist der EBIT aus einer mehrjährigen Planungsrechnung zu entnehmen. Diese bildet den Kern eines Business Plans, ohne den eine integrierte wertorientierte Steuerung auf wackligen Füßen stünde.

Der nächste Schritt besteht nunmehr darin, den Zahlungsmittelabfluss in Form der Ertragsteuerzahlungen zu berücksichtigen. Hier wird in der Regel eine kalkulatorische Steuerquote unter-

Von der Management-Erfolgs-rechnung (MER) kommend	**oder**	Aus der Gewinn- und Verlust-Rechnung (GuV/UKV) abgeleitet

Umsatz
./. Produktkosten
= **Deckungsbeitrag**
./. Strukturkosten (ohne Zinsen)
= **Bruttobetriebsergebnis**

Umsatz
./. Herstellungskosten der Verkäufe
= **Bruttoergebnis vom Umsatz**
./. Vertriebskosten
./. Verwaltungskosten
+/. sonstiger Ertrag/Aufwand
= **Betriebsergebnis**

(1) = EBIT/Operating Profit
./. Steuern
(2) = NOPAT$_{BI}$ (**N**et **O**perating **P**rofit **A**fter **T**axes **B**efore **I**nterest)
+ Abschreibungen
+ Zuführungen zu Pensionsrückstellungen
(3) = Brutto Cash Flow (nach Steuern / vor Zinsen)
./. Investitionen ins Anlagevermögen
./. zusätzliche Investitionen ins Net Working Capital
(4) = Free Cash Flow (nach Steuern / vor Zinsen)

Abb. 7.2: Indirekte Cash Flow Ermittlung

stellt, in der Gewerbeertragsteuer, Körperschaftssteuer und Solid-arzuschlag enthalten sind. Es bietet sich ein einheitlicher im Ge-samtunternehmen gültiger Steuersatz an, da der einzelne Center Manager wohl auf den Standortentscheid nur bedingt Einfluss hat. Auf diese Weise ergibt sich der $NOPAT_{BI}$, der Net Operating Profit After Taxes Before Interest. Um vom $NOPAT_{BI}$ zum Brutto Cash Flow zu kommen, werden Abschreibungen und ggf. Zufüh-rungen zu Pensionsrückstellungen hinzuaddiert. Sie stellen nicht ausgabewirksame Aufwendungen dar und erhöhen den Zah-lungsmittelsaldo.

In einem letzten Schritt ist nunmehr der Zahlungsmittelabfluss infolge der Investitionstätigkeit zu berücksichtigen. Das bezieht sich einmal auf die Investitionen ins Anlagevermögen. Zudem sind die Erweiterungen des Net Working Capitals zu berücksich-tigen. Letzteres ergibt sich aus der zusätzlichen Mittelbindung in Vorräten und Debitoren abzüglich der (zinslosen) zusätzlichen Lieferantenverbindlichkeiten. Diese Cash Flow Bereinigungen führen zum Free Cash Flow nach Steuern und vor Zinsen. Frei nach A. Rappaports Motto: »Cash is a fact, profit an opinion!« ist damit eine wesentliche Grundlage der wertorientierten Steuerung geschaffen!

Neues (?) zum unternehmerischen Erfolgsbegriff – die Kapitalkosten

In der klassischen Gewinn- und Verlustrechnung werden die Er-träge und Aufwendungen einer Periode gegenüber gestellt. Ein (bilanzieller) Gewinn wird fest gestellt, wenn die Erträge einer Periode größer sind als die Aufwendungen. Der Buchhalter weist damit bereits einen wirtschaftlichen Erfolg aus, während der Controller aus wertorientierter Sicht noch von einem Verlust spricht. Um zu erkennen, ob Unternehmenswert geschaffen oder vernichtet wurde, sind nicht Erträge und Aufwendungen rele-vant, sondern wir betrachten wie bereits erläutert die Zahlungs-ströme. Dies entspricht einem Vorgehen, das wir aus der Investi-tionsrechnung kennen. Demzufolge stellt der Controller Ein- und

Auszahlungen eines Betrachtungszeitraums gegenüber. Wenn die Summe der Einzahlungen größer ist als die Summe der Auszahlungen, dann liegt ein Zahlungsmittelüberschuss vor, der zuvor als »Free Cash Flow« definiert wurde.

Ökonomischer Gewinn im Sinne von »geschaffenem Unternehmenswert« liegt allerdings erst dann vor, wenn dieser Free Cash Flow größer ist als die in diesem Zeitraum zu berücksichtigenden Kapitalkosten. Im übrigen nahm diese Sichtweise der Nationalökonom A. Marshall bereits im Jahre 1890 ein, als er sagte: »Was nach Abzug der Zinsen zum geltenden Satz von seinem Gewinn (d. Unternehmers, Anm. der Verfasser) bleibt, kann man als unternehmerischen Ertrag bezeichnen«. Damit meint Marshall, dass man zur Errechnung des Unternehmenswertes nicht nur die in der Rechnungslegung erfassten Ausgaben berücksichtigen muss, sondern auch die Opportunitätskosten des im Unternehmen eingesetzten Kapitals.

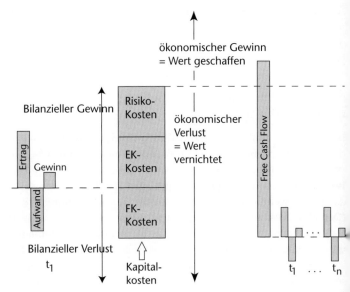

Abb. 7.3: Kapitalkostenhürde

Die adäquate Ermittlung der Kapitalkosten nimmt im Rahmen wertorientierter Werkzeuge einen breiten Raum ein. Sie entspringt der genannten Sicht, dass das Bereitstellen von Kapital nicht umsonst ist, sondern Kosten verursacht. Hierbei ist zwischen Fremdkapital- und Eigenkapitalkosten zu unterscheiden. Letztere werden als Opportunitätskosten im oben genannten Sinne interpretiert und zum Teil mit mathematisch-statistischen Verfahren auf anspruchsvolle Weise berechnet. Hierbei steht die Beantwortung folgender Frage im Vordergrund: »Wie hoch ist die Verzinsung einer alternativen Anlage und wie hoch ist das spezifische Unternehmensrisiko anzusetzen?«

Die Abbildung 7.3 verdeutlicht zugleich, dass auf den Center Manager, neben dem »betriebswirtschaftlichen Perspektivenwechsel« von Ertrags-Aufwands-Orientierung hin zu Einzahlungs-Auszahlungs-Orientierung, eine weit schwierigere Zielfindung zukommt. Da ist zum einen die mehrperiodige Ausrichtung, um einen Free Cash Flow als fairen Zielmaßstab heranziehen zu können. Dies gilt vor allem in jüngeren noch wachsenden Centern, die in der Aufbauphase eher Cash Flow Bedarf haben dürften als Free Cash Flow zu erzeugen. Zum anderen liegt die Latte höher. Der Center Manager muss eine Kapitalkostenhürde überspringen, die neben den Fremdkapitalkosten auch die mit dem individuellen Center Risiko gewichteten Eigenkapitalkosten umfasst. Auch hier besteht die Gefahr, dass junge, risikoträchtigere Center mit höheren Kapitalkosten versehen werden als das angestammte Geschäft. Das könnte dazu führen, dass die Innovationsfähigkeit leidet. Wenn dann noch Zielerfüllungsprämien an einem Economic Value Added fest gemacht werden, also quasi an dem Maß um wie viel die Latte übersprungen wird, muss man sich nicht wundern, wenn Center Manager »sicheres« Terrain vorziehen.

Der Verzinsungsanspruch wird in der Regel mit dem WACC-Verfahren analytisch und für alle nachvollziehbar abgeleitet. Im Sinne der Transparenzverantwortung des Controllers ist dieses Bemühen zweifelsohne zu rechtfertigen. Es trägt auch im Sinne des »Telling Why« zur Motivation jener Center Manager bei, die diesen Gewinnbedarf erwirtschaften müssen. An dieser Stelle sei aber auch davor gewarnt, dass wir mit Methodenperfektionismus einen Verzinsungsanspruch bis zwei Stellen hinter dem Komma justieren. Hier entsteht dann eine Scheingenauigkeit, die angesichts der zu berücksichtigenden Planungszeiträume etwas seltsam anmutet. Dann entscheidet hier kein homo oeconomicus der Rationalität der Kapitalmärkte folgend, sondern ein Intrapreneur, der mit Intuition und Mut zu individuellem Risiko Chancen sucht. So braucht jede Kapitalkostenhürde jenen flexiblen Freiraum, die Investitionen abseits fest getrampelter Pfade ermöglicht.

Die oben genannten »Weighted Average Cost of Capital« (gewichtete Kapitalkosten) stellen investitionsrechnerisch nichts anderes als den Kapitalisierungszinsfuß dar. In dessen Ermittlung fließen nunmehr die Erkenntnisse moderner Kapitalmarkttheorien ein. Insofern verschmilzt hier altbekanntes Wissen der Investitionsrechnung (das Diskontieren) mit neuem Denken der Kapitalmärkte. Da die Gewichtung mittels der jeweiligen Anteile des Eigenbzw. Fremdkapitals am Gesamtkapital erfolgt und das Kapital grundsätzlich zu Marktwerten anzusetzen ist, entsteht hier ein Zirkelproblem. Zur Bestimmung der Marktwerte sind die diskontierten Free Cash Flows nötig und dazu benötige ich den gefragten Zins. Mathematisch lässt sich dies mit aufwendigen Iterationsverfahren lösen. In der Controller-Praxis hat sich ein Vorgehen mit einer festen Zielkapitalstruktur bewährt. Das heißt, wir unterstellen z. B. eine Zieleigenkapitalquote von 30 %. Damit gehen die Eigenkapital- mit 30 % und die Fremdkapitalkosten mit 70 % in den WACC ein.

Das am häufigsten verwendete CAPM (Capital Asset Pricing Model) dient zur Bestimmung der Eigenkapitalkosten und geht vom Zins für eine risikolose Anleihe aus, also z. B. von Bundesschatzbriefen von 5 % (die im folgenden verwendeten Zinssätze sind Testzahlen und richten sich nicht exakt am aktuellen Zinsniveau aus). Die Risikoprämie des Marktes ergibt sich aus der Differenz der Marktrendite und risikolosem Zins. Als Marktrendite kann z. B. die langfristige Rendite des DAX zugrunde gelegt werden. Sie müsste im Sinne von »Total Shareholder Value Return« gerechnet werden, also unter Einschluss von Kurssteigerungen und

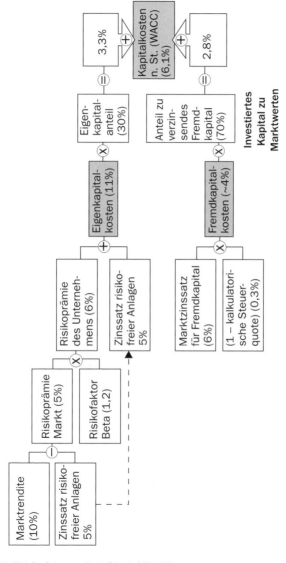

Abb. 7.4: Weighted Average Cost of Capital (WACC)

Dividende. Eine solche Rendite liege in einem 15-Jahre-Durchschnitt in der Größenordnung von 10 %. Das Marktrisiko seinerseits wird nun noch mit einem unternehmensspezifischen ß-Wert gewichtet. In unserem Beispiel mit 1,2 angenommen. Dieser macht sich fest am Unternehmensrisiko im Vergleich zum Marktrisiko. Bei börsennotierten Unternehmen sind diese Faktoren tagesaktuell erhältlich. Sie zeigen die Schwankungen der Unternehmensaktie im Vergleich zum Markt, also z. B. zum DAX. So errechnet sich ein unternehmensspezifischer Risikozuschlag, der über den Zins der risikolosen Anleihe hinaus zu verdienen ist. Er beträgt hier 6 %.

Für das Gros der nicht börsenorientierten Unternehmen ist es erforderlich, das Risiko individuell in Bezug auf die jeweilige Strategic Business Unit einzuschätzen. Dies kann integraler Bestandteil der strategischen Planung sein. Dann werden im Rahmen der Umfeldanalyse die Chancen und Risiken, welche die Marktattraktivität bestimmen, zu einem Risikoprofil verdichtet. Auf Basis eines solchen Profils werden die Eigenkapitalkosten als ganzzahliger Prozentwert innerhalb einer Bandbreite von z. B. 10 % bis 14 % fest gelegt. Ein solches Verfahren kennen die Verfasser aus einem großen Familienkonzern dessen Strategic Business Units nicht alle an der Börse notiert sind. Dies scheint ohnehin ein empfehlenswertes Vorgehen zu beinhalten. Denn so ist eine flexible Bestimmung des Risikozuschlages innerhalb des strategischen Planungsprozesses möglich. Dies hat vielleicht sogar den Vorteil, dass die Tendenz sich in solchen Planungsprozessen »warm anzuziehen«, indem man auf die schwierigen Marktbedingungen hinweist, ein wenig gebremst ist. Eine weitere Möglichkeit könnte darin bestehen, dass man sich an einer Peer Group orientiert.

Bei den Fremdkapitalkosten gehen sämtliche Fremdfinanzierungsarten ein. Gemäß ihrem Anteil an der gesamten Fremdfinanzierung werden auch diese gewichtet. Zu berücksichtigen ist noch ein Abschlag in Höhe der kalkulatorischen Steuerquote auf den gewichteten Zinssatz, da die Nominal-Zinssätze Vorsteuergrößen sind und wir beim $NOPAT_{BI}$ die kalkulatorischen Steuern auf einen Operating Profit vor Zinsen gerechnet haben. In Wirklichkeit ist die Steuerbelastung entsprechend geringer, was durch das sogenannte »Tax Shield« im Fremdkapitalkostensatz berücksichtigt wird.

Auch hier wird bezüglich einer pragmatischen Vorgehensweise sehr häufig mit einem kalkulatorischen Fremdkapitalkostensatz von z.B. 6 % für alle Geschäftsfelder des Konzerns gerechnet. Mit einer kalkulatorischen Steuerquote von 30 % rechnen wir dann mit Fremdkapitalkosten von rund 4 % nach Steuern. Für unser Beispiel haben wir eine Eigenkapitalquote von 30 % angenommen, so dass die Eigenkapitalkosten mit 3,3 % (0,3 * 11 %) und die Fremdkapitalkosten mit 2,8 % (0,7 * 4%) zu Buche schlagen. Daraus resultiert ein WACC von 6,1 %.

Ohne Business Plan geht nichts!

Die folgende Abbildung soll deutlich machen, dass eine dezentrale wertorientierte Steuerung nur innerhalb eines Planungsverbunds stattfinden kann. Dazu ist es erforderlich, eine integrierte Planung von dazugehöriger Strategic Business Unit und Profit Centern zu bewerkstelligen. So wird möglich, dass Strategie-, Ergebnis- und Finanztransparenz sich innerhalb eines solchen Business Plans verbinden.

Grundlage der Erfolgsmessung ist der soeben gezeigte Free Cash Flow, der einer modifizierten Kapitalflussrechnung entspringt. Er findet als zentrale Planungs- und Steuerungsgröße Eingang in die Strategiefindung und -formulierung. Wertsteigerung oder -vernichtung ist immer auch das Resultat strategischer Entscheide und deren Umsetzung in den betreffenden Profit Centern. Diese Bezüge transparent zu machen ist im Rahmen des Value Based Management unerlässlich. Dieser heilsame Zwang kann der Verankerung strategischer Pläne nur gut tun. Während das strategische Formular auf die vorwiegend qualitative Beantwortung von fünf strategischen Kernfragen abstellt, beinhaltet die Mittel- bis Langfristplanung, eine integrierte Ergebnis- und Free Cash Flow Darstellung in der Fünf- bis Zehn-Jahres-Perspektive.

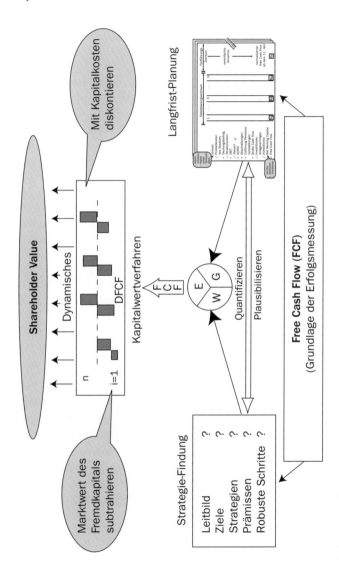

Abb. 7.5: Planungsverbund für ein wertorientiertes Controlling

Das Bekenntnis zu Value Based Management bedeutet zugleich den Zwang zur Quantifizierung von Strategien.

Man könnte es noch anders formulieren: Die Shareholder Value Methode wirkt wie das Trojanische Pferd. Controller können sich mit ihrer Kernkompetenz »Rechnen« unbemerkt in die häufig noch als »Closed Shop« betriebene strategische Planung der Unternehmensleitung »einschleichen«. Sie bekommen damit auch die Chance, die häufig vernachlässigte Mittelfristplanung aufzuwerten und ihr den Stellenwert zuzuweisen, den sie im Controlling ihres Unternehmens verdient. Nämlich Bindeglied, Brückenkopf zu sein, zwischen Strategie einerseits und Budget andererseits. So entsteht ein integrierter Business Plan, der die dezentrale Planung und Steuerung eines Centers strategisch einbettet und auf operative Umsetzung prüft. Eine auf diese Weise optimierte und quantifizierte WEG-Findung mündet dann in ein dynamisches Kapitalwertverfahren, welches unter Berücksichtigung von Kapitalkosten und Fremdkapitalwert mittels des Discounted Free Cash Flow (DFCF) den Shareholder Value hervorbringt.

Value Based Management bedeutet demnach die Verbindung von Strategie- und Finanzplanung auf der einen Seite. Auf der anderen Seite erfordert dies, Strategien in einer Planungsrechnung operativ in den umsetzenden Profit Centern zu konkretisieren und deren Vorteilhaftigkeit mittels Verfahren dynamischer Investitionsrechnung quantitativ zu belegen.

Zur Strategiefindung verwenden wir in Trainings der Controller Akademie ein strategisches Formular (vgl. hierzu Deyhle/Hauser, Controller-Praxis, Band I, S. 170). Es steht hier symbolisch für einen systematischen und kontinuierlichen Strategie-Planungsprozess. Ein solcher Prozess ist im Zuge eines wertorientierten Controllings unerlässlich. Es werden fünf Kernfragen zur strategischen Ausrichtung des Unternehmens gestellt. Insofern kann dieses Papier auch als Deckblatt einer strategischen Planung verstanden werden, welches die strategischen Eckpunkte eines Centers zusammenfasst. Ganzheitliches wertorientiertes Controlling benötigt die Verzahnung zu den korrespondierenden Strategic Business Units. An dieser Stelle sei verwiesen auf die entsprechen-

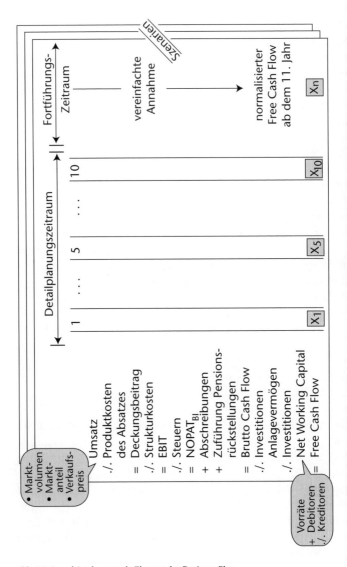

Abb. 7.6: Langfristplanung als Element des Business Plan

den Analysetools im vorherigen Kapitel. Wertorientierte Unternehmenssteuerung bedeutet damit auch die stärkere Betonung strategischer Komponenten im Planungsprozess.

Der nächste Schritt besteht darin, die primär qualitative strategische Planung in ein Zahlengerüst zu gießen. Es handelt sich auch hier um ein Activity Based Planning. Vielleicht sind wir damit bei einem der am stärksten vernachlässigten Instrumente des Controllings. Strategiebewertung benötigt Zahlen und zwar solche, die über Deckungsbeiträge und Kosten hinausgehen. Dennoch sind sie die Basis, womit der dezentralen Ergebnissteuerung im Rahmen der Profit, Service und Cost Center die Funktion zukommt, den großen Rahmen in kleinen Schritten auszufüllen. Aus wertorientierter Sicht sind hier vor allem drei Fragen interessant:

1. Welcher Planungshorizont ist zu wählen?
2. Welcher Detaillierungsgrad ist sinnvoll?
3. Wie ermögliche ich eine realistische Planung?

1. Der für die Mittelfristplanung übliche Zeithorizont von drei bis fünf Jahren ist für eine Shareholder Value Berechnung zu kurz. Der Shareholder Value wird grundsätzlich nach dem Prinzip des going-concern berechnet. In unseren Planungsszenarien werden demnach die Cash Flows der Gesamtlebensdauer des Unternehmens zugrunde gelegt. Da wir die Lebensdauer nicht kennen und sich die Cash Flows nur für einen begrenzten Zeitraum realistisch einschätzen lassen, wird in der Regel mit einer 10-Jahres-Perspektive geplant. Diese Zeitspanne wird gegebenenfalls je nach Branche und Produktlebenszyklus verkürzt oder verlängert. In der Shareholder Value Berechnung wird dann explizit getrennt in einen Detailplanungszeitraum und einen Fortführungszeitraum. In beiden Perioden wird Free Cash Flow erwirtschaftet, letztere ergibt den sogenannten Fortführungswert oder Restwert.

2. Hinsichtlich der Detaillierung sind mindestens jene Planungsparameter als Zeilen zu erfassen, die den Free Cash

Flow determinieren. Dies sind neben der Dauer der Wertsteigerung und den Kapitalkosten, die anderweitig ins Modell eingehen, Umsatzwachstum, Umsatzrentabilität, Steuerzahlungen, Investitionen ins Anlagevermögen und ins Net Working Capital. Zur besseren Plausibilisierung der Planung wird auf das Free Cash Flow Schema von vorhin zurückgegriffen. Eine Konkretisierung der Umsatzplanung hinsichtlich Marktvolumen, Marktanteil und Zielverkaufspreisen wäre wünschenswert. Auch das Net Working Capital lässt sich in seine Komponenten Vorräte, Debitoren und Kreditoren aufspalten. Weitere Verfeinerungen sind in der 10-Jahres-Perspektive nicht erforderlich. Für den Fortführungszeitraum wird ein normalisierter Free Cash Flow angenommen, der konstant bleibt oder eine stetige Wachstums-/Schrumpfungsrate aufzeigt. Je nachdem ob optimistische oder pessimistische Planungsannahmen unterstellt werden.

3. Inwieweit eine realistische Planung gelingt, hängt von der Fähigkeit der Planungsbeteiligten ab, das Prognoseproblem in den Griff zu kriegen. Nur eines ist gewiss, die Zukunft ist ungewiss. Insofern ist dafür Sorge zu tragen, dass die Planungsannahmen ausreichend und verlässlich sind. Hierzu gehört auch, den Hockey-Stick zu vermeiden. Je weiter das Geschehen in der Zukunft liegt, desto rosiger werden die Möglichkeiten eingeschätzt. Der Controller als ökonomisches Gewissen und betriebswirtschaftlicher Sparringpartner hat dem entgegen zu wirken. Dies kann auch durch verschiedene Planungsvarianten im Sinne einer Worst- und Best-Case-Planung geschehen.

Die Güte der Shareholder Value Berechnung ist maßgeblich von der Güte der zugrunde gelegten Planungsdaten abhängig. Deren Plausibilisierung mittels Analyse der strategischen Position, der Wettbewerbs- und Branchenstruktur sowie des Wertschöpfungspotenzials ist deshalb erforderlich. Sämtliche Wertsteigerungsanalysen fußen auf einer fundierten strategischen Analyse. Insofern findet hier eine Rückkoppelung zum vorher begonnenen strategischen Planungsprozess statt. Die Planungsgrundlage für den Shareholder Value ist ganzheitlich gelungen, wenn qualitative Elemente der Strategie und quantitative Größen der Langfristplanung in sich stimmig zusammengehen. Zweifelsohne ist hier der Controller mit seiner ganzen Moderationskraft gefordert.

Die Shareholder Value Methode nach A. Rappaport

Die prognostizierten Free Cash Flows werden mittels der Kapitalwertrechnung – einem Verfahren der dynamischen Investitionsrechnung – zu einem Wert, dem sogenannten Kapitalwert oder Barwert, verdichtet. Dieses, auch als Discounted Cash Flow Methode bezeichnete Verfahren stellt sich in drei Komponenten formelmäßig, wie in Abbildung 7.7 zu sehen ist, dar:

Der Shareholder Value ergibt sich aus der Summe der diskontierten Free Cash Flows (DFCF) der Planungsperiode zuzüglich des diskontierten Fortführungswerts abzüglich des Barwerts des Fremdkapitals. Für den Mathematiker mag die Formel genügen, ein transparenzverantwortlicher Controller hätte es wohl gerne plastischer dargestellt.

$$SHV = \sum_{t=1}^{n} \frac{FCF_t}{(1+i)^t} + \frac{FW}{(1+i)^n} - FK$$

Legende:

SHV	=	Shareholder Value
FCF	=	Free Cash Flow
FW	=	Fortführungswert (terminal Value)
FK	=	Barwert des Fremdkapitals
i	=	Kapitalisierungszinsfuß (gewichtete Kapitalkosten)
t	=	Planungsperiode
n	=	Planungshorizont

Abb. 7.7: Shareholder Value Formel

Im vorhin verwendeten Formular für die Langfristplanung wird deutlich, dass die detaillierte Berechnung in drei Etappen erfolgt. Hierbei sind drei Zeitperspektiven zu berücksichtigen: Der Zeitpunkt des Strategieentscheids, der Detailplanungszeitraum und der Fortführungszeitraum. Grundprinzip ist, dass alle eingehenden Werte auf den Entscheidungszeitpunkt bezogen werden. Damit ist der Zeitwert des Geldes berücksichtigt.

Im ersten Schritt werden die Free Cash Flows der Planungsperiode mit dem Kapitalisierungszinsfuß diskontiert. Dies ergibt dann einen Summenwert von Discounted Free Cash Flows, welcher den Unternehmenswert der Planungsperiode verkörpert.

Folgende Beispielrechnung soll das Vorgehen veranschaulichen. Wir unterstellen eine Free Cash Flow Reihe die negativ mit −30 beginnt und bei einem normalisierten Free Cash Flow ab dem Jahre 11 von +80 endet. Bei einem Zinssatz von $i = 10\% = 0{,}1$

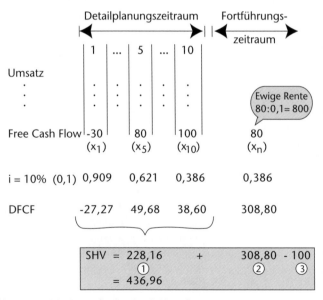

Abb. 7.8: Beispielrechnung für den Shareholder Value

ergeben sich Diskontierungsfaktoren zwischen 0,909 im 1. Jahr und 0,38 im 10. Jahr. Sie verdeutlichen die Dämpfungswirkung durch den Zeitwert des Geldes. 1 Euro in 10 Jahren ist mir heute 38,6 Cent wert. Dementsprechend ergibt sich die Reihe der Discounted Free Cash Flows.

Das Diskontieren entspringt der Logik der Banker. Für den Shareholder Value bedeutet dies, dass eine Free Cash Flow Säule um so mehr reduziert wird, je ferner sie in der Zukunft erwartet wird. Dies mag einerseits tröstlich sein, denn so wird ein möglicher Hockey-Stick abgefedert. Andererseits wird's dadurch für forschungsintensive Hochtechnologie-Branchen mit anfänglich stark negativen Cash Flow schwierig. Dies kann soweit gehen, dass der gesamte Shareholder Value aus dem Fortführungswert (terminal value) gespeist wird.

Das fiktive Zahlenbeispiel zeigt die Wirkungsweise des Diskontierens. Der negative Free Cash Flow von −30 der ersten Periode geht bei einem Zins von 10 % als Discounted Free Cash Flow in Höhe von −27,27 in den Shareholder Value ein. Die 100 FCF der 10. Periode schlagen nur noch in Höhe von 38,60 als DFCF zu Buche. Die Summe der DFCF beträgt 228,16. Dies ist der Unternehmenswert der Planungsperiode.

Im zweiten Schritt wird dann der Fortführungswert oder sogenannte Restwert ermittelt, indem der normalisierte Free Cash Flow durch den Kapitalisierungszinsfuß dividiert wird. In der Investitionsrechnung ist das die sogenannte ewige Rente. Beispiel: Bei einem Cash Flow von einer Million Euro und einem Zins von 10 % oder 0,1 beträgt die ewige Rente 10 Millionen Euro. Dies lässt sich auch so erklären: Wenn ich heute 10 Mio. in Händen halte und ich brächte sie auf die Bank bei einem Zins von 10 %, so bekäme ich jedes Jahr 1 Mio. Euro. Bei einem normalisierten FCF von 80 in unserem Beispiel beträgt die ewige Rente 800. Sie wird dann noch mit dem Kapitalisierungsfaktor des 10. Jahres diskontiert. Der diskontierte Fortführungswert beträgt 308,80 und wird zum Wert des Planungszeitraums hinzuaddiert. Wir haben dann den Unternehmenswert von 536,96. Im letzten Schritt wird vom

Unternehmenswert der Barwert des Fremdkapitals – in unserem Beispiel mit fiktiven 100 unterstellt – abgezogen und wir erhalten den Shareholder Value von 436,96. Diese Zahl bedeutet, dass die zur Entscheidung anstehende Strategiealternative positiv zu beurteilen ist, da sie aus heutiger Sicht einen Wert von 436,96 nach Abzug von Kapitalkosten und Fremdkapital für die Eigner des Unternehmens erbringen würde.

Der Shareholder Value zeigt sich demnach als absolute Zahl in Euro oder Dollar. Er spiegelt den Wertbeitrag wider, der auf Basis einer geplanten Cash Flow Entwicklung zu erwarten ist. Konsequente Cash Flow- und Zukunftsorientierung heben ihn vom Gros der gängigen Kennzahlen ab. Ermittlungs- und Prognoseprobleme sowie eine beachtliche Komplexität stehen dem entgegen. Vor allem auch beim Umtopfen des DCF-orientierten Wertbeitrags in arbeitsfähige Einzelziele der operativ Verantwortlichen werden Grenzen erkennbar.

Die Praxis-Variante: Economic Value Added

Das Gros der kapitalmarktorientierten Unternehmen arbeitet nach der von Stern/Stewart begründeten EVA™-Konzeption. Der Economic Value Added zielt explizit auf eine Art »Übergewinn« ab. Ausgangspunkt des Konzeptes ist die Differenz zwischen einer »Gesamtkapitalrendite« und den nach der Methode der Weighted Average Cost of Capital (WACC) gebildeten »Gesamtkapitalkosten«. Dieser so genannte »Spread« ist nichts anderes als eine anzustrebende »Überrendite«. Wird sie mit dem investierten Vermögen multipliziert, dann erhält man den EVA™ – den »Übergewinn«. Darin steckt die Auffassung, dass jedes Center mehr als seine Kapitalkosten erwirtschaften muss. Ist dies nicht der Fall, dann wird Wert vernichtet.

In den Seminaren der Controller Akademie verwenden wir den Begriff Managementerfolg. Die Managementerfolgsrechnung (MER) hat zum Inhalt diesen Managementerfolg rechnerisch auszuweisen. Ist die in den unterschiedlichen Centern erwirtschaftete Summe

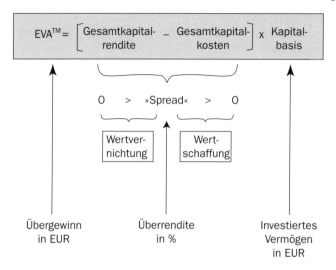

Abb. 7.9: EVA™-Formel

der Deckungsbeiträge größer als die zu deckenden Strukturkosten sowie das zu erwirtschaftende ROI-Ziel, dann ist der Managementerfolg positiv, rein rechnerisch größer als null. In der Budgetierungsphase wird zuerst im Top-Down und Bottom-Up ein ROI-Ziel vereinbart, das Management verpflichtet sich im Rahmen der Zielvereinbarung zur Zielerfüllung. So hängt es letztlich an der Höhe des ROI-Ziels, ob damit gerade die Kapitalkosten gedeckt werden oder bereits ein Übergewinn mitenthalten ist.

Die Praktikabilität des EVA™-Konzepts wird einmal dadurch realisiert, dass durch den bloßen Vergleich zweier Prozentzahlen Erfolg oder Misserfolg sichtbar wird. Zum zweiten liegt die Analogie zum ROI-Baum sehr nahe, womit die Stellschrauben ergebnisorientierter Steuerung besonders plastisch zur Geltung kommen.

Auch der EVA™-Baum teilt sich in einen »Ergebnisast« und einen »Vermögensast«. Bei der Renditebetrachtung wird von einem netto investierten Vermögen ausgegangen, was zum so genannten Return on Net Assets (RONA) führt. Der Return ist definiert durch den NOPAT$_{BI}$, Net Operating Profit after Taxes before Interest. Die Net Assets ergeben sich, in dem man von den Assets die »interest free liabilities« abzieht; also solche Passiva, die keinen Zinsanspruch beinhalten. Das sind u.a. Verbindlichkeiten aus Lieferungen und Leistungen, Anzahlungen von Kunden, Steuerrückstellungen ...

Das Bild lädt ein, Zahlen einzusetzen. Folgende einfache Beispielrechnung möge das Vorgehen illustrieren. Einem Betriebsergebnis vor Zinsen und nach Steuern von 100 steht ein investiertes Vermögen von 1000 gegenüber (ROI = 10 %). Davon abzuziehen sind jene Passiva die keinen Zins erfordern, also z. B. Lieferantenverbindlichkeiten von 100, Anzahlungen vom Kunden mit 50 und Steuerrückstellungen von 50. Das Abzugskapital beträgt demnach 200, womit sich ein netto investiertes Vermögen von 800 ergibt. Dies entspricht einer Netto-Kapitalrendite von 12,5 %. Dies ist eine rein rechnerisch um 2,5 %-Punkte höhere Rendite als bei einem klassisch gerechneten ROI von 10 %. Bei Kapitalkosten in Höhe der vorhin errechneten 6,1 % resultiert daraus eine Überrendite von 6,4 %. Dieser so genannte Spread wird mit den Net Assets von 800 multipliziert und wir erhalten einen Übergewinn oder EVA™ von 51,2.

Ein Vorbehalt aus Sicht der Prinzipien der Führung durch Ziele sei hier erlaubt. Eine Kapitalkostenhürde ist nur insofern ein individuelles Ziel, als individuelle Risikozuschläge zu gegebenenfalls unterschiedlich hohen Zielen je Center führen. Allerdings wird jedem Center die Kapitalkostenhürde aufgebürdet, unabhängig davon in welcher strategischen Position es sich befindet. Die Individualität ist an dieser Stelle begrenzt, es sei denn, man lässt den so genannten Untergewinn zu. Das erfordert die Fähigkeit, langfristige Ziele im Sinne von »stretch goals« zu formulieren. Damit sind wir bei der Logik des Business Plans, der perspektivische Entwicklungspotenziale innerhalb einer langfristigen Cash Flow Planung zulässt.

Zum zweiten sind EVA™-orientierte Zielmaßstäbe auf Zielübererfüllung angelegt. So könnte die Tendenz aufkommen, dass die

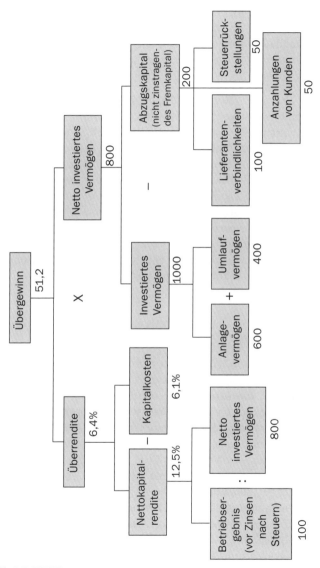

Abb. 7.10: EVA™-Baum

Center Manager versuchen, ihre Kapitalkostenhürde im Budgetprozess möglichst niedrig auszuhandeln. Ein Hang zu verstärkter Eigenkapitalausschüttung der Tochtergesellschaften an die Mutter könnte auftreten. Dies würde zwar die Eigenkapitalkosten reduzieren, auf der anderen Seite der finanziellen Stabilität schaden.

Wenn also EVA™-Ziele in einer ganz bestimmten Höhe definiert werden, dann sind sie zuerst mal nichts anderes als ein für die Wertsteigerung des Unternehmens zusätzlich vorgesehener Gewinnbedarf. Dies wurde in früheren Zeiten in ähnlicher Weise mit den kalkulatorischen Zinsen bewerkstelligt, wenn diese einen Vorsichtszuschlag bekamen. Aus mancherlei Praxis wird berichtet, dass EVA™-Steigerungsziele vereinbart werden. Soll heißen, wenn im abgelaufenen Jahr ein Spread von z. B. 5 % realisiert wurde, dass im neuen Jahr dann Zielhöhen über den 5 %-Sockel hinaus formuliert werden. Das Motto heißt dann zwar Stillstand sei Rückschritt, aber das ähnelt eher dem Ansinnen, die 100 m irgendwann in 0,0 Sekunden zu sprinten.

Wo sind die Stellschrauben zur Wertsteigerung? – »Value Driver«

Da ist zuerst etwas zu den Begriffen zu sagen. Mittlerweile hat sich der Begriff »Werttreiber« – aus dem amerikanischen direkt übernommen von Value Driver – durchgesetzt. In der deutschen Sprache finden wir die Begriffe Wert schöpfen oder Wert schaffen. Vor allem die letztere Formulierung verdeutlicht, dass Wertsteigerung die Resultierende des kreativen Potenzials aller Stakeholder ist. So spricht z. B. ein deutsches Großunternehmen von der Wertschöpfungspartnerschaft zwischen Kunde und Lieferant.

Die folgende Abbildung 7.11 soll zeigen, dass eine anzustrebende Wertsteigerung das Ende einer Erfolgsgeschichte ist und nicht der Anfang. In den Kausalketten der Balanced Scorecard wird dies offensichtlich. Die Finanzperspektive enthält »lagging indicators«, keine »leading indicators«. Die Frage nach den Stellhebeln für Wertsteigerung liegt auf der Hand. Sie folgt dem hier propa-

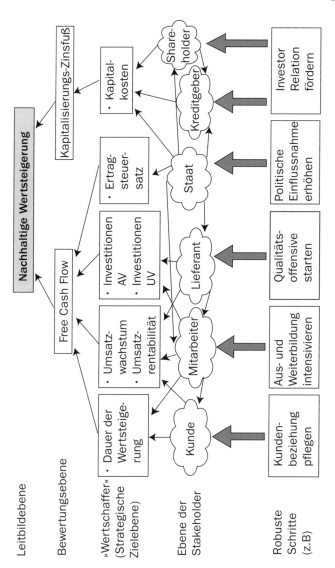

Abb. 7.11: »Wertsteigerungspyramide«

gierten dezentralen Controlling-Verständnis. Das Bild lässt sich auch als Pyramide interpretieren, an deren Spitze das Bekenntnis zu einer nachhaltigen Wertsteigerung steht. Ob nun »Wertsteigerungspyramide« oder »Werttreiberbaum« bevorzugt wird, beides zielt in die gleiche Richtung. Customer Value und Employee Value sind wesentliche Stellschrauben für eine nachhaltige Strategie der Wertsteigerung.

»Die Tat folgt dem Gedanken, wie der Karren dem Ochsen.« Dieses chinesische Sprichwort steht für das Leitbild-Prinzip, dass wir zuerst etwas im Bewusstsein der im Unternehmen tätigen Menschen verankern müssen, um es dann auch in zielführenden Aktionen aller zu konkretisieren. Was auf der Leitbildebene formuliert ist, bedarf der Erweiterung über entsprechende Bewertungsmaßstäbe. Free Cash Flow und Kapitalkosten werden zu zentralen Stellgrößen des gemeinsamen Handelns.

Nunmehr befinden wir uns auf der Ebene der Value Driver. A. Rappaport hat sieben Größen herausgearbeitet, die empirisch signifikant einen maßgeblichen Einfluss auf den Unternehmenswert haben. Hierzu gehören:

- Dauer der Wertsteigerung
- Umsatzwachstum
- Umsatzrentabilität
- Investitionen ins Anlagevermögen
- Investitionen ins Umlaufvermögen
- Ertragssteuersatz
- Kapitalkosten

Insbesondere in der erstgenannten Variablen wird die ursprüngliche Aussage des Shareholder Value Konzepts von Rappaport deutlich. Nicht kurzfristige Gewinnmaximierung, sondern nachhaltige Wertsteigerung ist die Leitmaxime. Damit ist die so genannte »Competitive Advantage Period«, also jener Zeitraum, in dem wir einen Wettbewerbsvorteil halten, ein wichtiger Wertschaffer. Diesen auf der strategischen Zielebene zu verankern, bedeutet konsequentes Forcieren von Forschung und Entwicklung sowie von Aus- und Weiterbildung im Unternehmen. In dem

Maße wie es uns gelingt, nachhaltig einen höheren Nutzen für den Kunden zu stiften als der Wettbewerb, sind hohes Umsatzwachstum und hohe Umsatzrentabilität gewährleistet.

Die Ebene der Stakeholder ist damit angesprochen. Da wird deutlich, dass Kunden neben Mitarbeitern, Lieferanten, Staat, Kreditgebern und nicht zuletzt auch Shareholdern auf einer gleichberechtigten Ebene auftauchen. Wert wird geschaffen durch das Zusammenwirken aller Stakeholder. Wenn wir also Wertsteigerung anhand der Pluralität der Stakeholder begründen, dann ist zielorientiertes Handeln in Form »Robuster Schritte« auf alle Anspruchsgruppen auszurichten. Ein Kanon von Maßnahmenbündeln sei hier angedeutet.

Wert- und Werteorientierung

Wirtschaftlich erfolgreiches Betreiben im Unternehmen orientiert sich an dessen Wert. So einfach dieser Satz klingt, so diffus sind die Aussagen zu diesem Thema in der öffentlichen Meinung. Selten ist die Diskussion über eine betriebswirtschaftliche Methode so emotionalisiert worden, wie die über Value Based Management oder Wertorientierte Unternehmensführung. Das mag daran liegen, dass die Ursprünge dieser Toolbox auf A. Rappaports Werk »Creating Shareholder Value« zurückzuführen sind.

Die anfänglich einseitige Betonung der Shareholder hat eine zum Teil gesellschaftspolitische Diskussion ausgelöst, welche den Blick auf die betriebswirtschaftlich-methodischen Aspekte wertorientierter Unternehmensführung verstellt hat. So hat manch einer behauptet, bei Shareholder Value ginge es ausschließlich um die Befriedigung von Aktionärsinteressen. Die Bedürfnisse der Shareholder stünden im Vordergrund. Alle anderen Anspruchsgruppen – die sogenannten Stakeholder – müssten ins zweite Glied zurücktreten. Diese Sichtweise hat sich mittlerweile relativiert.

Zum einen hat man sich von der einseitigen Namensgebung weitestgehend verabschiedet. So haben sich führende Unternehmensvertreter bereits sehr früh zum »Stakeholder Value« bekannt und damit auch offen eine Gegenposition zu einer rein amerikanischen Variante eingenommen. Auch Vertreter der praktischen und wissenschaftlichen Forschung betonen zunehmend die Notwendigkeit des Interessenausgleichs aller Anspruchsgruppen des Unternehmens. Die einseitige Betonung einer Gruppe führt nicht zur bestmöglichen Erreichung strategischer und operativer Unternehmensziele.

Zum anderen haben sich in jüngerer Zeit die wertorientierten Methoden auch stärker in Richtung »Customer« und »Employee Value« entwickelt. Einseitige Ausrichtung auf den Shareholder Value kann auch aus methodischer Sicht nicht zielführend sein, wenn den Kapitalkosten nicht mehr die entscheidende Rolle als »Value Driver« zukommt. Das ist in jenen Unternehmen der Fall, die auf der Aktivseite der Bilanz nicht mehr die großen Sachwerte stehen haben. Der Wert solcher Unternehmen besteht in den »intangible assets«, das ist vor allem das Know-how und Knowwho der Menschen. L. Edvinson spricht vom »intellectual capital«, welches sich u.a. aus dem »human capital« – also den Köpfen und Herzen der Mitarbeiter speist. Knowledge Management wird zu einem wichtigen Value Driver. So gewinnen neue Steuerungsgrößen vermehrt an Bedeutung. Ein »value added per customer« (VAC) oder »value added per person« (VAP) verdienen größere Beachtung. Wertsteigerung wird durch zielführende strategische Entscheide des Managements und durch deren Umsetzen auf operativer Ebene bewirkt. Shareholder Value entsteht somit durch das Zusammenwirken aller Stakeholder. Er kommt auch allen Stakeholdern zugute, indem er zur individuellen Zielerreichung der jeweiligen Anspruchsgruppe beiträgt. Stakeholder Management sollte mehr als ein Schlagwort zur Befriedigung des öffentlichen Interesses sein.

Wenn gar von »Careholder Management« die Rede ist, wird dem Unternehmen als Wertegemeinschaft Rechnung getragen, welches noch andere als ökonomische Ziele hat. Nicht zuletzt kommt Unternehmern und Managern auch eine Fürsorgefunktion zu. Dabei kommt einem der Artikel 14 (2) unseres Grundgesetzes in

Erinnerung: »Eigentum verpflichtet. Sein Gebrauch soll zugleich dem Wohle der Allgemeinheit dienen.«

Abbildung 7.12 zeigt, dass sich die Sichtweisen zu Value Based Management zum Teil diametral gegenüberstehen. So werden die wertorientierten Rezepte häufig mit kurzfristigem Streben nach maximalem Gewinn gleich gesetzt.

Dabei ist es bemerkenswert, dass die methodische Basis für die »Shareholder Value Methode« von A. Rappaport genau das Gegenteil verlangt. Die zugrunde gelegten Steuerungsgrößen basieren auf der langfristigen Cash Flow Entwicklung eines Unternehmens und nicht auf kurzfristiger Gewinnmaximierung. Wertorientierte Unternehmensführung orientiert sich somit an künftigen Zahlungsstromgrößen. Der Wert eines Unternehmens ist demzufolge stärker danach ausgerichtet, was in Zukunft an Cash Flow erwirtschaftet werden kann. Sonst könnte man sich ja damit be-

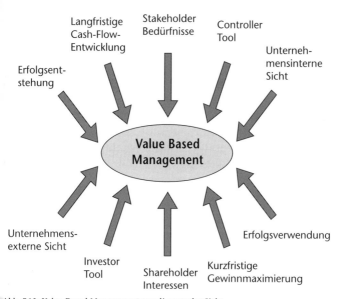

Abb. 7.12: Value Based Management aus diametraler Sicht

gnügen, in die Bilanz zu schauen. Da müsste ja der (Buch-)Wert des Unternehmens eindeutig dokumentiert sein. Erst durch die Betrachtung zukünftiger Ertragserwartungen – die idealerweise in einem Business Plan plausibel dargelegt sind – gewinnt das Konzept eine zusätzliche methodische Dimension. Value Based Management ist deshalb ein anspruchsvoller Controller-Werkzeugkasten. Er ist im besten Sinne des Wortes eine ökonomische Mess- und Regeltechnik, die der Controller als Dienstleister dem Management zur zielorientierten Planung und Steuerung des Unternehmenswertes anzubieten hat. Das verhindert nicht, dass diese Toolbox auch der Investorenseite zugeschrieben wird. Dies kann jedoch dann zu Verwirrungen führen, wenn aus unternehmensexterner Sicht das Shareholder Value Konzept auf die Steigerung des Börsenwertes verkürzt wird. Da mag es der Leser als grotesk empfinden, wenn der Börsenwert eines deutschen Automobilherstellers um 10% steigt, weil der halbe Vorstand seinen Dienst quittiert. Es wäre allerdings schlichtweg falsch zu behaupten, der Shareholder Value hätte sich dadurch erhöht.

Gerade auch die Debatte um wertorientierte Vergütungssysteme des Managements, z. B. in Form von Stock Options, mag bei manch einem die Auffassung festigen, Shareholder Value kümmere sich vor allem um Fragen der Erfolgsverwendung und nicht der Erfolgsentstehung. Wenn dann Vorstandsgehälter und -abfindungen insbesondere noch bei weniger erfolgreichen Unternehmen die Grenzen des guten Geschmacks überschreiten, dann muss man sich nicht wundern, wenn die Vorbehalte bei Einführung wertorientierter Steuerungssysteme sehr groß sind.

Wertorientierung bedeutet allerdings zuerst, innerhalb des Unternehmens wertorientierte Steuerungsgrößen zu finden. Es geht also vielmehr um Fragen der Erfolgsentstehung und -messung, weniger um Fragen der Erfolgsverwendung. Damit sehen sich Controller innerhalb eines wertorientierten Controlling-Systems mit der Forderung konfrontiert, Erfolgsmaßstäbe zu entwickeln, die den tatsächlichen Unternehmenswert abbilden. Es geht demnach zunächst um die Frage eines unternehmerischen Erfolgsbegriffes (intrapreneurial measures), der eine nachhaltig positive Unternehmensentwicklung in den Vordergrund stellt.

So schließt sich der Kreis. Denn letztlich stellt die Fähigkeit eines Unternehmens, individuelle Bedürfnisse, Motive und Ziele in den unternehmerischen Zielfindungsprozess harmonisch zu integrieren, nicht nur ein wertschaffendes Element seiner Intangible Assets dar, sondern verkörpert vielmehr als Selbstzweck die gemeinsam gelebten (ethischen) Werte – »Shared Values« – einer an allen Stakeholdern ausgerichteten Unternehmenskultur.

Wert- und Werteorientierung schließen sich nicht aus! Ganz im Gegenteil: Werte wie Freiheit, Gerechtigkeit und Solidarität sind das Fundament einer in diesem Buch propagierten dezentralen Controlling-Philosophie und zugleich die soziale Klammer für die positive Entwicklung des Unternehmenswerts.

Die Autoren

Prof. Dr. Martin Hauser

Geboren 24.02.1958 in Spaichingen
(Baden-Württemberg), verheiratet,
2 Töchter

1977 Allgemeine Hochschulreife
1978 Studium der Geographie und der Wirtschaftswissen-
schaften in Tübingen und Freiburg
1984 Diplom-Volkswirt
1984 Wissenschaftlicher Assistent am Betriebswirtschaftlichen
Lehrstuhl von Prof. Dr. Ralf-Bodo Schmidt der Universität
Freiburg, Freiberuflicher Dozent an der Berufsakademie
Villingen-Schwenningen, Dissertation im Strategischen
Controlling
1989 Promotion
1990 Controller, z. T. in leitender Position, in Konzernunternehmen der Industrie und Finanzdienstleistung
1994 Trainer an der Controller Akademie, Gauting/München
1996 Gesellschafter der CA Controller Akademie
privates Institut für Unternehmensplanung und
Rechnungswesen GmbH, Gauting/München
2000 Mitglied des Vorstandes der Controller Akademie AG,
Gauting/München
2002 Professur an der Hochschule für Wirtschaft in Zürich (HWZ)
2002 Mitglied im Geschäftsführenden Ausschuss der
International Group of Controlling (IGC)
2009 Vorsitzender des Aufsichtsrats der
Verlag für ControllingWissen AG

Dipl.-Oec. Guido Kleinhietpaß

Geboren 02.05.1970 in Essen,
verheiratet, drei Kinder

1989	»Humboldtgymnasium« in Essen mit Abschluss Abitur
1990	Studium der Wirtschaftswissenschaften an der Ruhr-Universität Bochum
1997	Diplom-Ökonom
1997	Führungsnachwuchsprogramm bei der Raab Karcher Baustoffe Holding GmbH in Frankfurt am Main, tätig im Einkaufs- und Produktmanagement-Controlling
1999	Vertriebs-/Geschäftsbereichs-Controller in der Sparte »Hautschutz« bei der Stockhausen GmbH & Co. KG in Krefeld im Degussa-Konzern
2002	Trainer der CA Controller Akademie AG in Gauting
2006	»Partner« (Aktionär) der CA Controller Akademie AG
2006	Gründungsmitglied und Mitglied des ersten Lenkungs- ausschusses des Facharbeitskreises „Kommunikations- Controlling" des Internationalen Controller Vereins ICV; Offizielles ICV-Statement in 2010, zugleich als Empfehlun- gen der Deutschen Gesellschaft für Public Relations e.V. (DPRG) und des Public Relations Verband Austria (PRVA) als Standard des Kommunikations-Controllings
2009	Mitglied im vierköpfigen Fachbeirat zur inhaltlichen Prüfung und Freigabe der zertifizierten Artikel im Controlling-Wikipedia des ICV

Abbildungsverzeichnis

Stichwortverzeichnis